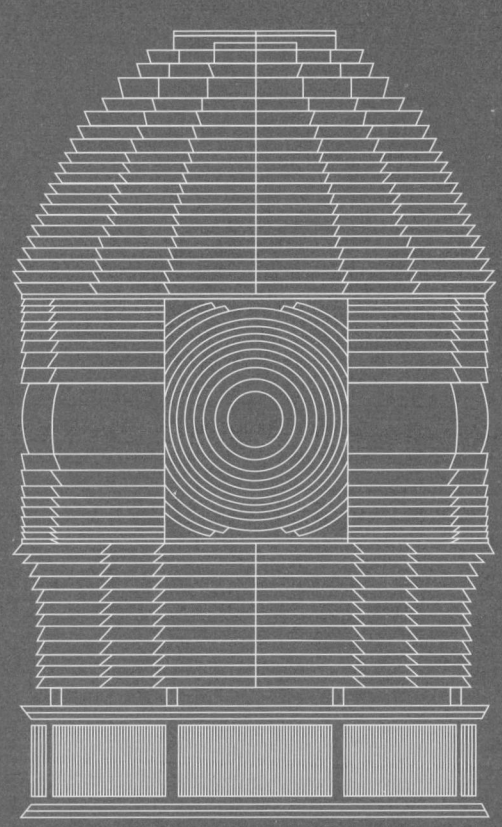

灯塔之书

[英] R.G.格兰特 著 王枫 译

中国画报出版社·北京

B. Light for Sau Key

C.

W.O.78/1263

第 2 页：灯塔灯室内的菲涅尔透镜。

第 4—5 页：绘制于 1833 年的灯室平面图与立面图，显示了油灯和反射镜的不同排列方案。

第 6—7 页：采用立体摄影法拍摄的一系列 19 世纪的美国灯塔照片。使用恰当的观看器，图片就能呈现立体效果。

第 8—9 页：苏格兰的贝尔灯塔（Bell Rock lighthouse）的建造（1807—1810）场景。画面上可以看到与灯塔并排的高架临时工房。

第 10—11 页：1861 年英国皇家灯塔、浮标、信标调查专员（Royal Commissioners on Lights, Buoys and Beacons）的报告中部分带注释的内页。

第 12—13 页：1862 年美国海岸警卫队记录中的一份守塔人所需设备的图示清单。

第 14 页：法国雷岛（Île de Ré）巴莱纳灯塔（Phare des Baleines）有 257 级台阶的螺旋楼梯。这座灯塔于 1854 年启用。

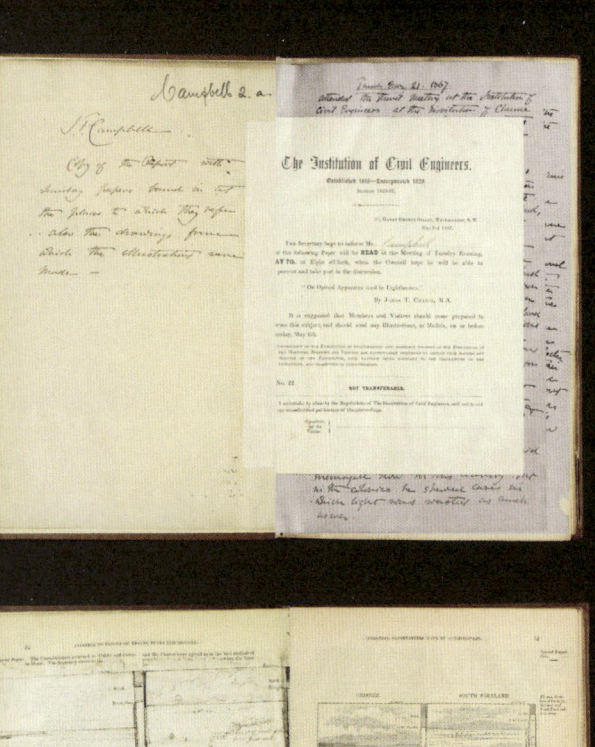

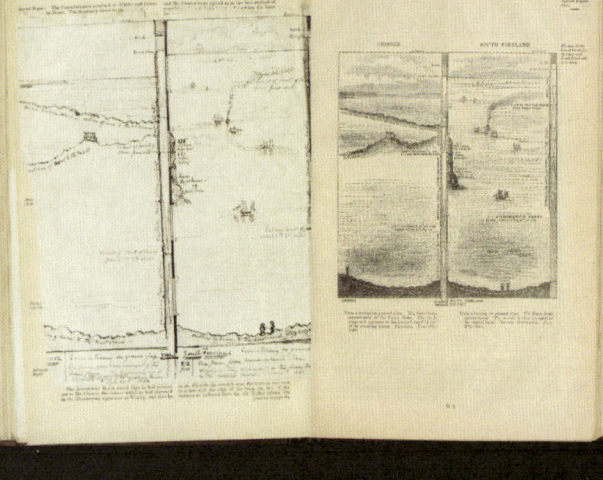
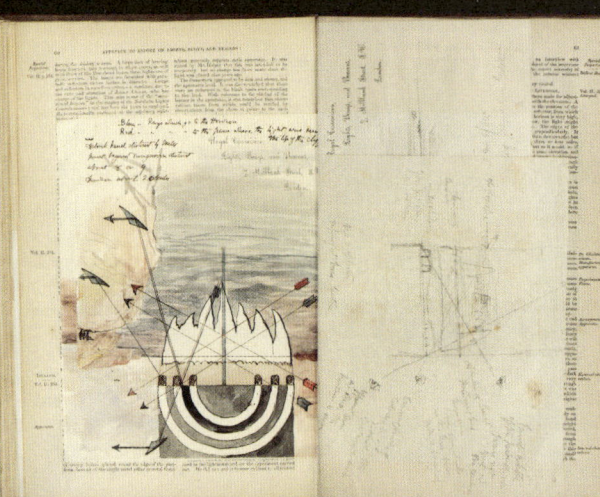
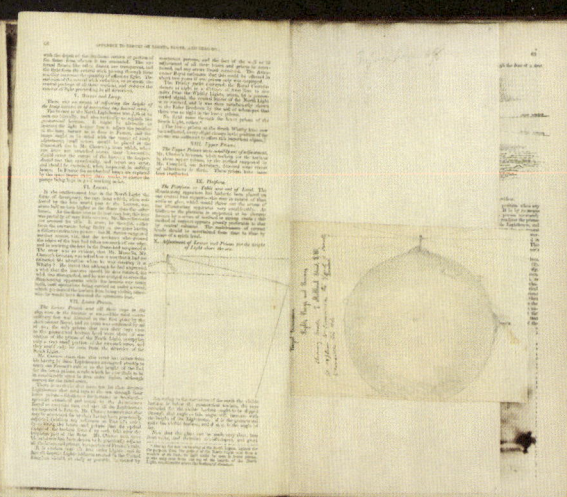
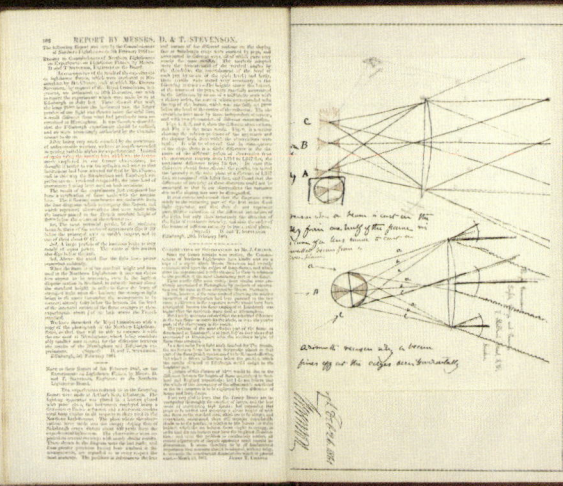
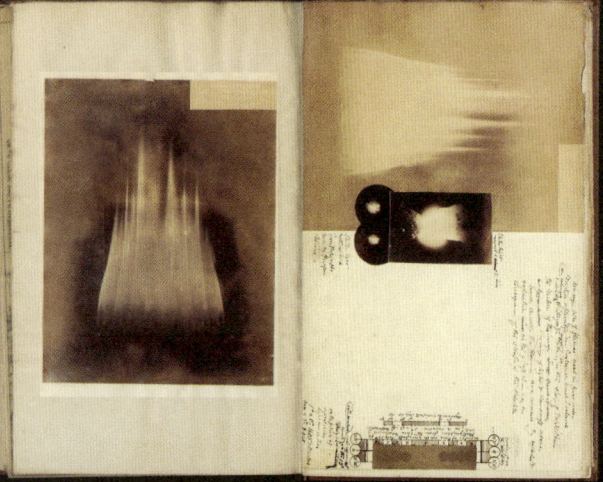
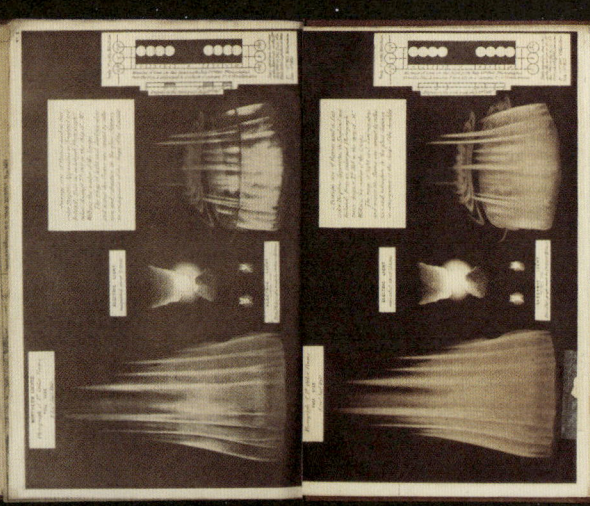

INDEX MAP

DIAGRAM SHEWING THE INCOME & THE EXPENDITURE FOR THE LIGHT-HOUSES
UNDER THE THREE GENERAL AUTHORITIES.
ENGLAND
SCOTLAND
IRELAND

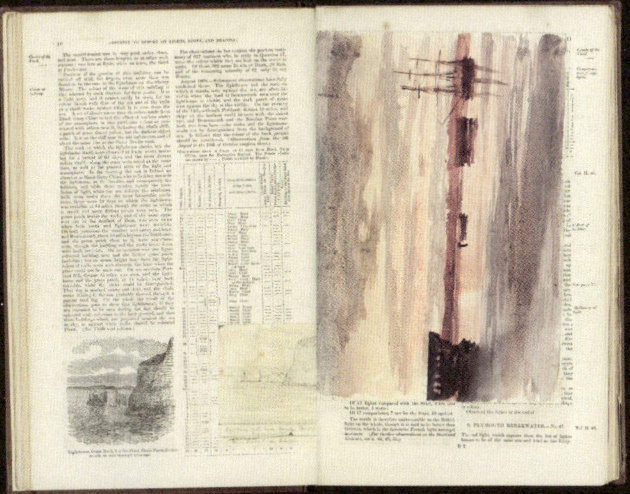

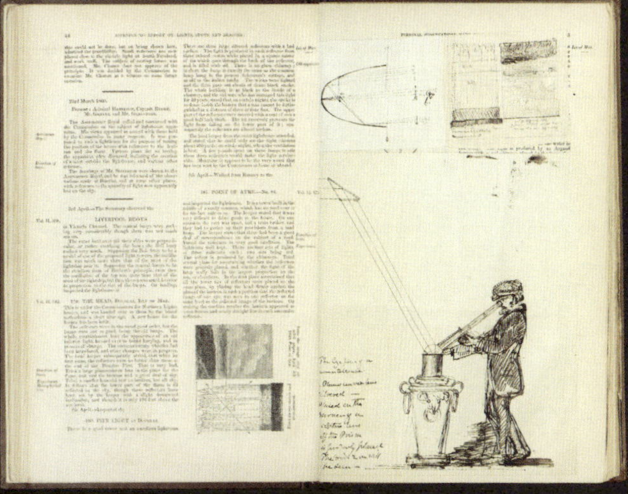

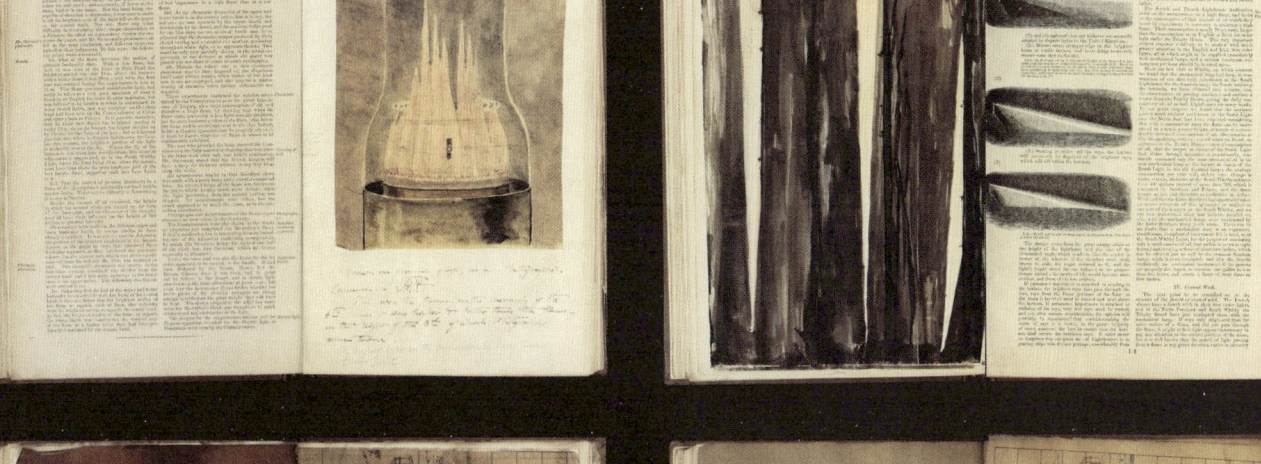

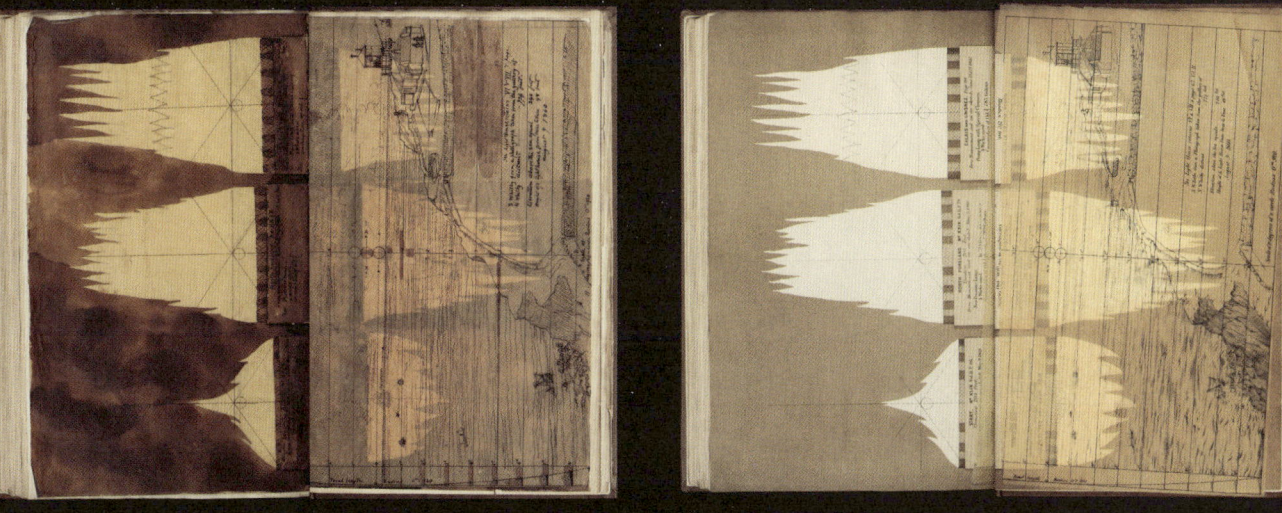

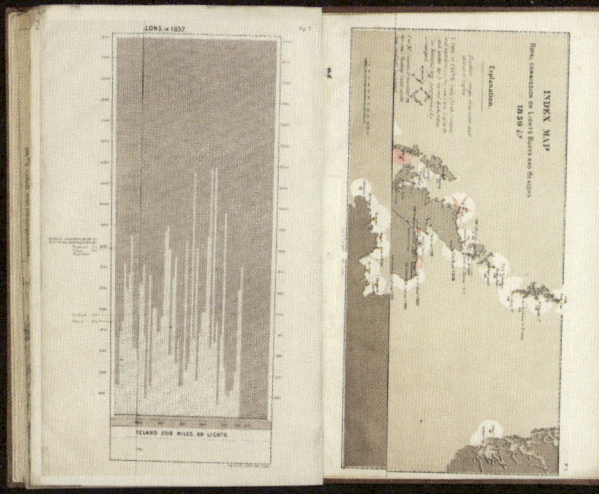

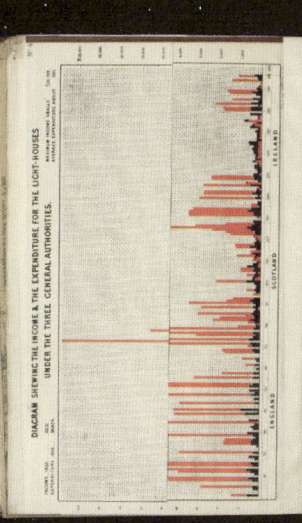

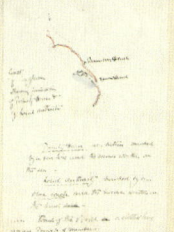

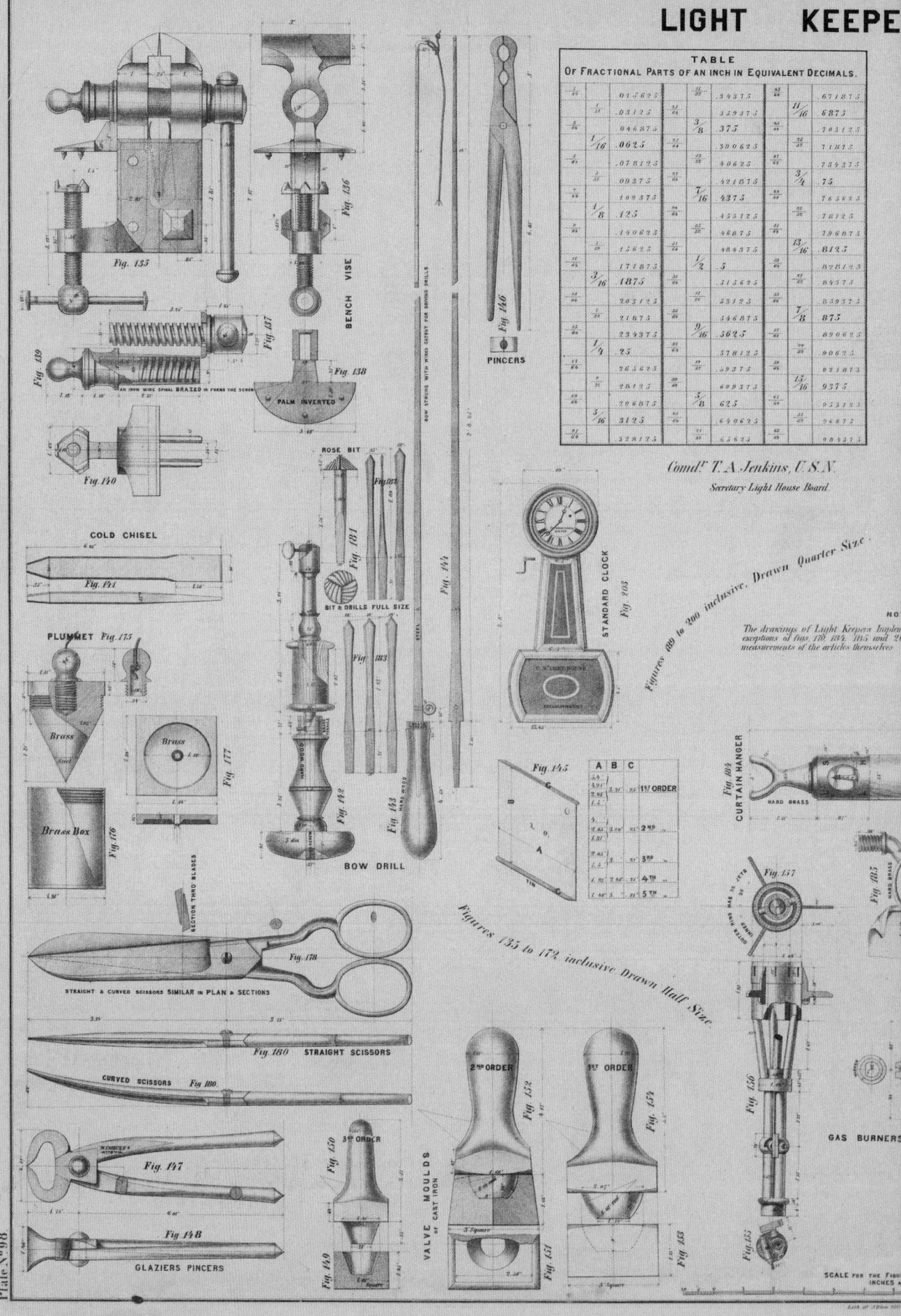

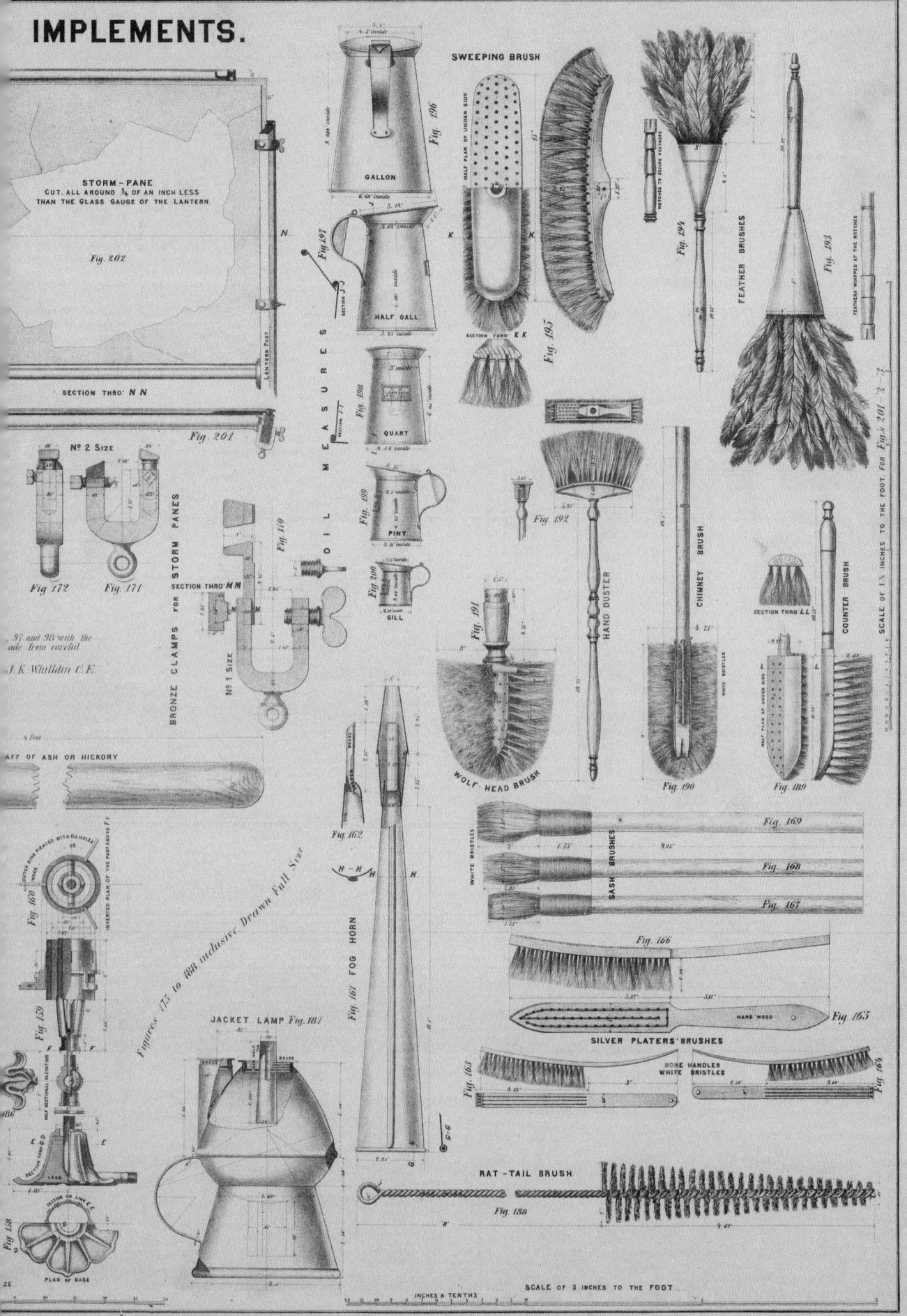

目 录

序 章
埃迪斯通灯塔的故事
16

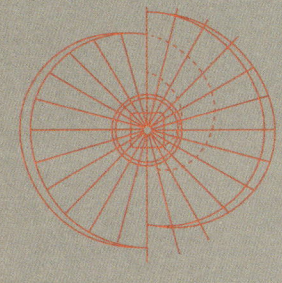

第二章
哪怕狂风巨浪
艰险的建塔历程
52

第一章
世界的奇迹
灯塔简史
22

第三章
黑暗中的一盏明灯
塔灯与透镜的演化
84

第四章
光明的守护者
守塔人的辉煌与不幸
120

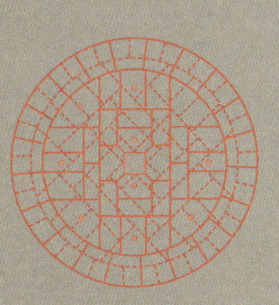

后 记
一个时代的结束
150

图片来源
158

参考文献·索引
159

序 章

埃迪斯通灯塔的故事

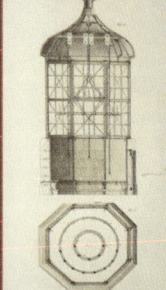

THE SAGA OF THE EDDYSTONE LIGHT

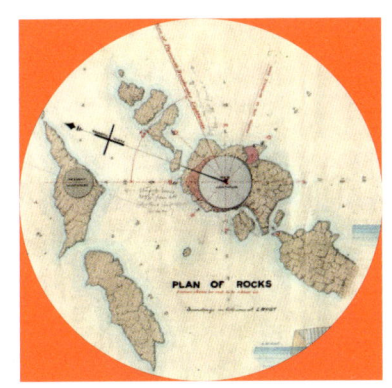

1.

本章首页插图说明

左上图：温斯坦利最初在埃迪斯通礁建的那座灯塔的南面。

左中图：史密顿的埃迪斯通灯塔的灯室横剖面和竖剖面，含灯架部分。

中间图：18世纪初彼得·莫纳米（Peter Monamy）为温斯坦利的第一座埃迪斯通灯塔所作的油画特写。

中右上图：史密顿的埃迪斯通灯塔的储藏室支柱局部图。

中右中图：史密顿建埃迪斯通灯塔时用的大吊钩滑轮的立面图和正面图，这种设计是为了尽可能均分摩擦力。

中右下图：史密顿的埃迪斯通灯塔将穹顶安装到灯室顶端时所使用的设备局部图。

左下图：史密顿的埃迪斯通灯塔在1789年一场风暴过后的清晨中现身的模样。

右下图：温斯坦利的第二座埃迪斯通灯塔的雕刻局部图。

图1：埃迪斯通礁平面图。这里对英格兰西南沿海的航运来说，是个臭名昭著的凶险之地。

1695年的平安夜，开往英格兰西南部的普利茅斯港（Plymouth）的"永恒"号（Constant）商船在埃迪斯通礁（Eddystone reef）触礁沉没。这次海难虽不幸却毫无意外可言。埃迪斯通礁位于德文郡（Devon）海域，自古就是航海人谈之色变的险区，那里礁石嶙峋，在海面上却几乎不见踪影，好似锯齿埋伏在翻滚、盘旋的海水中。没有人清点过那里到底沉没了多少艘船。甚至，从大西洋驾船进入英吉利海峡的船员有时为了避让埃迪斯通礁，而面临在海峡群岛（Channel Islands）或法国北海岸触礁的风险。先前，普利茅斯港的商人已经得到王室允许，可以在埃迪斯通礁建一座灯塔，却找不到愿意前往这种禁地承建灯塔的人。海上礁石建灯塔，在当时根本没有先例。

但是，不幸的"永恒"号商船碰巧有一位非比寻常的船主。亨利·温斯坦利（Henry Winstanley，1644—1703）出生于英格兰东南部的萨弗伦沃尔登（Saffron Walden），是一位敢作为、有抱负的企业家，对机械装置有着非凡的天分。他将自己在埃塞克斯（Essex）的家改造成了一座公共游乐园。游客"出手大方"，就为体验一下里边的鬼影幻象、捉弄人的椅子、哈哈镜，以及一架安有发条装置的管风琴。他在伦敦还有一座名为"水厂"的乐园，核心项目是一个带大龙头的大桶，里边能流出各种不同的饮料，而且同一个水龙头，游客点什么饮料，就出什么饮料。温斯坦利还精于雕刻，曾监理奥德莉庄园（Audley End）的装修工作——那是国王查理二世的一座行宫，也在萨弗伦沃尔登。他一生精力充沛，富于进取，所得利润都投入到五艘商船中。"永恒"号是这五艘中第二艘在埃迪斯通礁沉没的，第一艘在同年早些时候沉没。受这接踵而来的灾难刺激，温斯坦利站了出来，要将灯塔建到这危险的礁石上。

从1696年夏天开始动工，这座灯塔建了4年。最初，这项工程似乎愚不可及。礁区中唯一一块可支撑建筑物的礁石是个斜坡，坡面约半个网球场大小。为了施工，温斯坦利和他雇用的工人每天要花6个小时从普利茅斯划船到这块礁石，回去又要再划6个小时。第一年夏天的全部劳动成果就是在这块片麻岩上用铁镐凿出一圈石洞共12个，并在里边插上了长长的铁条。在他撰写的《造塔纪事》（Narrative of the Building）中，温斯坦利哀叹工程进度之缓慢,因为"礁石实在太坚硬了,由于潮汐或天气的原因,能在上面施工的时间又太短,而它与海岸的距离也远,有许多次都划到这里了,却根本没有落脚的地方,白费了力气"[1]。

第二年夏天,依靠那一圈铁条,礁石上建成了一个圆柱形石座。但是,将大块花岗岩运到工地的辛苦工作曾被一次意外遭遇打断。当时,英国正与法国交战。1697年6月25日,一艘武装民船袭击了灯塔工地,绑架了温斯坦利并将他作为俘虏带回了法国。接着,他又被带到太阳王路易十四跟前,后者试图用利润丰厚的职位引诱他。在被拒绝后,这位国王大度地下令将这位工程师送回工地好继续他的善举,并高傲地宣称法国"与英国人交战,却不与人性为敌"。

第三年从头至尾进度都很快。基本架构完工后,就有了挡风遮雨的地方,工人们可以住在工地上,也就能投入更多时间施工。不过,住在上面却一点也不舒服。在夏季天气最糟糕的时候,他们与陆地完全失去联系。正如温斯坦利所记载,有一次,"整整十一天没有任何一艘船能够靠近我们……大多数时间,我们全身上下几乎湿透……"[2]。但是,灯塔建起来了。眼看着一座八角形建筑从石座上拔地而起,最后高达18米,顶上是一间玻璃窗环绕的灯室和一个只起装饰作用的锻铁风向标。1698年11月14日,温斯坦利点亮了灯室中的60支油脂蜡烛。他不是个爱谦虚的人,断言这座灯塔将"永远屹立于世界艺术珍品之林"[3]。

麻烦马上就来了。灯塔点亮后整整5周,温斯坦利都被猛烈的风暴困在这座礁石上。这段经历表明,他低估了灯塔将会经受的攻击。当时,巨浪完全盖过了灯室顶部,彻底抹去了亮光,

---

1 亚当·哈特-戴维斯(Adam Hart-Davis)、埃米莉·特罗先科(Emily Troscianko),《亨利·温斯坦利与埃迪斯通灯塔》(*Henry Winstanley and the Eddystone Lighthouse*),格洛斯特郡:萨顿出版社(Gloucestershire: Sutton Publishing),2002年,第132页。——原文注(如无特殊说明,本书脚注皆为原文注。)

2 同上第142页。

3 克里斯托弗·尼科尔森(Christopher Nicholson),《英国的礁石灯塔》(*Rock Lighthouses of Britain*),凯斯内斯:惠特尔斯出版社(Caithness: Whittles Publishing),2006年,第23页。

图2:温斯坦利的第一座埃迪斯通灯塔要靠架在外面的梯子和塔身外的楼梯进入,顶部装饰着一个风向标。

图3:最终改造定型的温斯坦利的埃迪斯通灯塔。它毁于1703年的大风暴。

图4:拉迪亚德于1709年建成的灯塔的平面图,图上显示塔内正中有一根橡木桅杆。

> 我们所做的一切不断地被淹没，只能任凭大海摆布。
>
> ——亨利·温斯坦利，约1699年

整座灯塔也令人担忧地摇晃着。看来，工程师的工作尚未结束。翌年春天，他开始了大规模改造工作，包括加固和加高整体结构，还用到了一些精妙的装置，比如运送物料的吊车和一台将来访者从船上带到灯塔前门的升降椅。整座灯塔甚至比刚落成时更加华丽——外层铭刻着许多文字，木制烛架还伸出了灯室外。

虽然不乏愤世者对这座"海上浮屠"（Chinese pagoda in the sea）百般挑剔，并公开质疑它能存世多久，但埃迪斯通礁上的这座灯塔还是让温斯坦利成了备受景仰的名人。在这座灯塔矗立的日子里，没有一艘船在这片海域沉没。遗憾的是，好景不长。1703年11月，随着恶劣天气迫近，温斯坦利启程前去维护灯塔。一时狂妄中，他许愿要在灯塔中扛过"有史以来最猛烈的风暴"[1]。他的愿望不幸应验了一半。11月26日，英格兰南部遭受有史以来最恶劣的风暴：一场飓风夺走了成千上万条生命，房屋被捣毁，树木被连根拔起；猛涨的潮水淹没了大片土地。次日早上，风暴渐息，灯塔却已消失得无影无踪，随之而去的还有它的缔造者。

温斯坦利的灯塔被毁两天后，一艘商船就在这片礁区沉没，60多人丧生。没有什么比这件事更清楚地证明：埃迪斯通礁仍然需要一座灯塔。重建埃迪斯通灯塔的工程于1706年动工。工程负责人约翰·拉迪亚德（John Rudyard）在伦敦经销丝绸和其他纺织品。不管从哪方面看，他似乎都不具备建造灯塔的资质。不过，他拥有丰富的常识和优秀的判断力。他认定繁复的艺术表现是上一座灯塔被毁的原因，于是设想建一座简洁、表面光滑、修长的灯塔，尽量减少突出物，高度28米。他从海军造船厂雇了造船的工匠来帮助他造一座长期暴露于海上却能屹立不倒的建筑。拉迪亚德的灯塔内壁材质是造帆船用的浸透柏油的橡木板。灯塔正中央甚至立着一根橡木桅杆。

拉迪亚德建的这座简洁、实用的新埃迪斯通灯塔于1709年成功投入使用。虽然它也不是没有问题——橡木板会遭虫蛀，始终需要维护和更换——但灯塔上的烛光照耀了将近半个世纪，直至灾难再次来临。1755年12月2日凌晨，灯室失火，火势迅

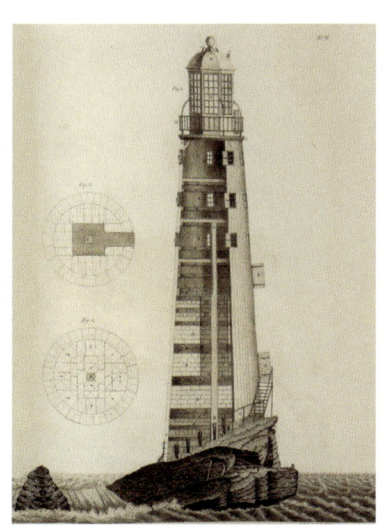

4.

1　克里斯托弗·尼科尔森，《英国的礁石灯塔》，第24页。

速在整座灯塔的木质部分蔓延。三个守塔人逃出了这座"炼狱",在露天挤成一团,直到八小时后才获救。其中一人因误吞了从灯室顶滴落的熔化的铅,不久就死了。至于整座灯塔,除了受热变形的钢铁构件,已经燃烧殆尽。

再次重建埃迪斯通灯塔的工程紧急启动,部分原因是英国即将再次与法国开战("七年战争"于1756年打响),而皇家海军不想让自己的舰队在英吉利海峡航行时面临误入无灯塔照耀的礁区的风险。约克郡人约翰·史密顿(John Smeaton, 1724—1792)当选为这项工程的负责人。虽然一直都有人认为选择史密顿是一个奇怪的决定,因为他没有任何建筑或工程经验,但他同样也可视作这个项目的最佳人选。史密顿是律师的儿子,天生热爱机械发明,以善于发明各种仪器而闻名伦敦,例如高温计和领航仪等。他年纪轻轻就当选为英国皇家学会会员,并曾在这个令人敬畏的机构发表关于水车和风车运行的数学原理的演讲。实际上,他是欧洲启蒙运动的代表人物之一,相当于同时代美国的本杰明·富兰克林和法国《百科全书》(*Encyclopédie*,1751—1765)的编著者。他是受开放的科学求知欲鼓舞的自由派精英,对实用的发明造福人类的力量笃信不疑。

史密顿的第一个也是最重要的一个决定就是:造一座完全的石塔。拉迪亚德的灯塔的命运已经充分证明了木质结构易毁于火,同时,史密顿还坚信重量更大的石质结构更能经受长时间的海浪冲击。他宣称自己是根据一棵橡树的形状设计了这座灯塔的外形,根据他的记载,那棵橡树"底部很宽,树干中部的弧线内凹,然后越往顶部越细"[1]。他召集了一个由24名工匠组成的施工队,其中一半是石匠,另一半来自康沃尔的锡矿。由于很快就厌倦了每天费时费力地在陆地和礁石间往返,史密顿将一艘锚定在礁石附近的鲟鱼船作为施工队的浮动营地。1756年8月,正式动工建塔。

史密顿的建造方案是将石块相互榫接,形成一个不可移动的坚固整体。于是,沿着设计好的环形线路(水平层),每块石头都以鸠尾榫(形似木匠用的)接合相邻的石块。大理石"暗榫"

5.

6.

图5:史密顿用石块建成的埃迪斯通灯塔于1759年投入使用。

图6:史密顿的灯塔内部建有两间储藏室、一间厨房、一间卧室,灯室下还有一间灯房。

图7:史密顿绘制的礁石图和石塔建设图。

图8:史密顿画的他设计灯塔外形所依据的橡树图。

图9:道格拉斯建成于1882年的埃迪斯通灯塔与史密顿的灯塔残留的塔基并排挺立。

---

1 克里斯托弗·尼科尔森,《英国的礁石灯塔》,第32页。

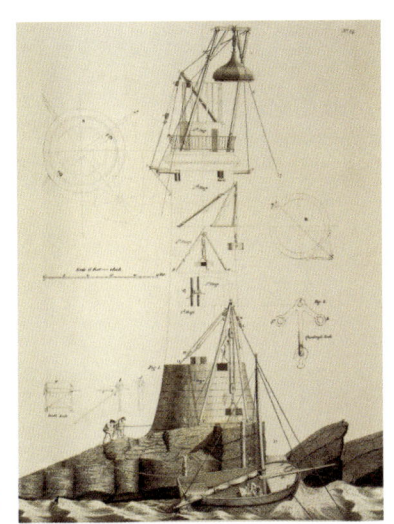

7.

 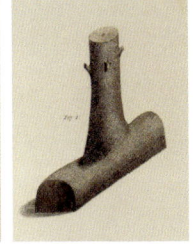

8.

9.

（joggle）和"大木钉"（trenail）（从造船引入的术语和技术）用于接合垂直方向上的石块。所有石块都统一在陆地上的一处石场精确成型，然后运到礁石，再用史密顿自己设计的一种升降设备吊到工地上。三年多的工期中，一共往埃迪斯通礁运送了约1500个石块，总重约1000吨。

除了日常对抗风浪，史密顿还必须防止抓丁团来抓人。当时，抓丁团成天在英国各港口游荡，搜罗壮丁，强迫他们加入战时不断扩充的英国海军。史密顿为他的工匠争取到了官方的免役许可，然而工匠们有时候仍会被抓，史密顿不得不大费周章地将其从海军手中解救回来。史密顿本人还经历了一次死里逃生。当时，他在半完工的塔内一个密闭房间里被烧炭产生的煤烟熏倒，失去了意识。辛亏及时发现，他被救醒，活了下来，还亲手将一颗金球——这座塔中唯一不讲求实用的装饰——放上了灯塔的穹顶。灯塔的24支油脂蜡烛于1759年10月16日首次点亮。用后世的标准看，这并不算很亮的光，但史密顿认为，即使在11千米外，它们的光线"对裸眼而言，也非常强劲、明亮"[1]。

功成名就后，史密顿又在英国各地建了运河、桥梁和港口。事实上，他是土木工程行业的创始人。此外，他建的灯塔的存世时间还超过了塔下的那块礁石。到19世纪70年代，在屹立了一个多世纪后，这座灯塔的结构仍然坚固，但是塔基下的礁石由于海浪侵蚀，形成了一个空洞。结果，不得不在旁边的一块礁石上开建第四座埃迪斯通灯塔。新的灯塔由工程师詹姆斯·道格拉斯（James Douglass，1826—1898）设计，于1882年点亮，直到今天依然矗立在那里。它的身旁就是史密顿的灯塔残留的塔基，塔身已经被重新立于普利茅斯崖（Plymouth Hoe），成为一处纪念馆。它代表了一段值得存世的历史，因为正是史密顿激励了一代又一代追随他的脚步去建造灯塔的人。他的工作为之后发展了一个半世纪的全球海上灯塔系统奠定了基础。

---

1 克里斯托弗·尼科尔森，《英国的礁石灯塔》，第35页。

第一章

世界的奇迹

灯塔简史

WONDERS OF THE WORLD

A BRIEF HISTORY OF THE LIGHTHOUSE

1.

本章首页插图说明

左上图：在泰晤士河口的梅普林泥滩上，立着有史以来第一座螺旋桩灯塔。

右上图：休伦湖上的斯佩克特克尔礁灯塔的特写图。图中可见塔基被浮冰包围。

中图：爱尔兰的霍斯贝利灯塔（Howth Baily）特写图。1865年，约翰·威格汉姆（John R. Wigham）发明的煤气灯首先在这座灯塔安装使用。

中右上图：位于外法恩群岛（Outer Farne）的长石灯塔（Longstone）；它发出的光在32千米外就能看见。

中右下图：刻画着法国的埃欧·德·布雷阿灯塔建造场景的版画。

左下图：在1845年添加了菲涅尔透镜之后的史密顿所建的埃迪斯通灯塔。

中下图：道格拉斯为安格尔西岛（Anglesey）上的南斯塔克灯塔（South Stack lighthouse）设计的用轨道运上去的可移动灯室。

右下图：从古罗马港口城市奥斯蒂亚旧址出土的波图斯港灯塔浮雕。

图1：艺术家的画笔下所想象的古代世界七大奇迹之一的亚历山大灯塔。

灯塔的故事可追溯到两千多年前在非洲北海岸拔地而起的一座令人难以置信的建筑物：亚历山大港的法罗斯灯塔（Pharos of Alexandria）[1]。这并不是第一座为水手服务的灯塔，但是，传奇般的盛名使它成为后世每一位有志建造灯塔的工程师的标杆，直至近代依然如此。这座灯塔以它所在的法罗斯岛命名。那是埃及临地中海的亚历山大港外的一座狭长的石灰岩小岛，有一条堤道将它与陆地相连。相传法罗斯灯塔的建造者是一位希腊人——尼多斯的索斯特拉特斯（Sostratus of Cnidus）。但是，古时关于这座塔的记载却疑点甚多，甚至不乏显然不实之处（例如关于灯塔亮度的描述），所以，若不是头脑冷静的阿拉伯观察家留下了关于它建成一千多年后依然矗立的描述，并且今天的考古学家也找到了它沉于海底的遗址，后人或许难免怀疑它不过是神话传说。

法罗斯灯塔最令人印象深刻的特征：十足的庞然大物。塔分三段——自上而下依次为圆柱形、八角形、正方形——高约140米。在20世纪初美国开始大建摩天大楼之前，几乎没有比它更高的建筑物。阿拉伯地理学家伊德里西（Edrisi）曾于1150年左右参观过法罗斯塔，根据他的记载，这座塔以白色石块砌成，石块间用铅黏合。塔顶以何照明不得而知，但不论是盆火还是灯火，似乎都用到了曲面镜来扩大照射的范围。法罗斯灯塔绝非一座只剩实用功能的建筑。恰恰相反，它是一座有各种雕像和狮身人面像衬托的精美纪念碑；毫无疑问，它在帮助水手找到入港口的同时，也彰显了当时统治埃及的托勒密王朝的力量和财富。作为一座广受景仰的建筑，法罗斯灯塔的成就毋庸置疑，它还被誉为世界七大奇迹之一，与埃及胡夫金字塔、巴比伦空中花园、罗德岛太阳神巨像、奥林匹亚宙斯神像、阿尔忒弥斯神庙和摩索拉斯王陵墓并列。它的存世时间之久与巨大的塔身一样令人惊叹——几乎完好无缺地屹立了近1500年，才渐次毁于1303、1323年接连不断的地震。

亚历山大港的法罗斯灯塔建成后的几百年间，罗马帝国强盛一时，版图从地中海一直延伸到英伦三岛。虽然古罗马人十

---

[1] 又名亚历山大灯塔，约建于公元前280年。——译者注

分热衷于建造灯塔，但时光却带走了他们的大多数劳动成果。据古籍记载，奥斯蒂亚市（Ostia）北面海岸上建有一座人造港口，名为波图斯港（Portus），它直接为罗马城提供服务。其入口就曾立有一座令人印象深刻的灯塔，建于克劳狄一世（Emperor Claudius）当政时期（公元41—54年），虽然高度只及亚历山大灯塔的四分之一，却依然气势压人，而且它的正面就是克劳狄一世的巨型塑像。但是，这一古时的辉煌已不复存在——它倒塌了，沉入海底，直到近年考古学家才在海底找到了一些遗迹。

不过，在西班牙西北沿海的加利西亚自治区（Galicia），有一座现在仍能正常工作的灯塔，据称是罗马帝国时代的产物。埃库莱斯灯塔（Tower of Hercules）坐落于今天的拉科鲁尼亚（A Coruña）城外，它很可能建于公元2世纪初的图拉真（Emperor Trajan）当政时期（98—117年）。这座塔的基石还保存完好，上面记录了它的建筑师名为盖厄斯·塞维厄斯·鲁普斯（Gaius Sevius Lupus），而塔本身是献给战神玛尔斯的。塔身外围建有螺旋式的坡道，用于将燃料运到塔顶生火，为在充满危险的加利西亚沿岸往来贸易的船员照明。这座塔经历过一次彻底的修复，并于1791年完工，但是保留了古罗马原始灯塔的大量元素，足以证明这是世界上存世最久且还能正常工作的灯塔。

公元5世纪，罗马帝国在西欧的统治崩解，各种工艺水平和社会组织结构随之迅速衰退。灯塔因无人守护，不再常年明亮，渐渐破败不堪。欧洲的船员真正进入了"黑暗时代"。公元810年，自觉尝试恢复帝国传统的查理曼大帝（Charlemagne）下令修复位于法国北海岸布洛涅（Boulogne）的古罗马灯塔。这座灯塔名为奥尔德塔（Tour d'Ordre），由臭名昭著的暴君卡利古拉（Emperor Caligula）在他企图入侵不列颠时所建（约公元39年），但是入侵失败，灯塔也就被废弃了。它被修复后，一直到1644年才随塔下崩塌的悬崖沉入海底。不过，远在这之前，奥尔德灯塔就已停火熄灯，与它隔海相望的英国兄弟——至今仍屹立于英吉利海峡对岸的多佛尔（Dover）的那座古罗马灯塔——也是如此。

中世纪欧洲的灯塔大多默默无闻，它们的故事也不为后人所知。这或许并不奇怪，因为大多数情况下，那时的灯塔几乎

图2：以镶嵌图案表现的公元1世纪时的古罗马波图斯灯塔。

图3：据说建于罗马皇帝图拉真当政时期的西班牙加利西亚的埃库莱斯灯塔原型。

图4：意大利热那亚的灯笼塔已经在那里矗立了近900年。

图5：建于波罗的海一座岛上的克普灯塔使用柴火提供照明。

4.

5.

不过是在教堂塔内由修道士维护的一堆烧柴的火或是一盏灯。但偶尔也会有些轶事流传，例如，法国国王路易九世如何在1248年和1270年两次率十字军东征之际，将一盏灯安放到法国南部艾格莫尔特（Aigues-Mortes）的康斯坦茨灯塔（Tour de Constance）上；又或者，怀特岛（Isle of Wight）上一位名为沃尔特·德·格特顿（Walter de Godeton）的地主如何因基督教会的压力，被迫在岛屿南端的圣凯瑟琳（St Catherine's）山上建造一座灯塔，以此忏悔自己在1313年偷走了海难后被冲上岸的修道院酿制的葡萄酒。这类轶事不过凸显了当时的海员只能得到零散、有限的帮助。

欧洲的造灯塔传统瓦解于后罗马帝国时代，又在意大利的海洋城邦率先复兴。这类例子首推早在12世纪就在热那亚港（Genoa）建起并为船舶导航的灯笼塔（the Lanterna）。这座塔于1543年重修后，高度达到76米；如果算上它的岩石底座，则高达117米。与古代的亚历山大灯塔一样，灯笼塔也不仅仅是为海上航行提供实用的帮助，它显然意在让每一位从海上到访的人对热那亚城邦的财富和实力留下深刻印象。

中世纪北欧的灯塔在波罗的海地区得到最为广泛的发展，那里有德国汉萨同盟（Hanseatic League）的商人力促建造灯塔来推动海上贸易。早在13世纪20年代，瑞典南端的重要贸易中心法尔斯特布（Falsterbo）就建起了一座烧火照明的灯塔。波罗的海地区早期的灯塔大多不过是由一根杆子和它顶端的火盆构成，不过，大而坚固的灯塔最终建了起来。一个值得注意的例子是爱沙尼亚的希乌马岛（Hiiumaa island）上以石头建造的克普灯塔（Kõpu light）。这座塔又称乌佩尔达格罗特灯塔（Upper Dagerort），它于1500年获准建设，但因战争和瘟疫延误了工期，最终到1531年才在这座石塔的顶部点燃了一堆篝火。中世纪时在佛兰德地区（Flanders）沿海还建造了一系列灯塔，反映了布匹贸易在这一地区的重要性。1284年在比利时的尼乌波特（Nieuwpoort）用砖头建成的火塔一直屹立不倒，直到第一次世界大战时被炸毁。

在法国，著名的科尔杜昂灯塔（Cordouan tower）延续了将灯塔作为纪念碑的传统。这座灯塔建于吉伦特河口湾（Gironde）

的礁石上。这些礁石阻挡了从比斯开湾（Bay of Biscay）通往繁忙的葡萄酒出口港波尔多的通道，对航运而言，它们会带来致命的危险；而在中世纪的大部分时间里，指明这一致命危险的不过是一堆篝火。当时统治波尔多地区的英国黑太子爱德华（Edward, the Black Prince）于1360年左右在礁石上建了一座灯塔，并出钱请一位隐士维护塔顶的火堆。但这位隐士死后，灯塔常常无人照看，沉船事故仍然接连发生。1584年，法国建筑师和工程师路易·德·富瓦（Louis de Foix，约1535—1602）受皇室委托在礁石上建造一座新的灯塔。德·富瓦崇尚富丽堂皇的风格，他设想的灯塔可谓美轮美奂，远远超出了为船员导航的基本需求。那是一座耸立于海面的童话般的文艺复兴时代的宫殿，建于一座礁石平台上，可保护它免受波浪的连续击打。塔内装修极为奢华，大量采用大理石、木雕和镶嵌图案，配有一间豪华的门厅和若干皇室寓所（虽然从未有国王光临），还有一间带彩色玻璃窗的小教堂。塔顶以烧柴提供照明，看起来像是后来才想到加上去的。德·富瓦为这项工程殚精竭虑，甚至破产，却没能在有生之年亲眼看到科尔杜昂灯塔于1611年竣工。虽然他的这一杰作又被后人加高了，且加高部分朴实无华，但它直到今天仍然屹立不倒。

英伦三岛沿岸就看不到这类精心设计的灯塔。1566年，伊丽莎白一世执政时期，英国议会通过了《航标法案》（Seamarks Act），授权德特福德地区（Deptford Strond）的领港协会（Brethren of Trinity House）树立"海上信标、测标和标志"[1]，以便船舶有可能"更顺利地到港，避免险情发生"[2]。领港协会最初只是一个海员协会，或者说同业公会，创立于1514年，后来因建立灯塔系统而闻名全球，但是，他们在这一领域的最初表现却非常令人失望：成立后整整四十年都没有成功建起一座灯塔的记录，甚至在那之后也仅有零星进展。于是，民间力量迅速进入这一领域填补了空白。任何在海岸线上拥有土地的人都能向皇室申请建造灯塔的权利，建塔资金则来自按每船次向停靠在距离最近港口的船只收取的费用。结果，不可避免地，英格兰和威尔

图6：14世纪建于吉伦特河口湾的科尔杜昂原始灯塔。

图7：海上宫殿——路易·德·富瓦设计的富丽堂皇的科尔杜昂灯塔。

图8：苏格兰梅岛上的灯塔用烧煤的火盆照明。煤是用绞车拉上去的。

图9：史密顿在埃迪斯通礁上建灯塔时的塔基图。

图10：贝尔礁上为1807年灯塔奠基凿出的圆孔。

1　trinityhousehistory.wordpress.com/tag/1566.
2　同上。

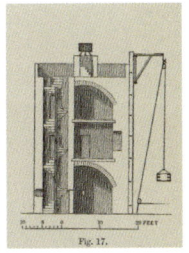
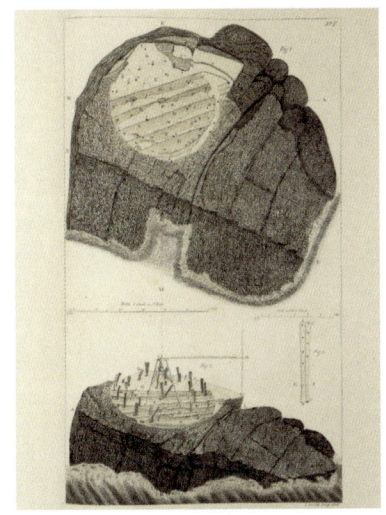
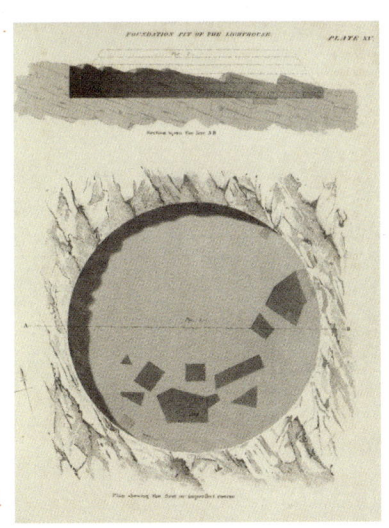

士沿岸迅速冒出了大量劣质灯塔，而船主们也因为这些灯塔而被强制缴纳了过多的费用。领港协会本身依赖民营企业建造灯塔，然后再高价收购建好的灯塔。这种令人不满的局面并没有得到约束，而是一直持续到19世纪初。

领港协会得到授权的范围并不包括爱尔兰和苏格兰。13世纪时，沃特福德港（Waterford）东面的胡克角（Hook Head）建起了爱尔兰的第一座灯塔，塔顶的篝火由附近修道院的修士照看。但之后，就几乎没有更多的灯塔出现，直到17世纪60年代，国王查理二世授权爱尔兰国会议员罗伯特·雷丁爵士（Sir Robert Reading，约1640—1689）在多地建造一系列灯塔，其中就包括科克郡（County Cork）的老金塞尔角灯塔（Old Head of Kinsale）。这让爱尔兰大大领先了苏格兰，因为在17世纪，整个苏格兰境内就只有一座灯塔，建于梅岛（Isle of May），那里遍布礁石，对进入福斯湾（Firth of Forth）的航运构成威胁。1636年，那里建起一座既不漂亮也不高大的灯塔，塔顶配有烧煤的火盆，其所散发出的光和烟在理想的天气状况下，至少能给船员某种警示。但是，在大风天气或能见度低的时候，它们就没用了。这种原始的方式，梅岛灯塔用了180年。

英国工程师约翰·史密顿在1759年成功驯服了英格兰西南海域的埃迪斯通礁（见序章），这标志着灯塔建造的黄金时代开始了。那时候，受欧洲启蒙运动倡导的实用理性主义的启发，人们决意用科学来指导实用的发明，从而改善生活。当时的社会还提倡发展贸易和提高生产力，这不仅被视为财富的源泉，也被认为是文明进步的关键。灯塔也与蒸汽机、珍妮纺纱机、天文钟和煤气灯一道加入了这场自觉进步的运动。此后150年，灯塔在世界各地的悬崖、岛屿、岩石和礁石上拔起，从日本到新西兰，从波罗的海到红海，从北极圈到火地群岛（Tierra del Fuego），都有它们的身影。

当时，英国和法国都是拥有海外殖民地的帝国，都在迅速扩张海上贸易。在建造灯塔方面，两国自然走在了前面。减少沉船事故的发生显然是当务之急。据估计，18世纪90年代以前，每年在英国沿海沉没的船都有500多艘。然而，并非人人都想改变这种状况。当时，沿海有许多贫困社区是依靠掠夺沉船物资来维持生计,他们认为海难是上帝对穷人的赏赐,因此坚决反对任何加强海上安全的措施。更令人惊讶的是,船员也经常反对建造灯塔,因为他们怀疑任何新事物,只想听天由命,对这份职业的高死亡率习以为常。但是,商业利益团体——任何会因沉船遭受金钱损失的人——和海军军官施加的压力起到了决定性作用。航行安全作为国家兴旺和海军强盛的必要条件得到了肯定。当局被请求提供更多更好的灯塔,最终,他们也做到了这一点。

在苏格兰,为了改变境内无灯塔这一令人失望的状况,1786年成立了北方灯塔监事会(Commissioners of Northern Light Houses),后更名为北方灯塔委员会(Northern Lighthouse Board)。同年,爱尔兰灯塔委员会(Commissioners of Irish Lights)被赋予了协助爱尔兰航海事务的职责。在法国,灯塔与航标事务局(Service des Phares et Balises)于1806年成立,归属已有完整建制的工程部门体系。而在英格兰和威尔士,领港协会直到1836年才被授权对灯塔的建造和管理实行完全、统一的控制。与此同时,土木工程已经发展成为一门正式的行业,用于满足兴建道路、桥梁、港口、运河以及灯塔的需求。1747年,世界上第一所土木工程学校——国立路桥学院(École Nationale des Ponts et Chaussées)在法国成立。1771年,在英国,埃迪斯通灯塔的设计师史密顿创立了土木工程学会(Society of Civil Engineers),后以史密顿土木工程学会闻名于世。随着一座又一座更高、更坚固的灯塔的出现,也随着土木工程师勇于接受挑战到最危险的岩石和礁石上建造灯塔,不断创新的土木工程技艺逐渐受到世人瞩目。

然而,若不是照明和光学技术有了根本的进步,土木工程师对灯塔的全面改进和他们的造塔技艺也难显其价值。简单的牛油蜡烛和烧柴或烧炭的火堆慢慢地被艾梅·阿尔冈(Aimé Argand,1750—1803)发明的烧油的管状灯芯灯所取代。这种灯的发明本身已经是巨大的进步,而它的照明效果又通过反射镜得以放大。1757年,约纳斯·诺贝格(Jonas Norberg,1711—1783)在瑞典的科索灯塔(Korsö lighthouse)上安装了第一台抛物面反射镜——在一个中空半球形的内表面涂上一层反射材料。

11.

12.

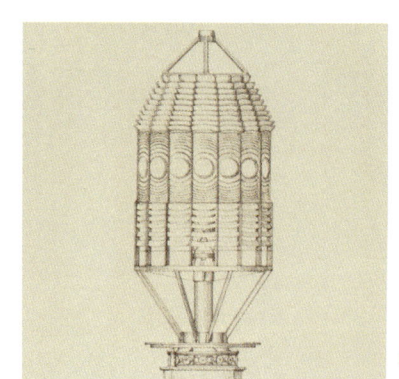

13.

图11：史密顿的埃迪斯通灯塔的灯室。它用的是蜡烛，光线弱。

图12：史蒂文森的贝尔灯塔（1810）用阿尔冈管状灯芯灯和抛物面反射镜组成的反射照明系统。

图13：一套菲涅尔透镜。自19世纪20年代起，它通过产生强大的光束为灯塔带来革命性创新。

图14：雷诺在布列塔尼大区北部海域建造埃欧·德·布雷阿灯塔的不同阶段。

14.

不过，也不应夸大技术前进的步伐。据统计，1819年时，欧洲每254座灯塔只有60座用上了最先进的管状灯芯灯，有35座仍然依靠烧柴、烧煤或蜡烛。即使是管状灯芯灯与反射镜的组合也未必就能提供足够的照明。实际上，直到灯塔用上了菲涅尔透镜之后（1823年成功试用），才产生出真正有效的光束（见第三章）。

法国人对理性的尊重令人钦佩，他们系统地规划了一条遍布法国海岸线的灯塔链，让船员的视野中总能出现至少一座灯塔。这些灯塔大多建于陆地上，或位于大陆的悬崖上，或立于坚实的岛屿上，但在海浪肆虐的布列塔尼大区[1]（Brittany）海域，法国工程师不得不迎接在几乎无法靠近的偏远礁石上建造灯塔的挑战。1840年，法国工程师莱昂斯·雷诺（Léonce Reynaud，1803—1880）成功在布列塔尼大区北部海域建成埃欧·德·布雷阿灯塔（Héaux de Bréhat tower），可谓技艺和毅力共同造就的史诗般的壮举。

英国人做事就不如法国人有逻辑，有时候还显得业余。斯莫尔斯灯塔（Smalls lighthouse）的故事就是一个例子。斯莫尔斯礁是彭布罗克郡（Pembrokeshire）的圣戴维岬角（St David's Head）近海的一片危险的礁石群，在18世纪时还属私人财产。1773年，这片礁石的地主决定在上面造一座灯塔，并挑选了一个以造小提琴和大键琴为生的年轻工匠——亨利·怀特赛德（Henry Whiteside）负责这项工程。结果，怀特赛德造出了一座简陋的木桩柱建筑，其中守塔人的宿舍用橡木桩支撑，灯室也只能发出微弱的光。伟大的苏格兰工程师罗伯特·史蒂文森（Robert Stevenson，1772—1850）曾轻蔑地将它描述为"粗糙拼就的一捆木筏"[2]，然而，这座建筑却出人意料地挺过了数十年冬季风暴的击打。甚至在领港协会于1836年接管了斯莫尔斯灯塔之后，这座陈旧的木质灯塔还被允许继续使用，一直拖到1861年才被最先进的石塔所取代。尽管如此，即使英国人做事不太有逻辑，但整个19世纪，英格兰和威尔士的海岸也都

1　法国行政区划分为大区、省和市镇。布列塔尼大区位于法国西北部的布列塔尼半岛。——译者注
2　克里斯托弗·尼科尔森，《英国的礁石灯塔》，第63页。

有灯塔照耀，这主要应归功于首席设计师詹姆斯·沃克（James Walker, 1781—1862）的努力。他的成就——从1836年完工于德文郡南部风景如画的斯塔特角（Start Point）的陆上灯塔，到壮观的大西洋锡利群岛（Isles of Scilly）上的毕晓普礁灯塔（lighthouse of Bishop Rock, 1858）——位列整个时代最具挑战性的工程。英国人还开创了螺旋桩灯塔。这种灯塔是钢铁结构，适合建在沙滩或泥滩上。1840年前后，首批螺旋桩灯塔在泰晤士河口的梅普林泥滩（Maplin Sands）和兰开夏郡的弗利特伍德（Fleetwood, Lancashire）建成。

19世纪最著名的大型灯塔工程中，就有几座建于苏格兰境内，主持这些工程的是北方灯塔委员会。托马斯·史密斯（Thomas Smith, 1752—1814）是该委员会的第一任首席工程师。他是一位灯匠，成名作是爱丁堡的路灯系统。他建了四座灯塔，包括1789年建于奥克尼群岛（Orkneys）的北罗纳德赛灯塔（North Ronaldsay）和1788年的金泰尔角灯塔（Mull of Kintyre），然后将灯塔建筑工程师这个职位传给了年轻的继子罗伯特·史蒂文森。史蒂文森于1810年在贝尔礁（Bell Rock）上建成一座灯塔后成了国民英雄，他创立了一个非凡的灯塔工程师家族王朝，一直为北方灯塔委员会服务到第二次世界大战期间。

史蒂文森有四个儿子，其中三个都是多产的灯塔建筑师。三子戴维（David Stevenson, 1815—1886）和四子托马斯（Thomas Stevenson, 1818—1887）一起造了三十几座灯塔，包括1858年在设得兰群岛（Shetland）的马克尔弗拉加岛（Muckle Flugga）上完工的英国最北端的灯塔。这座灯塔原名北安斯特岛灯塔（North Unst），现名马克尔弗拉加岛灯塔。不过，或许次子艾伦（Alan Stevenson, 1807—1865）才是当得起最高声望的工程师，不仅是因为他于1844年在斯科瑞沃尔礁（Skerryvore）上造出了高耸的石质灯塔，还因为他对灯塔的光学系统做出了巧妙的改进。这个家族也有"离经叛道"的子孙，就是托马斯的儿子罗伯特·路易斯·史蒂文森（Robert Louis Stevenson）[1]，他绝无仅有地顶住了压力，坚决不跟随父亲和祖父的脚步去做工程

1　19世纪英国伟大的小说家，代表作有长篇小说《金银岛》《化身博士》等。——译者注

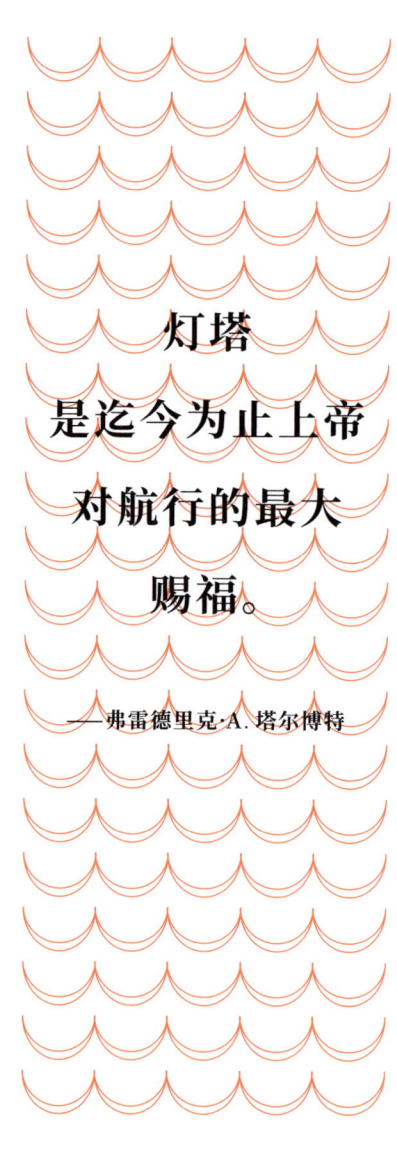

> 灯塔是迄今为止上帝对航行的最大赐福。
>
> ——弗雷德里克·A. 塔尔博特

图15：怀特赛德在威尔士海域建造的简陋木支架结构的斯莫尔斯灯塔。

图16：美国建的第一座灯塔——1716年的波士顿灯塔。

图17：新泽西州的桑迪胡克灯塔（1764）——美国现存最古老的灯塔。

15.

16.

17.

师，而是成了一名作家，最后却比家族的任何一个成员都更有名。到19世纪末，史蒂文森家族已经为苏格兰带来了曾被誉为全世界最令人惊叹的灯塔群。

美国在造灯塔方面一开始并没有走在其他国家前面。但是，他们的灯塔传统早在殖民地时期就有了良好的开端。1716年，马萨诸塞州在美国尚未建国时就建了一座灯塔，从而摘得了美国第一座灯塔所在地的荣誉称号。波士顿灯塔位于小布鲁斯特岛（Little Brewster Island），高约21米，最初安装的是一盏牛油蜡烛灯——亮度严重不足的光源。原始灯塔毁于美国独立战争时期——先是美国人放火烧了它，接着它又被英国人炸毁。1783年，这座塔重建，一直存世至今。不过，新泽西州的桑迪胡克灯塔（Sandy Hook light）——屹立于纽约港南入口的一座工艺精美的八角石塔——自1764年建成以来始终完好无损，自然就摘得了美国最古老且运行最久的灯塔桂冠。然而，它并不是北美历史最悠久的灯塔。目前仍在运行的桑博罗岛灯塔（Sambro Island lighthouse）比桑迪胡克灯塔早五年建成，它的位置在加拿大新斯科舍省(Nova Scotia)的哈利法克斯港(Halifax)入口处。

美国独立后，乔治·华盛顿总统在1789年签署了一项法案，授权联邦政府掌管美国境内所有的灯塔。第一座联邦灯塔于1791年在缅因州的波特兰角（Portland Head）完工，之后，其他的联邦灯塔也陆续建成，其中最著名的当属1797年建于纽约长岛蒙托克角（Montauk Point）的石塔。其特别之处在于它与华盛顿还有渊源，因为据说在18世纪50年代，华盛顿还年轻时，曾认定这个地方适合建一座灯塔。可惜，进入19世纪后，美国建造灯塔的势头就衰弱了。自1820年起，吝于开支的财政部高官史蒂芬·普莱曾顿（Stephen Pleasonton）领导美国灯塔事务局（US Lighthouse Service）长达30年，这期间美国的灯塔虽然取得了数量上的增长，从70座左右增加到300多座，但是质量却没跟上。当时的许多灯塔不过是屋顶安了个灯的一两层楼高的普通民房，即使建塔，也多质劣，用不了多久就摇摇欲坠，乃至崩塌。比低劣的建筑物更糟糕的是照明不足的问题。普莱曾顿采用了一位名为温斯洛·刘易斯（Winslow Lewis）的前船长提出的照明系统。这套系统使用一台阿尔冈管状灯芯灯和一面反射镜与一片凸面镜配合工作。它的成本极低，效果极差。欧洲当时正在推广的最先进的菲涅尔透镜只有极少数被大西洋彼岸的美国引进。

一场灾难终结了普莱曾顿时代的不作为。具有讽刺意味的是，这场灾难却是由过于大胆的创新酿成的。波士顿港东南海域的迈诺特礁（Minot's Ledge）是恶名远扬的航行险区。1847年，那里开工兴建一座铁桩灯塔。它的设计源于英国当时新开创的螺旋桩灯塔。守塔人的住所和灯室都安置在一个平台上，而平台则由钻入海底岩石的铁桩支撑。这一骨架式的结构于1850年完工。灯塔还在建时，公众的注意力就被一起悲惨的沉船事故吸引到了迈诺特礁：1849年10月，一艘满载逃离爱尔兰大饥荒的移民船在此沉没，死难人数过百。因此，人们对灯塔的成功寄予了厚望。但是，1851年4月17日，一场风暴席卷了马萨诸塞州附近海域，新建的迈诺特礁灯塔毁于一旦，两位守塔人也被风浪卷走。为了响应公众对全国灯塔投入不足的抗议，国会任命了一个新的灯塔委员会（Lighthouse Board），由海军上将威廉·舒布里克（William Shubrick）领导，还拨了专款。

在这一新制度下，美国从欧洲购进了菲涅尔透镜来装备新一代的灯塔，而新一代灯塔也让美国的近海航行得以改观。美国还起用了一批陆军的工程师，这为灯塔建造带来了新的职业精神，其中就有后来在南北战争中指挥部队打赢葛底斯堡战役的乔治·米德（George Meade，1815—1872）。消失于迈诺特礁上的铁塔被英式的花岗岩石塔所取代，虽然铁骨架式的灯塔在迈诺特礁遭遇了巨大的失败，但是19世纪50年代的许多新造灯塔却都采用了这种设计。米德设计的一些螺旋桩铁塔——例如经常受飓风侵袭的佛罗里达州的沙礁灯塔（Sand Key，1853）和松布雷罗礁灯塔（Sombrero Key，1858）——至今依然矗立在那里。美国太平洋沿岸的第一座灯塔委托平民工程师弗朗西斯·吉本斯（Francis Gibbons）建造，选址于旧金山湾的阿尔卡特拉斯岛（Alcatraz Island），1853年动工。1861至1865年间分裂美国的南北战争不可避免地对国内的灯塔造成了损害，但是，战争结束后，灯塔事业重新恢复了发展的势头。奥兰多·梅

18.

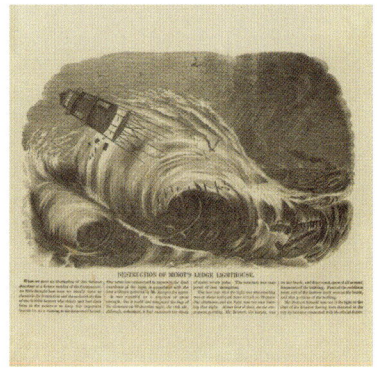

19.

图18：马萨诸塞州海域迈诺特礁上的铁骨架灯塔。这在当时是一种大胆却有着致命缺陷的设计。

图19：1851年4月17日，迈诺特礁上的钢铁灯塔在惊涛骇浪中崩塌。

图20：苏必利尔湖上的斯坦纳德礁灯塔代表了美国在19世纪80年代的工程成就。

图21：用铸铁构件组装而成的阿梅代灯塔在法国建成后，又被拆解运往南太平洋上的新喀里多尼亚。

特卡夫·坡上校（Colonel Orlando Metcalfe Poe，1832—1895）被任命为美国灯塔委员会的首席工程师后，一系列令人惊叹的灯塔在五大湖地区建了起来，包括休伦湖上的斯佩克特克尔礁灯塔（Spectacle Reef light，1874）和苏必利尔湖上的斯坦纳德礁灯塔（Stannard Rock light，1883）。这些灯塔都建在可以造出坚固的混凝土塔基的沉箱（caisson or crib）上面，而这样的塔基足以抵御冬季湖封冻时的可怕压力。

19世纪后半叶，随着欧洲帝国主义势力日增、全球海上贸易迅速崛起以及远洋汽轮的使用，灯塔的地理分布也随之扩张。这期间，欧洲列强在全球商业往来和军事实力对比中占据绝对的优势，为了从全球获益，他们需要万里以外的海域像本国一样安全。例如，自1854年被迫开放对外贸易起，日本就或多或少在西方列强的命令下建造了当时先进的灯塔。1868年，工程师理查德·布伦顿（Richard Brunton，1841—1901）被苏格兰的史蒂文森公司派往日本，为日本政府服务了8年，其间监造了26座西式灯塔。在掌握了必要的专业技能后，日本工程师随即接手了对本国灯塔网络的持续扩增。再举一例，在19世纪50年代，英国政府十分担心当时的加拿大没有能力提供充分的航行协助，以至于自行出资在五大湖区和大西洋沿岸建造了一系列高耸的"帝国"灯塔。

20.

为了在那些更不发达的殖民地建造灯塔，英国和法国的工程师使用了预制的铁塔构件。英帝国第一座由预制构件组装的钢铁灯塔是1841年建于牙买加的莫兰特角灯塔（Morant Point lighthouse）。这类灯塔先是在本国用铸铁组件建成，然后拆解，将各部件装在大木箱中，运往遥远的目的地，再使用当地劳力重新把灯塔组建起来。1859年建于彭卡罗角（Pencarrow Head）的新西兰第一座灯塔，就是跨越半个地球从英国运来铸铁构件组装而成的。1865年，法国人也仿效这种做法，在南太平洋上的新喀里多尼亚（New Caledonia）建成高耸的阿梅代灯塔（Amédée lighthouse）。法国人对这座灯塔可谓相当满意，以至于在1868年又用同样的技术在根西岛[1]附近海域的罗什-杜夫尔（Roches-

21.

1　位于英吉利海峡，靠近法国本土。——译者注

Douvres）礁上建了一座灯塔。而且，在被拆解运到最终建塔点之前，罗什-杜夫尔礁灯塔还曾作为1867年世界博览会的展品屹立于巴黎战神广场。

起初，德国的灯塔业在国际上并不处于领先地位，但是从19世纪中叶开始，他们迅速追赶上了他国。1853—1855年，德国人在北海港口不来梅建成的不来梅港灯塔（Bremerhaven lighthouse）展示了他们新的野心。这座由不来梅建筑师西蒙·勒舍恩（Simon Loschen，1818—1902）设计的哥特式砖塔令人惊讶地继承了灯塔作为纪念碑的传统。1871年，德国统一后，河口、海岸、港口和近海岛屿都出现了新建的灯塔，其中最令人惊叹的有下萨克森州（Lower Saxony）的博尔库姆岛上的博尔库姆大灯塔（Borkum Grosser light，1879），它高达60米，是全世界最高的砖式灯塔之一；还有1908年建成于石勒苏益格-荷尔斯泰因州（Schleswig-Holstein）的韦斯特赫弗桑德灯塔（Westerheversand tower），使用精炼铸铁构件，高达40米。黑利奥斯（Helios）电气公司曾是德国灯塔的主要承建商之一，它的办公区位于科隆市郊的埃伦费尔德区（Ehrenfeld）。那里的工厂立有一座灯塔，过去用于检测灯塔设备，而现在的科隆夜空仍然会划过它发射的光束。

19世纪末20世纪初，全世界都掀起了兴建灯塔的热潮。例如，当时的澳大利亚只是一个人口不足五百万的国家，到1915年国内已有103座有人值守的灯塔。1893年，苏格兰工程师乔治·斯莱特（George Slight，1859—1934）受命主持智利的灯塔修建工作，在随后的20年时间里，他建了约70座灯塔。威廉·安德森（William Anderson，1851—1927）从1880年起主管加拿大的灯塔事业长达40年，据说他监造了500多座加拿大灯塔。此外，美国的灯塔事业仍在高速发展，从1902到1906年，阿拉斯加建起了首批共10座灯塔。1905年，挪威建造了欧洲大陆最北端的灯塔——由铸铁构件组装的斯莱特尼斯灯塔（Slettnes lighthouse）。它位于北纬71度，已经深入北极圈。这期间，灯塔建造技术也取得了很大进步，钢材和钢筋混凝土成为灯塔建材，照明方式也有了创新，包括首次使用了煤油，用上了乙炔和电力。还有不计其数的守塔人团队以一丝不苟的态度检查和

22.

23.

24.

图 22：1868 年在根西岛附近海域用预制铸铁构件建成的罗什−杜夫尔礁灯塔。

图 23：19 世纪 50 年代建于德国不来梅港的哥特式风格的灯塔。

图 24：用铸铁构件建成的德国北部的韦斯特赫弗桑德灯塔。

图 25：1879 年建于东弗里西亚群岛（East Friesian Islands）的博尔库姆岛上的灯塔。

图 26：建于 1902 年的德国黑尔戈兰岛灯塔（Heligoland light）能发出很强的电光束。

25.

26.

监督工作，确保了全球的灯塔体系都能按国际通行的规则和标准正常运转。

我们不可能确定"灯塔的黄金时代"在哪一天结束，这种说法本身是一个模糊的概念，但是可以肯定，到了 20 世纪 20 年代，灯塔在技术方面的优越性和它们标志性的神秘感都已经过了巅峰期。飞机的发明开创了人类凭借勇气和技术创新与恶劣天气搏斗的新疆域。接连拔地而起的摩天大楼作为建筑业的壮举也让灯塔相形见绌。无线电技术和无线电导航信标的应用削弱了照明在这一领域的核心地位。随着自动控制系统的普及，越来越多的灯塔不再需要守塔人孤独地守夜。

一方面，当时的灯塔已经成为成熟且行之有效的全球海上航行体系不可或缺的实用部分；另一方面，不论是作为明信片和铁路画报上象征海滨度假的著名标志，还是作为迎接悬崖健步者的地标，它们也在形成一种怀旧的魅力。早在全球灯塔系统进入 20 世纪末的衰退期之前，灯塔就已经成为过去的遗物，而非未来的标志。它们骄傲地纪念着距今久远的工程壮举，纪念着大多已被遗忘的个人英雄主义行为，纪念着一种已然逝去的生活方式。

100 埃库莱斯灯塔
加利西亚 | 西班牙

原塔设计人：盖厄斯·塞维厄斯·鲁普斯
塔型：方形砖塔，石材覆面
高度：34米 | 照明方式：火盆

埃库莱斯灯塔很可能建于罗马皇帝图拉真当政时期。过去，它引导船只进入罗马帝国的布里甘廷港（Brigantium），即今天的拉科鲁尼亚。最初的三层结构用石材贴面，有绕着塔身外层螺旋上升的坡道，直通圆顶的灯室。上图是1762年绘制的，那时，坡道早已消失；17世纪时，塔内加装了木质楼梯。1790年，这座塔重建为一个四层楼结构（见右下两图）。至今，它依然屹立不倒，是世界上存世最久且还能正常工作的灯塔。

修复者：欧斯塔基奥·詹尼尼·本托罗尔（Eustaquio Giannini Bentallol） | 修复时间：1788—1791 | 塔型：方形砖塔，石材覆面
高度：55 米 | 照明方式：火盆

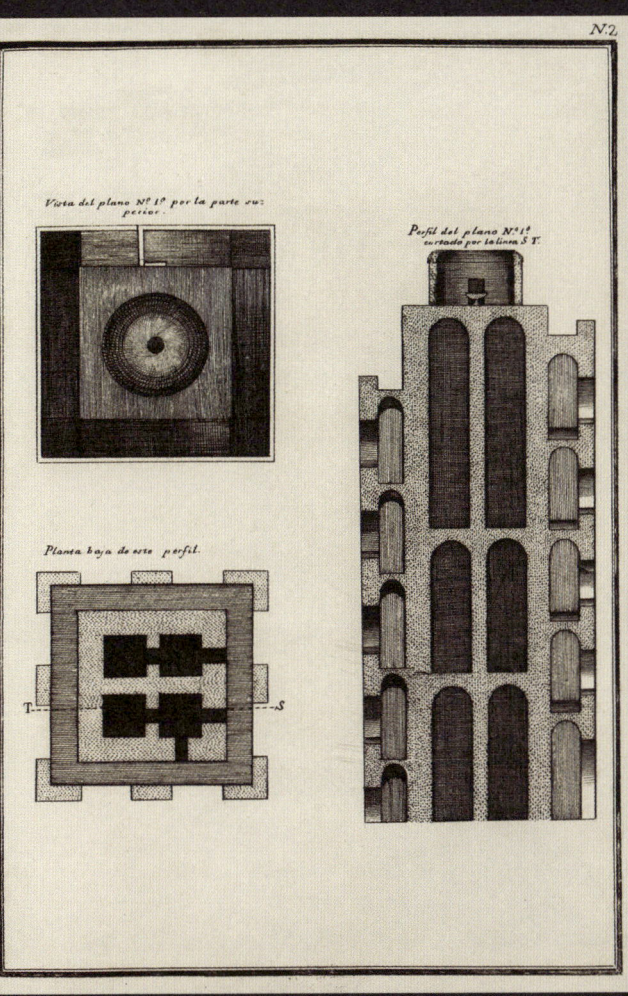

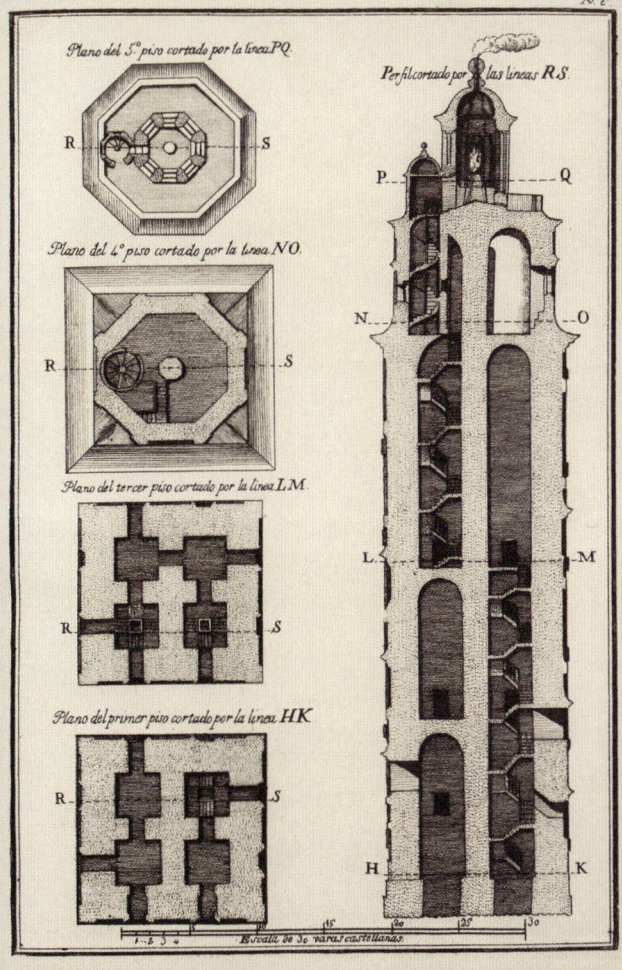

1685 沙西龙灯塔(CHASSIRON)
奥莱龙岛(ÎLE D'OLÉRON) | 法国

下令建造者：让-巴蒂斯特·科尔贝（Jean-Baptiste Colbert）
塔型：圆形石塔 | 高度：33 米
照明方式：两间烧柴火的灯室

第一座沙西龙灯塔是奉国王路易十四的财政大臣科尔贝之命，建于奥莱龙岛西北端，俯瞰安蒂奥什海峡（Antioch narrows）。这个海峡素有恶名，因为驶往罗什福尔港（Rochefort）的船经常在此沉没。沙西龙灯塔采用双照明，这使它区别于法国西海岸的其他灯塔，如科尔杜昂灯塔和雷岛灯塔。灯室火盆所需的木材使用滑轮送上去。这座塔服务了150年，直到1836年被现在的这座沙西龙灯塔所取代。

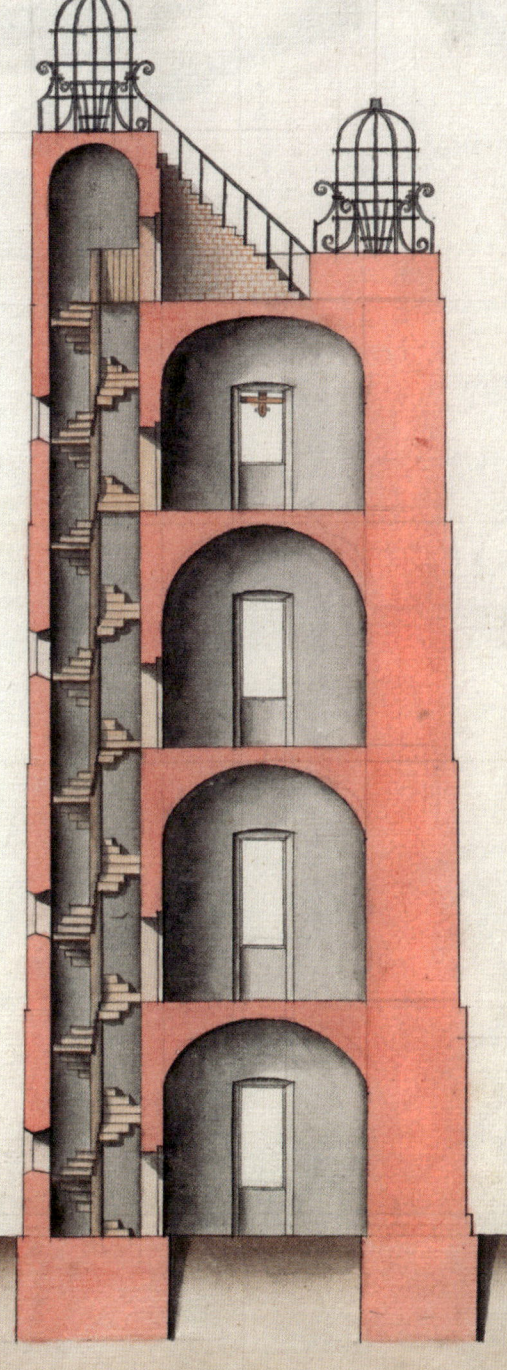

1691 北福尔兰角灯塔(NORTH FORELAND)
肯特郡(KENT) | 英国

设计者：未知 | 塔型：八角形石塔（含燧石）
原始高度：26米
最初照明方式：煤火

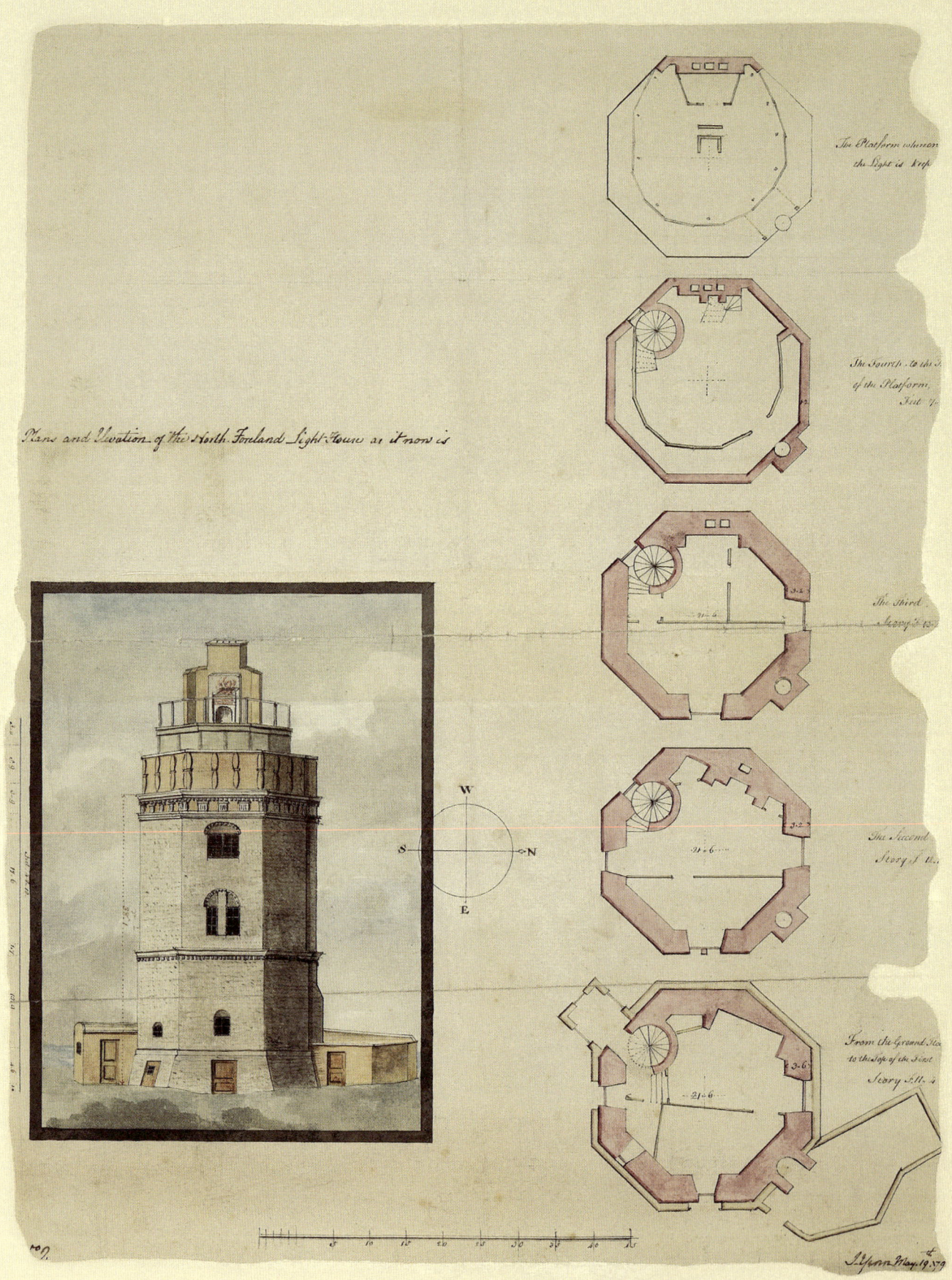

北福尔兰角的悬崖俯瞰古德温沙洲（Goodwin Sands），而后者历来威胁着进入泰晤士河口的航运。1691年建成的灯塔取代了之前在1683年毁坏的木质灯塔。据说它的篝火每年要消耗100吨煤。18世纪30年代，人们曾试图将篝火围起来，但是海员抱怨这样不如以前看得清楚，于是放弃了这种做法。1793年左右，这座灯塔加高两层，达到30米，篝火也被阿尔冈管状灯芯灯和抛物面反射镜所取代。1998年，北福尔兰角灯塔成为英国最后一座实现自动化的灯塔。

1733 路易斯堡灯塔（LOUISBOURG）
新斯科舍 | 加拿大

设计者：艾蒂安·韦里耶（Étienne Verrier）
塔型：圆形石塔，灯室为木材和玻璃结构
高度：20米 | 照明方式：火

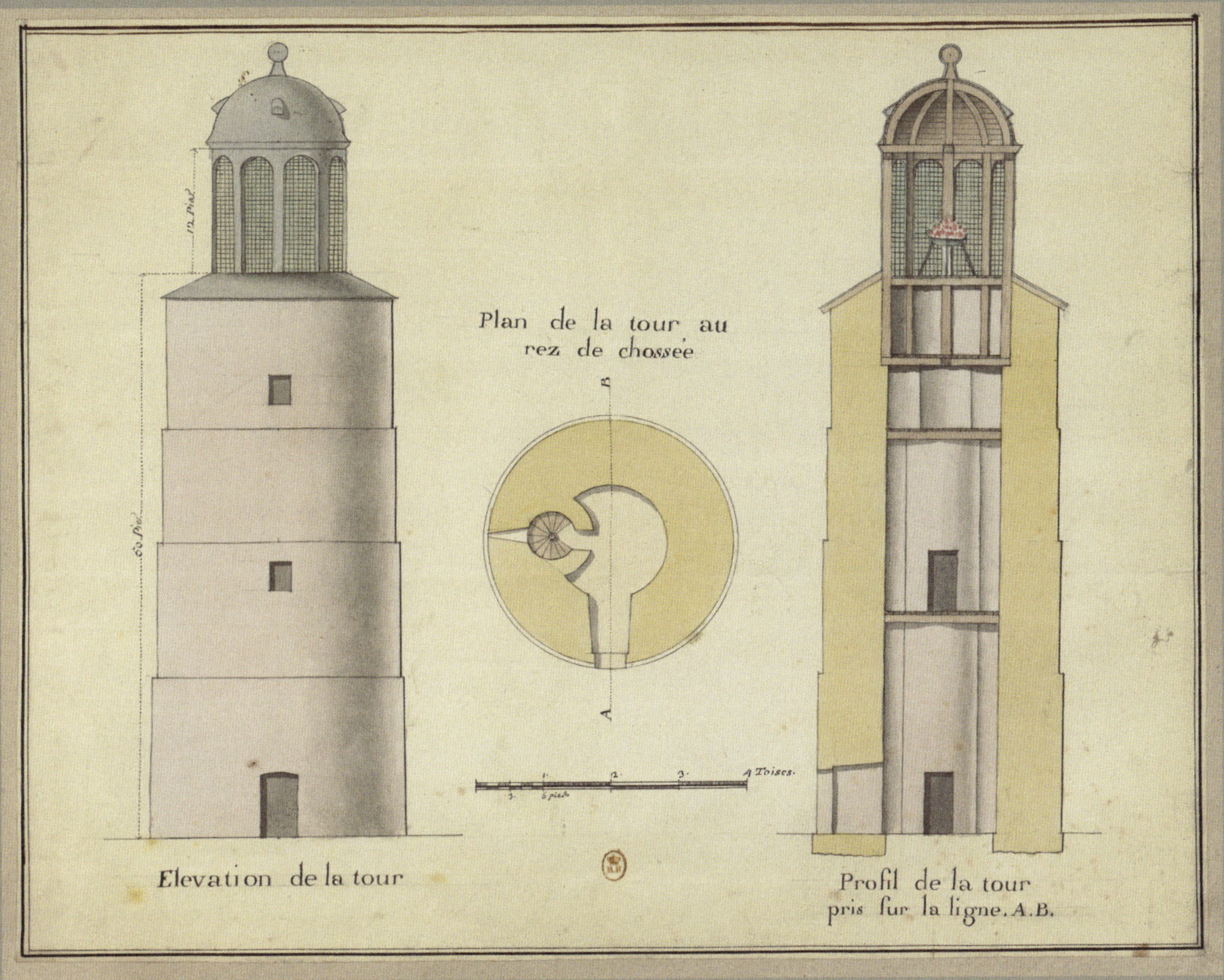

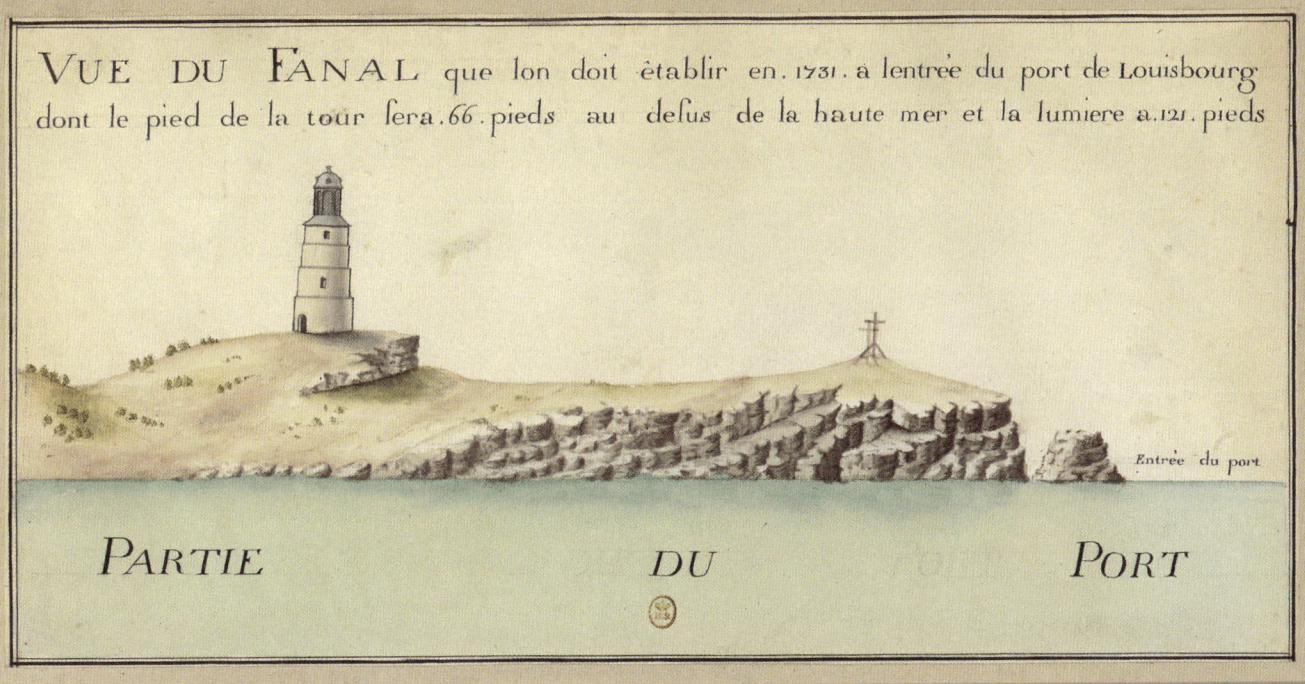

在18世纪30年代，布雷顿角岛（Cape Breton Island）上的路易斯堡是法国殖民者的一处港口和堡垒。这座灯塔在设计上与法国西部雷岛上的巴莱纳灯塔相近。1758年，英军包围并拿下了路易斯堡；而灯塔则在战斗中遭损毁，后被弃用。

1757 科索灯塔
科索岛 | 瑞典

设计者：约纳斯·诺贝格
塔型：圆形石塔 | 高度：23 米
照明方式：蜡烛加抛物面反射镜

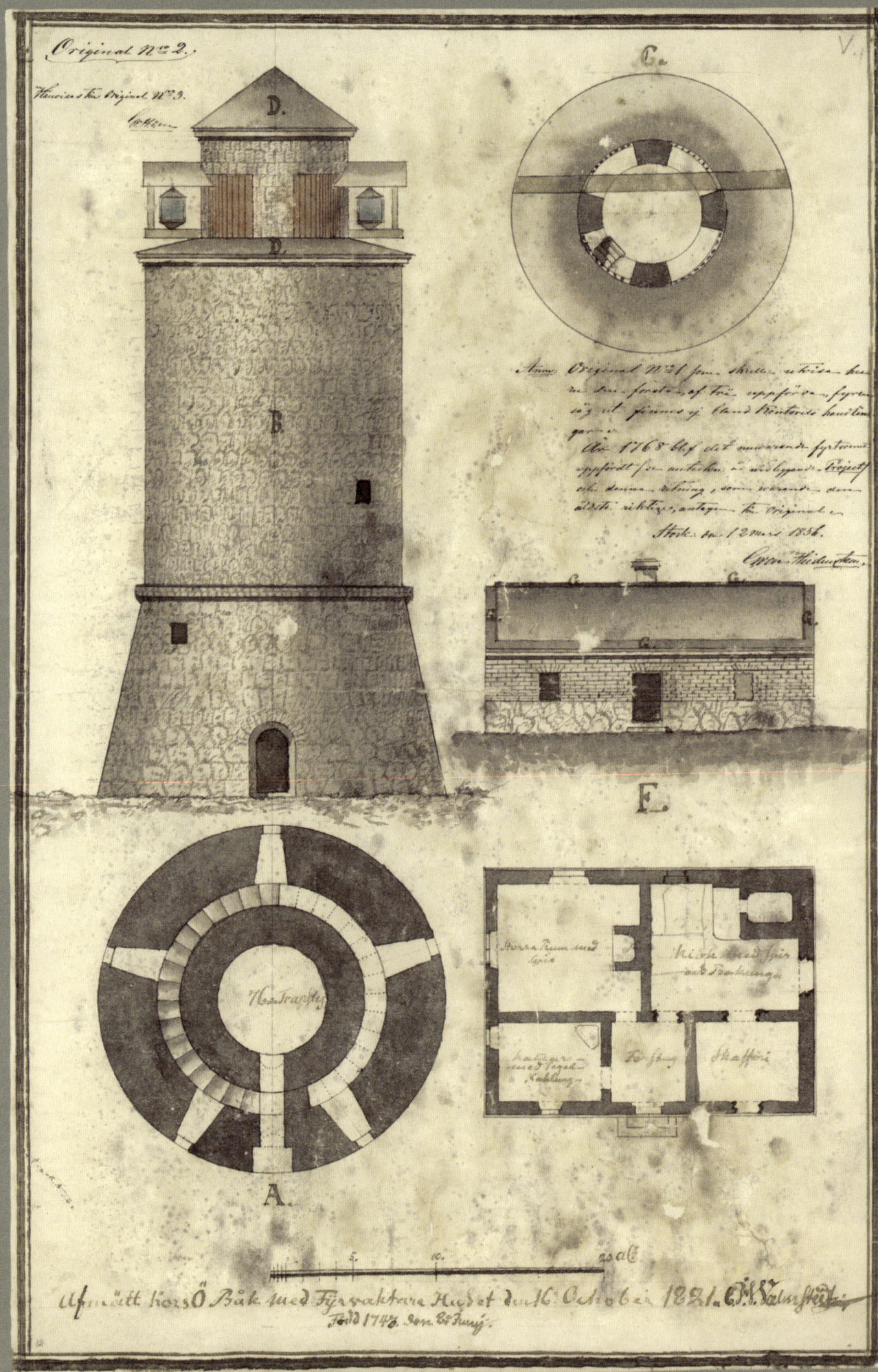

1781 卡尔斯滕灯塔（CARLSTEN）
马斯特兰德（MARSTRAND）| 瑞典

设计者：C. 温布拉德（C. Wijnblad）
塔型：圆形砖塔，木质灯室
照明方式：鲱鱼油灯加反射镜

前页图：斯德哥尔摩群岛（Stockholm Archipelago）的科索岛上的灯塔因约纳斯·诺贝格创造性地使用抛物镜面来加强灯光照射效果而闻名。他还设计了一种齿轮发条装置来转动镜面，从而发明了第一台会闪光的灯。这座灯塔自 1882 年就不再使用了。

本页图：这座灯塔构成了一座由犯人修建的瑞典军事堡垒的一部分。它拥有约纳斯·诺贝格发明的全世界第一台旋转灯。灯由齿轮发条装置驱动，每五分钟完成一次旋转。1868 年，堡垒灯塔停止运转。

1795 巴茨岛灯塔（ÎLE DE BATZ）
布列塔尼大区 | 法国

由法国海军部设计（未建造）

1811 贝尔灯塔
阿布罗斯（ARBROATH）| 苏格兰

设计者：罗伯特·史蒂文森
塔型：圆形石塔 | 高度：35米
照明方式：油灯加反射镜

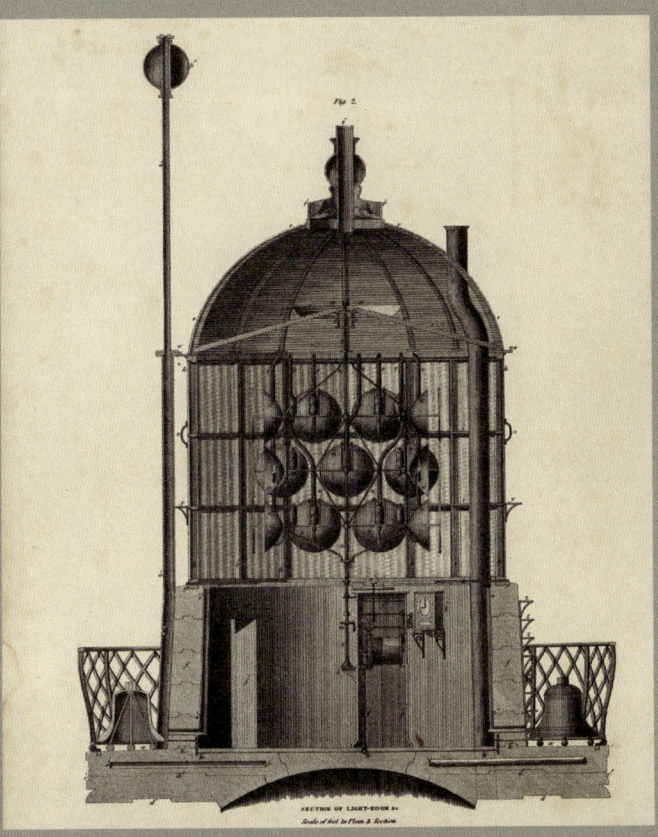

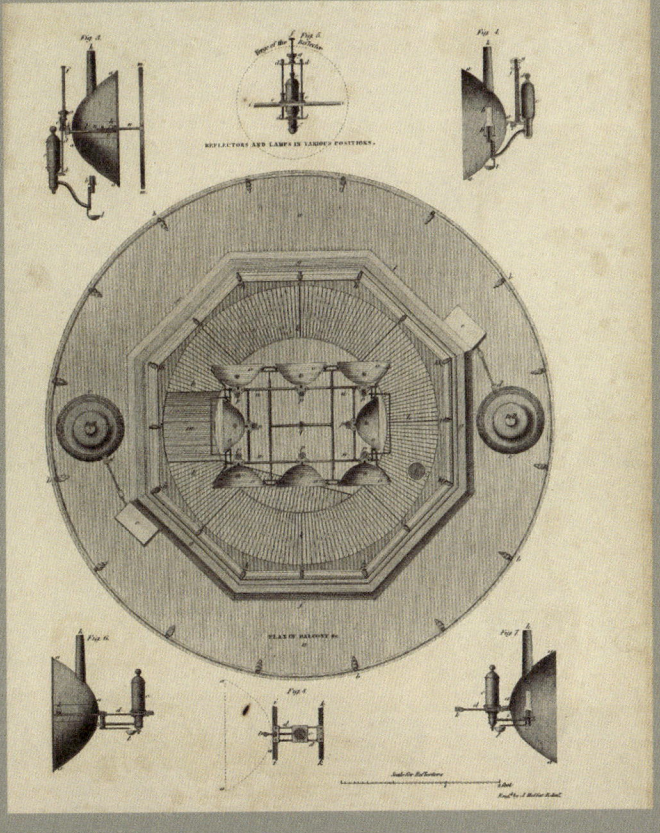

前页图：这份雄心勃勃地要在布列塔尼大区的巴茨岛上建一座灯塔的计划是海军部于法国共和历四年（1795—1796）制定的，却从未付诸实施。40年后，也就是1836年，巴茨岛上才建起了一座灯塔。

本页图：矗立于苏格兰东部海上的贝尔礁的这座灯塔建于1807至1810年。时任北方灯塔委员会首席工程师的罗伯特·史蒂文森为它设计了自下而上渐狭的花岗岩塔身。塔顶灯室配有阿尔冈管状灯芯灯和24面抛物面反射镜。

1824 格林角灯塔（GREEN POINT）
开普敦 | 南非

设计者：赫尔曼·舒特（Hermann Schütte）
塔型：方形石塔，两间灯室 | 高度：16米
照明方式：阿尔冈管状灯芯油灯

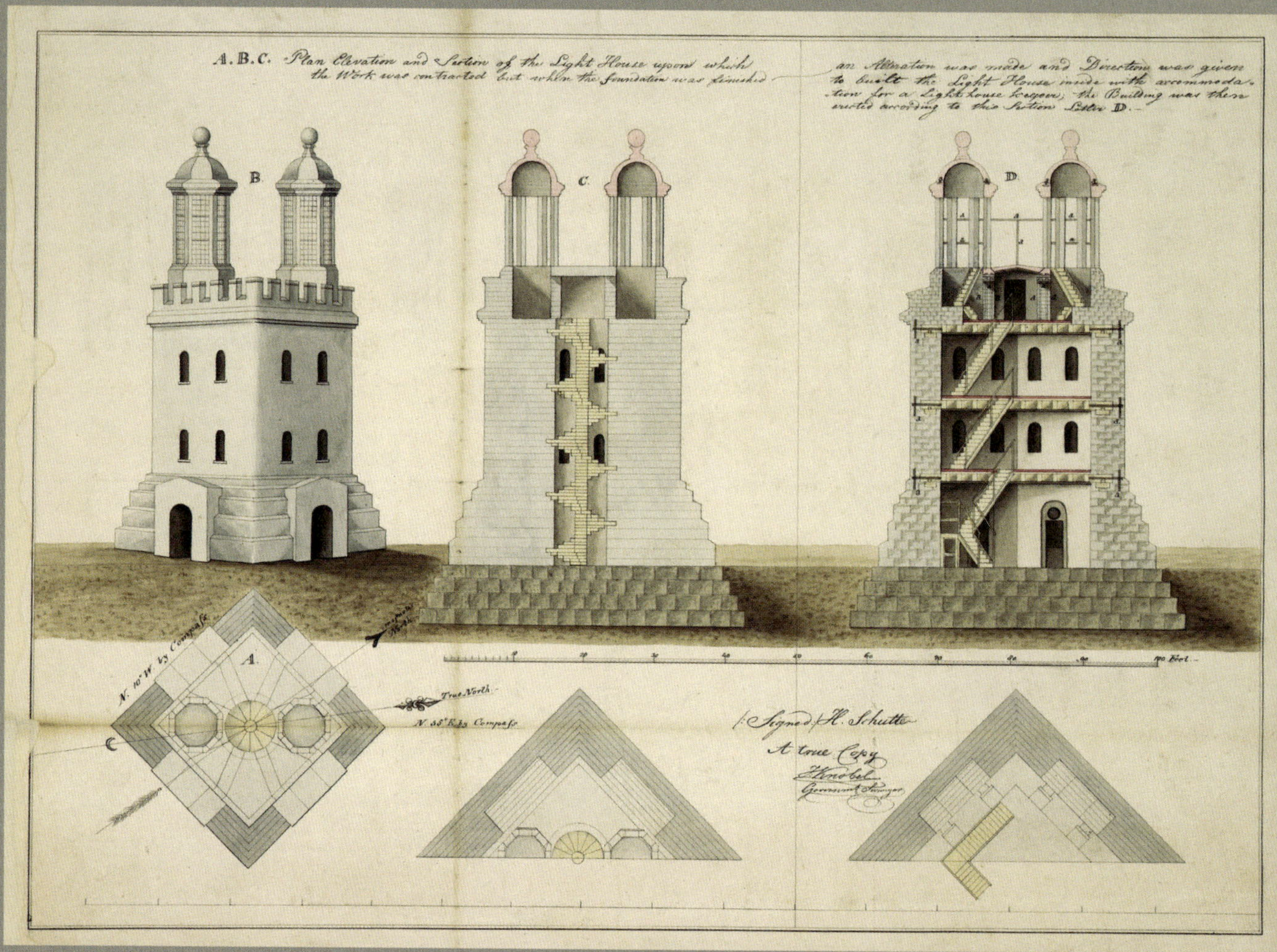

1826 长石灯塔
诺森伯兰（NORTHUMBERLAND）| 英格兰

设计者：约瑟夫·尼尔森（Joseph Nelson）
塔型：圆形石塔 | 高度：26米
最初照明方式：阿尔冈管状灯芯油灯加反射镜

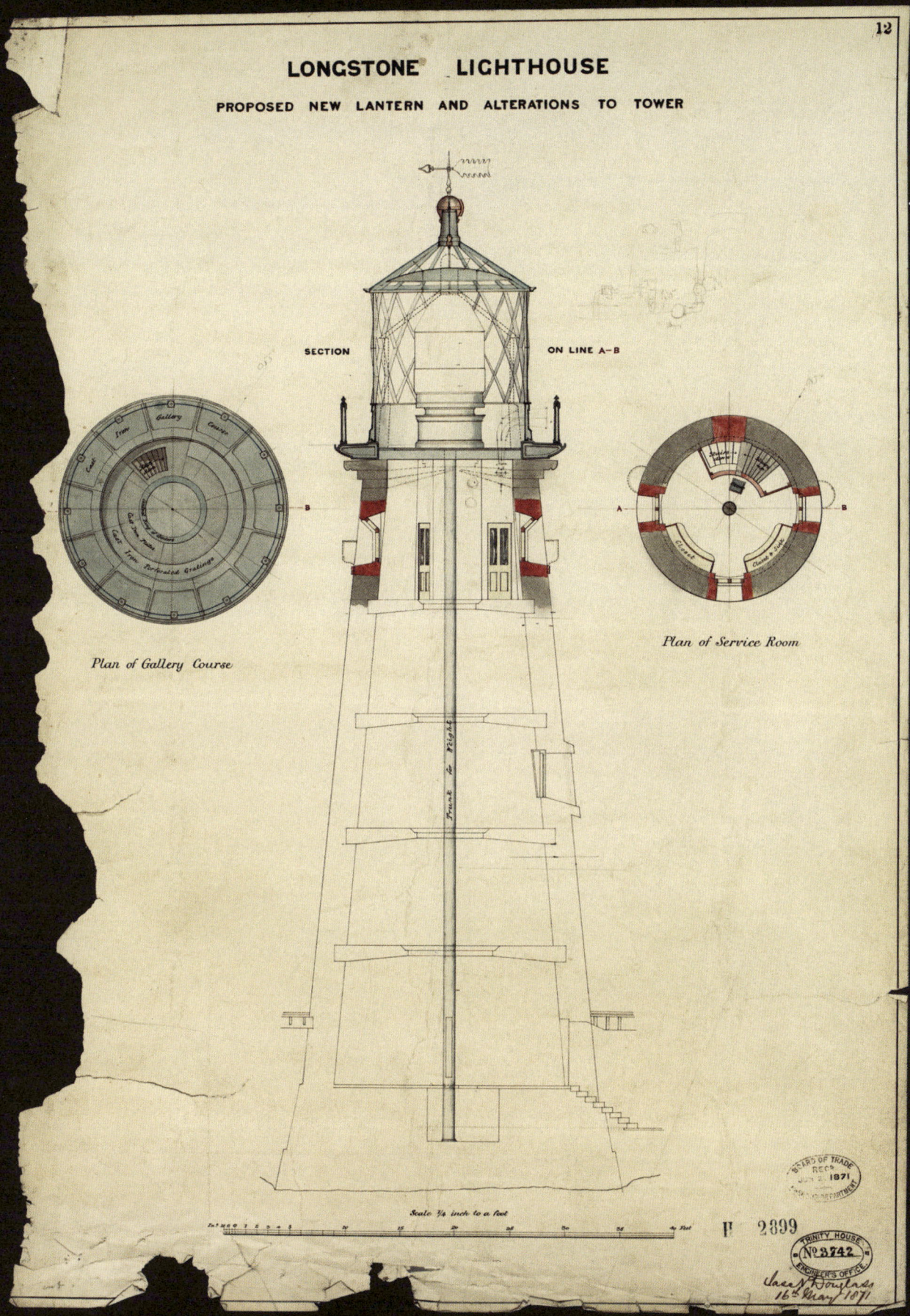

前页图： 格林角灯塔由石匠赫尔曼·舒特设计，是南非的第一座灯塔，为进入开普敦桌湾（Table Bay）的船提供导航。这座塔于1865年重建后仅设一个灯室，基本上确立了它今天的样子。

本页图： 长石灯塔因格蕾丝·达林（Grace Darling）的故事而闻名，它位于英格兰东北海域的法恩群岛（Farne Islands）。这幅平面图中标注了对19世纪70年代采用的最初照明方案的修改建议，主要是建议改装钱斯兄弟公司（Chance Brothers）制造的菲涅尔透镜。

1827 阿科纳角灯塔(CAPE ARKONA) 吕根岛(RÜGEN) | 德国

设计者：卡尔·弗里德里希·申克尔（Karl Friedrich Schinkel）
塔型：方形砖塔 | 高度：19 米
最初照明方式：油灯加反射镜

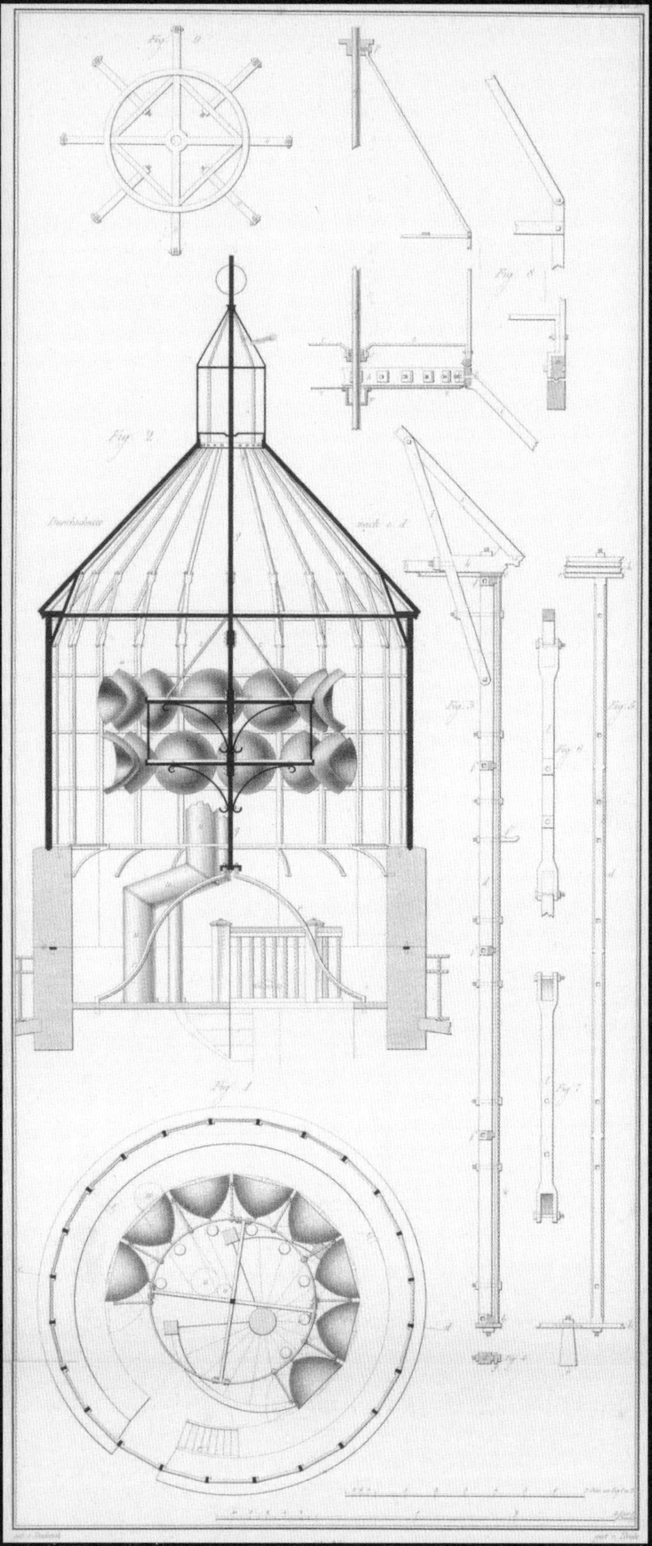

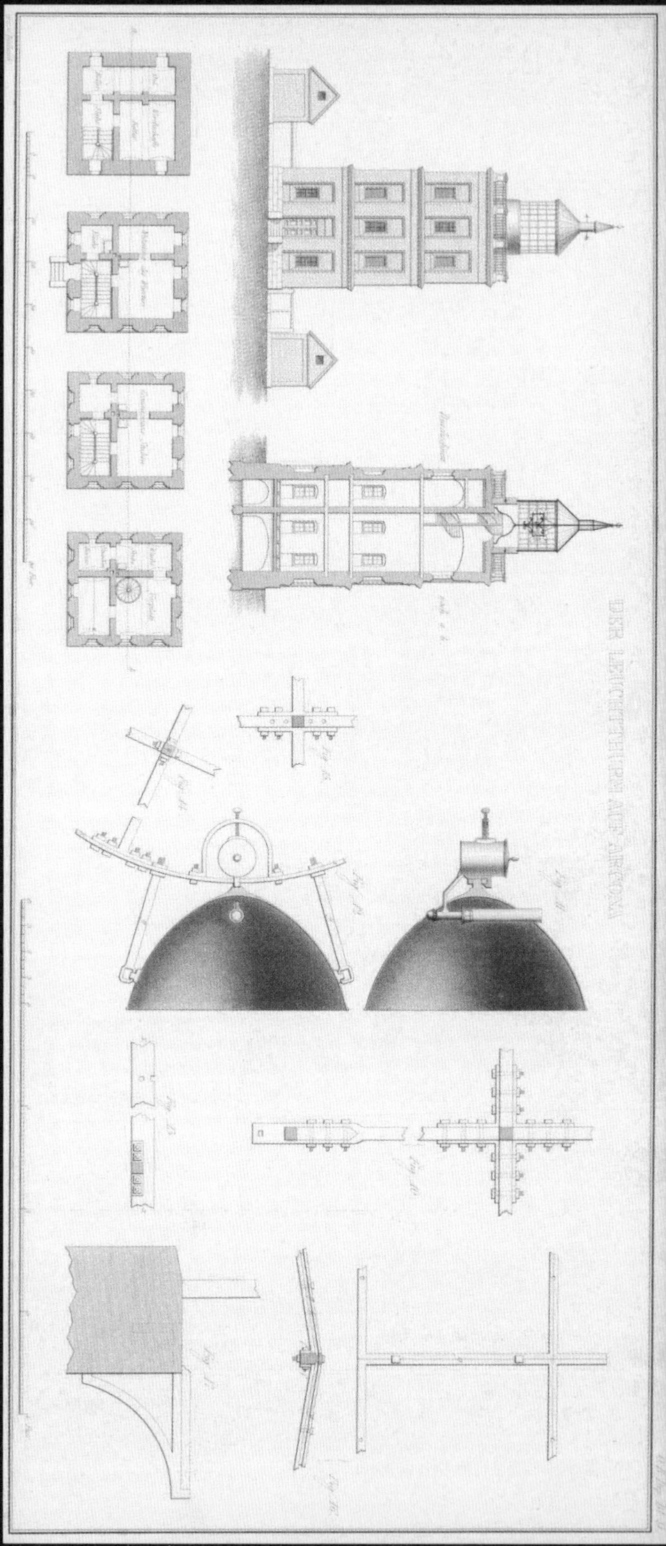

在波罗的海上的吕根岛的北端，普鲁士王国在 1826 至 1827 年间建造了第一座阿科纳角灯塔。它的照明部分是 17 组抛物面反射镜加菜

1830 格里诺尔灯塔(GREENORE)
劳斯郡(COUNTY LOUTH)｜爱尔兰

设计者：乔治·哈尔平（George Halpin）
塔型：圆形石塔　｜　高度：11米
照明方式：油灯加反射镜

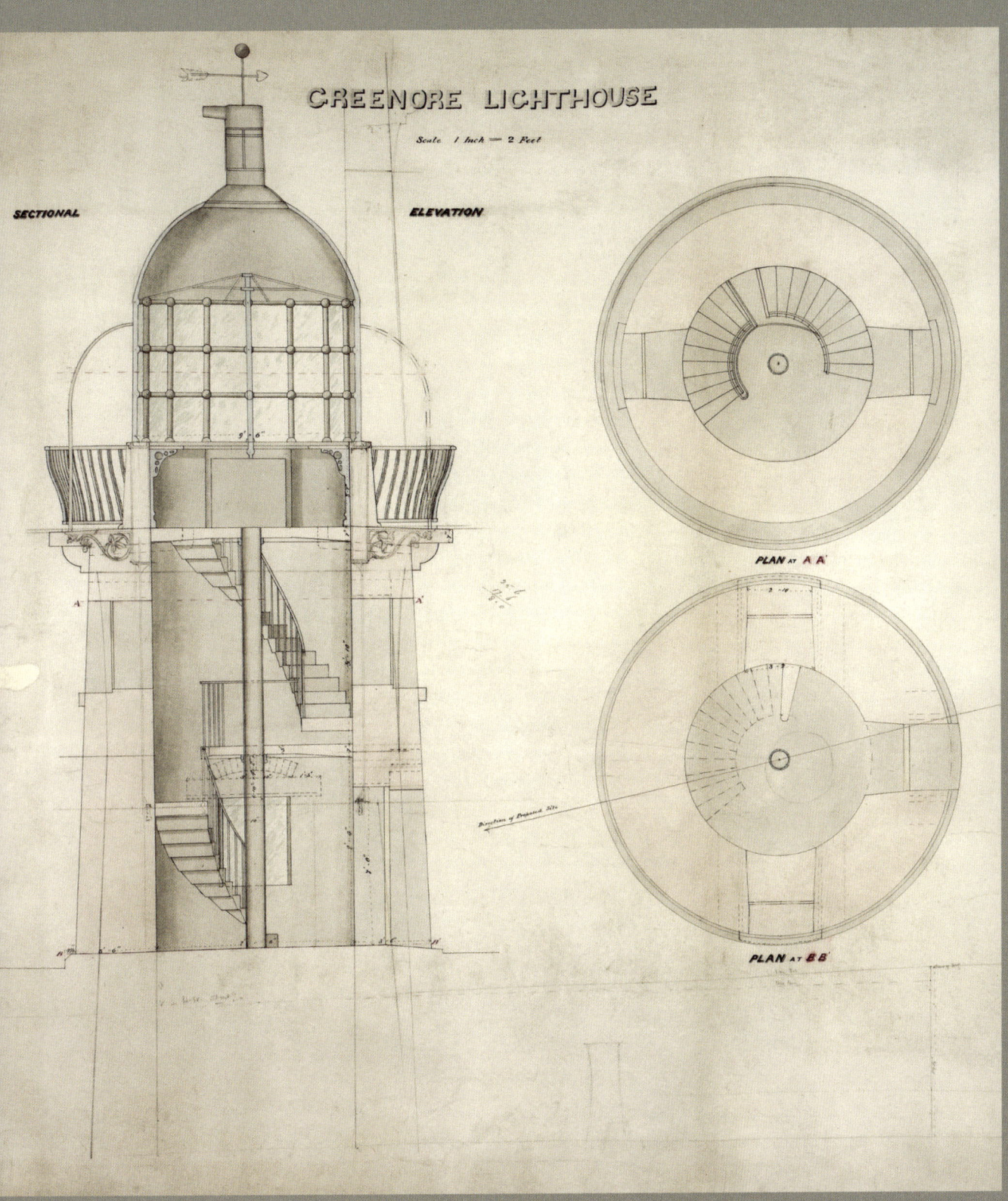

这座灯塔位于爱尔兰共和国和北爱尔兰交界处的卡灵福德湾（Carlingford Lough）的入口，由爱尔兰灯塔委员会建造。委员会的工程师乔治·哈尔平设计建造了50多座新灯塔。格里诺尔灯塔自1986年起就停用了。

1833 温暖气候下的灯塔方案图

詹姆斯·沃克为巴哈马各处灯塔所做的设计

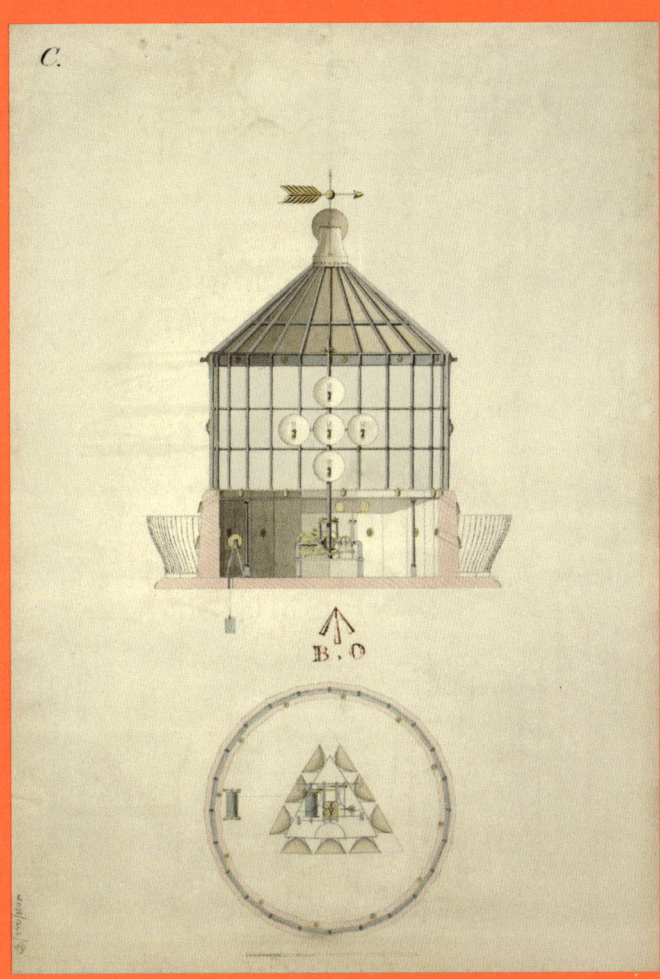

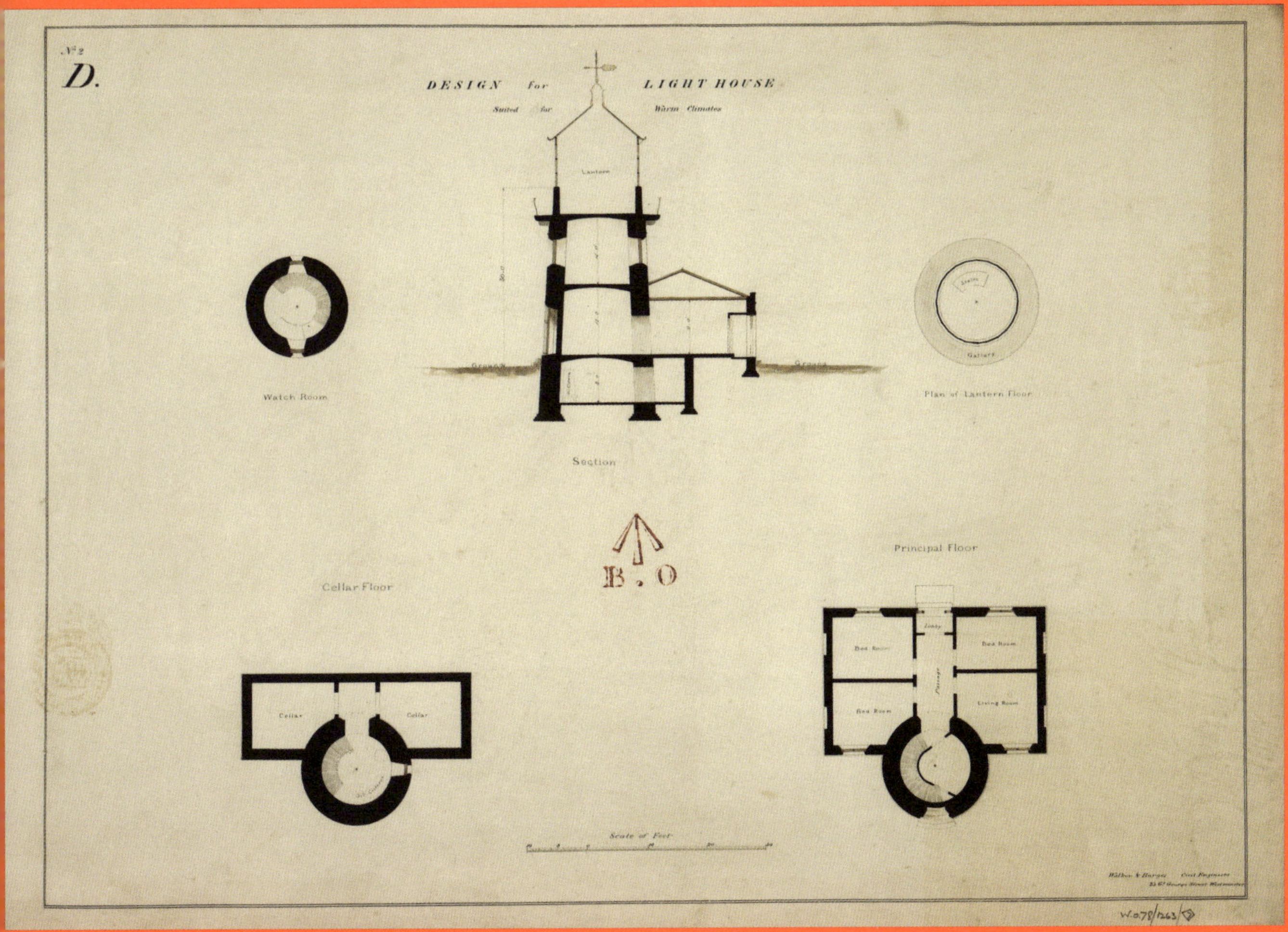

1833年，英国领港协会首席设计师詹姆斯·沃克名下的沃克与伯吉斯（Walker & Burges）工程咨询公司制定了"温暖气候"下的灯塔通用方案。当时，美国正因本国船在巴哈马海域发生大量沉船事故而向英国施压，要求英国在巴哈马建造一系列灯塔。这份设计图显示了对油灯和抛物面反射镜组合的不同安排，并附上了预设守塔人宿舍和地窖的塔身立面图和平面图。这些设计具体如何适应"温暖气候"却并不明确，虽然地窖或能提供清凉的储存环境。

第二章

哪怕狂风巨浪

艰险的建塔历程

DEFYING THE ELEMENTS

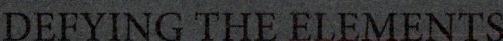

THE PERILOUS BUSINESS OF LIGHTHOUSE BUILDING

1.

本章首页插图说明

左上图：史蒂文森建造贝尔灯塔期间（约1808年），一个工人正在工地上移动石块的场景。

右上图：显示内部构造的贝尔灯塔立面图。

中图：贝尔灯塔工地上用的人字起重架（sheer crane）正面图。当时的工人就是用这种起重架从系泊在贝尔礁的平底货船上将预制的石块吊到礁石上。

中右图：这是建造贝尔灯塔时唯一用过的一匹马，名叫巴锡（Bassey）。它身上套的是伍尔维奇牌吊装车（Woolwich Sling Cart），用来搬运石块。

左下图（上）：约翰·伦尼（John Rennie）的贝尔灯塔设计图。

左下图（中）：两个工人正操作人字起重架，转动绞盘将石块从平底货船吊到贝尔礁上。

左下图（下）：一个工人托着一块正要被人字起重架吊到礁石上的石块并维持其平衡。

右下图：史蒂文森设想的贝尔灯塔结构。

图1：19世纪初，苏格兰贝尔礁上建造灯塔的场景。

灯塔一直都是浪漫之地。即使是崇尚大自然的人，也从来不会反对矗立在偏远的悬崖上或僻静的海湾中的这些孤独的哨兵出现在他们的视野中。灯塔并非印证了人类可以凌驾于自然之上，相反，它们唤起了人类在面对惊涛骇浪和狂风暴雨时的弱小与孤独。灯塔的这种从容直面逆境的无畏形象也正是建造礁石灯塔的故事长久以来魅力不减的原因。这些建于离岸小岛或饱经海浪冲刷的礁石之上的高耸结构，其建造过程就是一场实力悬殊的搏斗——人类与远非自己所能控制的力量抗争，最终依靠奇迹般的坚韧和毅力取得了胜利。

在礁石上建灯塔的起因往往是一场海难。一些沉船事故造成了如此惨重的物资和人员损失，以致民众意见颇大，迫使当局探求在那些因极端风浪条件而貌似不可能开工的地点建造灯塔的可能性。苏格兰以东海域的贝尔礁自古就对途经船舶有着致命威胁。1804年1月，英国皇家海军"约克"号（HMS York）战舰在此触礁沉没，舰上491人无一生还。被工程师罗伯特·史蒂文森描述为"史上罕见的夺命灾难"[1]的这次沉船事故让民众解开了钱袋子，为史蒂文森工程师提供了建造著名的贝尔灯塔（1811年启用）所需的资金。近一个世纪后的1896年6月，"德拉蒙德城堡"号（Drummond Castle）蒸汽船在法国西北部的韦桑岛（Ushant）海域沉没，242名船员和乘客丧生，推动了朱芒灯塔（La Jument light, 1911）的建造。这是法国最伟大的灯塔之一，它建在一座离岸礁石上，距离海岸300米，前后花了7年时间才竣工。

礁石灯塔的工地可能始终被海水淹没，除了在低潮的时候；天气状况不好时，它们可能难以靠近，夏季经常会碰到这种情况，而冬季则几乎天天如此。因此，工程师必须做的第一步工作就是亲自勘测目标礁石区，只有如此，他（19世纪的工程师总是男性）才能确定合适的建造点及了解其表面的精确特性。但要实现这一点，他就需要反复登临礁石或小岛。然而，在真正开始勘测之前，这项工作可能陷于停顿，因为要从一艘小快艇或

---

[1] 贝拉·巴瑟斯特（Bella Bathurst），《灯塔世家史蒂文森》（*The Lighthouse Stevensons*），伦敦：哈珀柯林斯出版集团（London:Harper Collins），1999年，第73页。

冲浪艇登上一块饱经海浪冲刷的礁石着实不易，即使是做一点最粗略的勘测，也只有在天气和潮水条件都适宜的情况下才可能有一点稍纵即逝的机会。毫无疑问，工程师是冒着生命危险在做这样的初步勘测。以沃尔夫礁（Wolf Rock）为例，这块被选为建塔点的礁石坐落于英格兰西南海上，夹在兰兹角（Land's End）和锡利群岛之间，每天只有几个小时露出水面。1861年7月，英国工程师詹姆斯·道格拉斯费了很大力气，终于爬上了这块礁石，但是，他刚完成一次简短的测量，汹涌的海水就已经使他的船无法再靠近接他下来。万幸的是，他随身带着救生绳。就在上升的潮水即将淹没礁石那一刻，道格拉斯一头扎进冰冷、盘旋的海水中，随即被船上的人拉起，虽然全身湿透，但安全上了船。

美国俄勒冈州海域的蒂拉穆克礁（Tillamook Rock）同样威胁着过往船只，那里也曾发生过悲惨的海难。1879年，美国灯塔委员会开始在这片高风险海域建一座灯塔，但是负责这项工程的美国工程师一开始却发现这块礁石根本登不上去。经过多天耐心等候合适的天气条件，他终于成功跳上了这块礁石，但是仅仅短暂停留之后，警觉的他就跳回了小船，因为一波涨动的海浪正迫近，迟一步就可能无法脱身。于是，经验丰富的英国工程师约翰·特雷瓦华斯（John Trewavas）被请来执行更详尽的勘测任务。结果，他刚从冲浪艇跳上这块礁石，一个没站稳，跌了下来，被一排太平洋卷浪带走了。

19世纪的工程师在规划建造一座礁石灯塔时，只能猜测在计算中要用到的最基本要素——大海在暴怒的顶点那一刻会产生多大的力量。正如艾伦·史蒂文森在1850年写道："在测算海浪威力方面，迄今尚未有人实实在在地做过系统的或可令人理解的尝试"[1]，这就让当时的工程师在决定灯塔的结构时，只能凭经验和直觉——"关于大海对人类有过什么危害以及人类又是如何并且在多大程度上成功驾驭大海的广泛知识"。为指导施工而制定的计划散发着一种纯粹和理性的气息，掩盖了整个工程本质上的不确定性。

1　艾伦·史蒂文森，《灯塔历史、建造过程和照明技术概论》（*A Rudimentary Treatise on the History, Construction, and Illumination of Lighthouses*），伦敦：约翰·威尔出版社（London: John Weale），1850年，第27页。

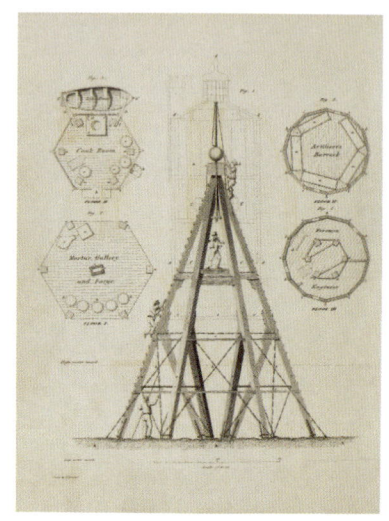

2.

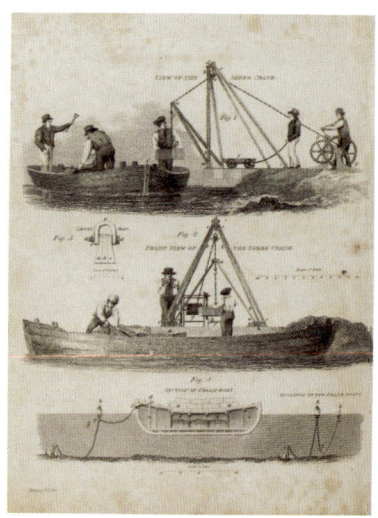

3.

图2：工人在建一座灯标的场景。这座灯标最终成为工人在贝尔礁上的住所。

图3：一台人字起重架正卸载用拖船运到贝尔礁的石块。

图4：用于将石块吊上塔的平衡吊。

图5：一条绳桥将在建的灯塔与工人的工房连在一起。

图6：贝尔灯塔已经为安装灯室准备就绪。

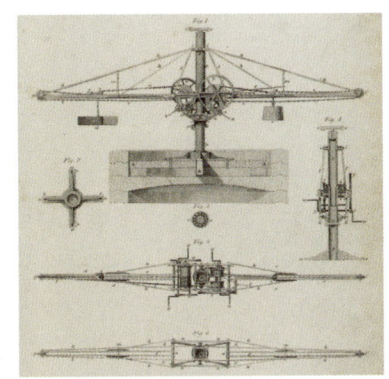

4.

5.

6.

礁石灯塔的奠基工作是一项可怕的挑战。19世纪初的工程师在面对这一挑战时，只有相当原始的工具——凿石头靠铁镐和锤子，拉重物靠马，运输靠船帆和桨。随着时代进步，技术的创新（如出现了蒸汽船和可以夷平石块的炸药）使得建筑工作比以前容易多了，但是面对极端恶劣天气的肆虐，人们仍然无能为力。当工人们将礁石上的一块区域夷平并在上面铺设塔基时，他们是没有任何防护的。为了施工，他们不得不靠渡船往来于涌动着危险的水域，即使能够登上礁石，也只有在低潮期间才能施工。例如，1867年，法国人做了一个大胆的决定：在布列塔尼大区的菲尼斯泰尔省（Finistére）的塞恩岛礁区（Chaussée de Sein）的阿尔芒礁（Ar-Men Rock）上建一座灯塔。这是一块常年受海浪冲刷的半淹没花岗岩，在这里能感受到大西洋的十成威力。这项工程的头两年，工人们成功登上这块礁石的记录只有24次，而每次都只能施工一个小时左右，然后上涨的潮水就会迫使他们撤退。实际上，工人们花了令人惊讶的整整7年时间才在插入这块花岗岩的钢筋的固定下，在礁石上奠定了一个圆柱形的石基。到1876年开始建这座灯塔的高层部分时，进度一下子就加快了。但是，整座灯塔直到开工14年后才竣工。

阿尔芒灯塔这种极端缓慢的工程初期进度是罕见的，但是要为一座灯塔铺设塔基，通常也要花上两年的时间。罗伯特·史蒂文森在叙述贝尔灯塔的建造过程时曾提到，在1807年，也就是工程开工的第一年，施工的时间都加起来也不过相当于整整14天，而这些时间大都花在了用铁镐敲凿坚硬的礁石上。而一把铁镐要在这块礁石上敲出哪怕一个凹痕都很难，工人得不停地换镐，或者到一旁的锻造车间就地维修。即使工地在高潮线之上，初期的工程也很艰难。蒂拉穆克灯塔的选址比海平面高出27米，即使用上了炸药来平整礁石表面，也花了整整7个月才铺下第一块基石。

这令建塔工人怨恨的进度却还不一定就能保得住。他们都没少经历猛烈来袭的风暴或多或少毁掉最初劳动成果的情形。1836年，法国工程师莱昂斯·雷诺在布列塔尼大区海域的特雷吉耶礁（Tréguier reef）建造埃欧·德·布雷阿灯塔。就在他已经完成准备工作，正要监督工人铺下第一块基石的时侯，来了一场持续三天的风暴，摧毁了整个工地，几乎将整个工程推回了原点。海浪的力量是可怕的。1869 年，工程师托马斯·史蒂文森正努力在苏格兰西面海上的达夫阿塔赫礁（rock of Dubh Artach）建一座灯塔，当时的风暴浪强大到能将 11 块大石块翻出刚铺设好的塔基，再将它们扫落海底，而这些石块每一块都重达两吨。

在海上礁石施工的工人自然要面对最严酷的施工环境。在拥挤局促的工地上，事故频繁发生——特别是手脚被重物压断的事故——但是生命所需承受的痛苦和威胁主要还是来自大海。据记载，第一座斯莫尔斯灯塔于 18 世纪 70 年代在威尔士彭布罗克郡开工早期，巨浪打在工人的背上，往往会将他们的衣服撕破，还经常将他们整个拍倒在崎岖的礁石上，造成各种伤口。到 19 世纪 60 年代，已经过了几乎一个世纪，为沃尔夫礁灯塔（1869）铺设地基的施工队的工作条件几乎没有变化。那时设瞭望员监视迫近的巨浪，一旦他发出警报，工人们就迅速放下手中的工具，抓紧救生绳，忍受一次彻底的巨浪拍击，而他们的重锤与铁镐则会像火柴一般被海水卷走。

在当时的条件下，必须有一双警惕的眼睛随时盯着天气和潮水状况，因为潮水的上涨势不可挡，而一旦被困在礁石上就将是一场厄运。罗伯特·史蒂文森曾生动地描述发生在贝尔礁上的一次充满戏剧性的事件。当时，由于工作疏忽，只为工地留下了两艘小船，每艘只能承载 8 人，而正在礁石上施工的工人却有 32 人。潮水上涨即将淹没整块礁石，而大型补给运输船又已经走远，溺水身亡的厄运似乎已近在眼前。按史蒂文森自己的说法，他并没有立即发出警报，因为他害怕"冲突可能随之而来，而且很难说……这样的冲突会如何结束"[1]。当险情终于变得对所有人来说都显而易见时，史蒂文森面前已经"无比沉默地"站着一群脸色阴沉的工人。这场危机被碰巧抵达的一艘补给船给化解了，但是，如果这艘船没来，工人们恐怕不会把救老板放在首位，而史蒂文森也意识到，平时潜伏的对立情

---

[1] 贝拉·巴瑟斯特，《灯塔世家史蒂文森》，第 84 页。

图 7：美国俄勒冈州海域的蒂拉穆克礁灯塔。

图 8：远在海上的苏格兰达夫阿塔赫礁灯塔。它建于 1866 至 1872 年间。

图 9：设得兰群岛的马克尔弗拉加岛上铺设了轨道，用于向岛上的灯塔输送物资。

图10：在布列塔尼大区的韦桑岛海域建造朱芒灯塔的场景：上图为1906年时，工人在打造塔基；下图为1911年时安装灯室。

图11：约1910年时在海峡群岛的根西岛海域建造普拉特·富热尔灯塔（Platte Fougère light）的场景。

绪在紧急情况下可能就会爆发。但从另一方面说，这一事件也凸显了在这类工程中，工程师与工人共同承担危险与痛苦的程度之深，而这也正是他们能够齐心协力的原因之一。

虽然灯塔工程师的生平都有详细记录，但是要想清晰地刻画出受他们雇用而在如此残酷的条件下工作的人，却有着令人沮丧的困难。这些人并不是普通的劳力；每一个人都有自己的具体工作，如石匠、铁匠、木匠或镐工。不用说，他们个个都能吃苦耐劳，但也可能不好管理。在建造埃欧·德·布雷阿灯塔时，莱昂斯·雷诺就不得不强硬制止心怀不满的工人发起的一场罢工；在贝尔礁，罗伯特·史蒂文森也曾毫无妥协地扑灭一场反抗运动，而工人的要求只是增加一点之前少得可怜的定量啤酒供应。然而，史蒂文森却得意地写道，"这些优秀的工匠在这里时的快乐样子，是没有什么可与之相提并论的"[1]；"在潮水上涨的间隔期，他们会有读书、钓鱼、玩音乐、打牌、下跳棋等娱乐项目"[2]。毫无疑问，他们需要工钱，也很会苦中作乐。

约翰·史密顿在18世纪50年代末开创性地建造埃迪斯通灯塔时就发现，施工队的住宿应该靠近工地，这样才能避免每天在工地和陆地间远距离往返，才能最大限度地利用适宜的天气和潮水状况加紧施工。在工程的第一阶段，这往往意味着在礁石附近锚定一艘船，用作施工队的临时宿舍。住在这样一艘船上，就得忍受逼仄的空间和痛苦的晕船，而船在漂浮时还有触礁的危险，没有人会愿意多住一天。因此，开工后的首要任务之一就是在灯塔工地边上为施工队建一座临时工房。除了住人，这座工房中还可以搭一个修理工具的锻造车间和提供热食的厨房。这样的工房一般是木屋，后来还出现了架高的铁屋。

这些工房中的生活空间是受到严格限制的。据罗伯特·史蒂文森记载，他自己在贝尔礁工房中的房间——想必已经是最宽敞的了——"站在地板上时无法完全伸直手臂"。工人们还饱受夏季强风的袭击。艾伦·史蒂文森在1838到1844年间建

1　贝拉·巴瑟斯特，《灯塔世家史蒂文森》，第93页。
2　同上。

造了苏格兰西海岸外的斯科瑞沃尔灯塔,曾有一晚,他在木制工房中经历了一场暴风雨的最猛烈时刻,据他描述,"我们在睡梦中……突然惊醒,发现屋顶传来海浪拍砸声,整个工房在支架上摇来晃去,海水从门缝和窗缝中进进来……"[1]。这个经历让当时的人无比紧张,因为斯科瑞沃尔礁上的前一座木制工房就是被一场暴风雨扫除了,幸运的是那座房子当时并没有人。艾伦·史蒂文森还注意到,有一次,"一场暴风雨来袭,几乎不停歇地肆虐了整整7周,补给船因此无法出海……"[2],困在工房中的人们看着食物越来越少,"燃料也耗尽了,最糟糕的是,烟叶也用完了"[3]。达夫阿塔赫礁工地上的人曾有一次被困在铁制工房中达5天之久,其间巨浪猛烈地砸向屋顶,海水打着旋儿穿过屋子。罗伯特·路易斯·史蒂文森——这位出身工程师世家的作家——去工地上看过达夫阿塔赫灯塔的建造过程,据他回忆,工人们"简直像被关在架高的'铁鼓'中,一个浪打来,'鼓声'就在浪花四溅中回荡……"[4]

12.

13.

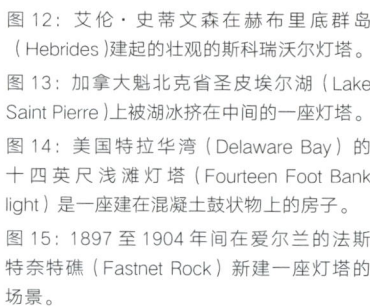
14.

　　工房一旦建成启用,建塔的速度就会加快,但是只有到塔基高度超过了高潮线,才有快速的进度可言。然后,施工时间会从一天两三个小时增加到十二、十四甚至十六个小时,开工季也会从夏季向前后延长到春季和秋季。但是,在这种暴露于海上的地方工作,仍然充满了危险和艰辛。在天气恶劣的情况下,海浪可能会直接越过已完工的塔顶。但是,一旦塔身围上了墙壁,就意味着最坏的情况已经过去了。直到19世纪末,由史密顿创立的建造石塔的基本原则一直没有什么变化——石块在陆地上的一个石场中备好,用船运往建塔的礁石,抵达后再用某种吊机或绞车吊到工地上;然后,将石块沿环线层层向上垒砌,围成一个底下塔基实心、上层塔身中空的石塔,其内部空间用作储藏室和住所。这是一个漫长、辛苦的过程,因为石块必须在砂浆的黏合下相互拼接,最后再做精确的表面处理,这样一路向上,做到一个令人眩晕的高度——斯科瑞沃尔灯塔围了97

图12:艾伦·史蒂文森在赫布里底群岛(Hebrides)建起的壮观的斯科瑞沃尔灯塔。

图13:加拿大魁北克省圣皮埃尔湖(Lake Saint Pierre)上被湖冰挤在中间的一座灯塔。

图14:美国特拉华湾(Delaware Bay)的十四英尺浅滩灯塔(Fourteen Foot Bank light)是一座建在混凝土鼓状物上的房子。

图15:1897至1904年间在爱尔兰的法斯特奈特礁(Fastnet Rock)新建一座灯塔的场景。

图16:法斯特奈特礁上新建的灯塔与1854年的老灯塔并肩而立。

1　克里斯托弗·尼科尔森,《英国的礁石灯塔》,第194页。
2　同上。
3　同上。
4　罗伯特·路易斯·史蒂文森,《记忆与画像》(Memories and Portraits),1887年。

15.

16.

层石块，最终高达 42 米。最后一层石块砌好时，会有一个简单的仪式来庆祝这一成就，而大多数工人也会在这时拿到工钱。接着，会在塔顶安装金属和玻璃做的灯室和穹顶。

石质灯塔的细节会随着时间发生改变。史密顿的橡树形灯塔被史蒂文森家族的工程师改成了更直立的结构，即缩小了塔基与塔顶周长的差别。雷诺发明了他自己的塔型：底层笨重，而顶层则更轻、更细。他还证明，史密顿过于注重以鸠尾榫接合石块，实际上，低于这个强度也能实现石块间的完美接合。但是，不论严格按照哪一种塔型建造，这些巍然自若地耸立于惊涛骇浪中的石塔，每一座都是一件精美的艺术品，其简约风格体现了古典美，而背靠狂野的大自然又反衬出它们的浪漫。

灯塔的内部几乎清一色厉行精简实用主义。一个值得注意的例外是 1907 至 1916 年建于布列塔尼大区海域的克雷昂灯塔（Kéréon lighthouse）。这是法国的最后一座礁石灯塔，它的建造经费部分来自查理‐马里耶·勒·达尔·德·克雷昂（Charles‐Marie Le Dall de Kéréon）——出身贵族，但在法国大革命期间年仅 19 岁就被送上断头台的一位海军准少尉——后人的私人捐款。这笔捐款为灯塔带来了豪华的内部装修：房间以橡木镶板，地板是红木和乌木的镶嵌细工，适合用来纪念殉国的祖先。法国的守塔人将这座灯塔称作"宫殿"。

维多利亚时代的工程师认为自己在从事协助航行这一最讲究实用的工作，他们将自己视作意志坚定且不会感情用事的人。但是，一些工程师却对用铁塔取代石塔表现出强烈的抗拒，这在一定程度上是由潜藏的审美冲动激发的。然而，到了 19 世纪下半叶，钢铁不可避免地得到了广泛应用，很大程度是因为铁塔的造价要低得多，也更容易建造。金属没有理由不用于建造堤道、悬崖或海角上的灯塔。从 19 世纪 40 年代起，这样的地方建起了许多钢铁灯塔，而且还是由相当程度上并不熟练的工人用预制的构件在工地上快速安装建成的。但是，如果要建海上的灯塔，那钢铁的材质太轻了，不足以抵抗海浪的连续拍打。1866 年建于爱尔兰西南海上的卡夫礁灯塔（Calf Rock light）的命运就证明了这一点。在 1881 年大西洋的一场猛烈风暴中，这座铁塔就直接被拦腰斩断。

为了在这么困难的地方也能用钢铁建灯塔，工程师们设想用铁桩将灯塔高架于海面上的结构，希望这样能让海浪无害地涌过底下的铁桩。这种结构最初在马萨诸塞州近海的迈诺特礁和英格兰西南海域的锡利群岛的毕晓普礁上做了尝试，但都遭遇了惊人的失败。这两项工程都始于 1847 年，也都花了 3 年时间完工。虽然施工时间仍然严重受制于海浪和天气的影响，但是工程师们都成功地在礁石中打下深孔，插入铁桩并用水泥固定。以此为基础构造的灯塔却缺乏魅力：作家亨利·梭罗[1]曾从岸上观察迈诺特礁上的灯塔，他将其形容为"高放于铁柱上漆成红色的蛋壳，好似海怪的蛋漂浮在海浪上"[2]。更重要的是，它们也不经久耐用。毕晓普礁上的灯塔被 1850 年 2 月大西洋刮起的一场风暴扫走，它的铁桩在风暴面前如同火柴般被折断，那时它甚至尚未启用。迈诺特礁上的灯塔坚持到了 1851 年 4 月，也遭受了同样的厄运。

之后，毕晓普礁和迈诺特礁上都成功建起石塔，取代了失败的铁骨架灯塔。但是，在条件合适的情况下，铁桩设计有着很好的应用前景，尤其是在美国。英格兰在 19 世纪 40 年代首次推出的螺旋桩灯塔在底质松软的浅水湾——如美国的切萨皮克湾（Chesapeake Bay）——得到大量、迅速的应用。铸铁螺旋桩将螺旋凸缘末端旋入淤泥或沙床，对于抗风暴要求不高的结构来说，这就提供了足够稳定的支撑。不过，铁桩灯塔也成功建到了佛罗里达州沿海的珊瑚礁上，而那里是季节性飓风肆虐的地方。这从来就不是一件容易的事。在建塔的第一阶段，将铁桩垂直打入珊瑚礁时，工人可能在礁上一个小小的平台上搭起帐篷并住在里面，风浪一起，这个狭小拥堵的住所就很危险了。在建造位于佛罗里达礁群北端的福伊礁灯塔（Fowey Rocks light, 1878）期间，工地曾险遭重大伤亡。当时"阿拉通·阿普卡"号（Arratoon Apcar）汽轮触礁搁浅，距离工人们脆弱的平台仅有 180 米。不过，铁桩一旦就位，工程进度就会加快，因为整

17.

18.

图 17：自 19 世纪 40 年代发展起来的各式铁骨架灯塔。

图 18：1875 年在日本羽田（Haneda）建起的螺旋铁桩灯塔。

图 19：1907 年，马六甲海峡的一寻浅滩（One Fathom Bank）上，一座建在钢筋混凝土桩上的灯塔即将完工。

1　Henry David Thoreau，1817—1862，美国作家、哲学家，代表作有散文集《瓦尔登湖》等。——译者注
2　网站 www.lighthousefriends.com 中关于马萨诸塞州的迈诺特礁灯塔的介绍。

图 20：佛罗里达州附近海域用螺旋铁桩技术建起的福伊礁灯塔于 1878 年开始服役。

图 21：弗吉尼亚州切萨皮克湾的廷布尔浅滩（Thimble Shoal）上一座小屋风格的螺旋桩灯塔。

个上部结构——包在金属柱体内靠螺旋楼梯相通的守塔人住所和灯室——在运往礁上工地之前已经在陆地上预制并经过试安装。铸铁架构的福伊礁灯塔建成后经历了多场飓风，至今仍能正常运转。

到 19 世纪末期，新技术逐渐改变了人力与天气之间的力量对比。工地上开始使用气动凿岩机和经过改良的炸药，基本不需要再用令人累断腰背的铁镐。此外，为水下作业人员发明的潜水服和氧气瓶让潜水员也成为灯塔施工队伍的一员。1871 至 1874 年间，在休伦湖水下的斯佩克特克尔礁上建造灯塔时，启用了当时令人震惊的最新技术。这里与最近的湖岸也相距约 16 千米，夏天要面对猛烈的卷浪，冬天要抵抗强风推动的浮冰，这样的选址显然充满挑战。项目开工后，先用蒸汽拖船把一排方形的木质防波堤——沉箱（crib）——拖到礁石处，用重石加压并固定就位。这样，堤内就形成一个平稳水域，然后将一个中空的金属圆柱体围堰下沉到堤内的礁石上。经过潜水员的一些准备工作后，圆柱体围堰中的湖水被抽出，形成湖面下的一个干燥空间，让石匠可以在里面工作。工匠们住在木质的防波堤上，用传统方式造出了一座石塔——底座用螺栓固定在礁石上，塔身一层一层地用石块砌起，最终比礁石高出 28 米，比湖面高出 26 米。同样的设备在 1877 至 1883 年被再次用于建造苏必利尔湖上的斯坦纳德礁灯塔。詹姆斯·道格拉斯使用类似的围堰技术建造了 1882 年启用的第四座（也是最后一座）埃迪斯通灯塔。1885 年，德国的工程师在不来梅港外建成塔基深入水下 22 米海床的红沙灯塔（Roter Sand lighthouse）。到 20 世纪，利用混凝土灌注的巨大沉箱作为海上新建灯塔的塔基，已经成为标准作业法；这时的灯塔是建在人造的混凝土鼓状物上，而不是直接建在礁石上。

美国人创造了"火花塞灯塔"一词，用于指代美国沿海浅水区常见的立于沉箱之上的圆柱状铁塔——形似汽车的火花塞。这样的铁塔先是在岸上造好，然后用起重机吊到沉箱上。另一项创新的技术是利用索道运输人员和物资。1902 年，比奇角（Beachy Head）的白垩礁石上建起了一座灯塔，那里靠近英格兰南部著名的白崖（white cliffs）。当时，从高耸的白崖崖顶到

22.

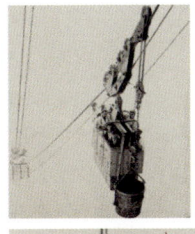
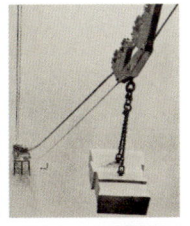

23.

灯塔工地安装了一条长182米的索道。这条索道不仅可以运送工人，还能运送重达5吨的石块。

不管采用哪一种方法，在海上礁石建灯塔永远都需要富于想象的远见，精湛创新的技术，艰苦卓绝的努力和决不气馁、无惧灾难、勇往直前的顽强毅力。礁石上的每一座灯塔都体现了信仰的力量。有趣的是，罗伯特·史蒂文森，一个绝对信奉上帝的苏格兰人，却在建造贝尔灯塔期间要求工匠们星期日也要工作，理由是他们的工作具有高尚的目的，因此可以不顾上帝规定的休息日。灯塔推动了商业发展，也能让往来海上的人免遭不幸，造塔人对灯塔坚定不移的信念也正源于此。从最朴素的小屋式的螺旋桩灯塔，到高耸于礁石嶙峋的海岸上的石塔，时至今日依然矗立的灯塔似乎依旧闪耀着希望之光。

图22：廷布尔浅滩上，1914年新建的"火花塞"灯塔——在混凝土沉箱上建起的铁塔，矗立于已经拆了一半的1872年所建的螺旋桩灯塔旁边。

图23：1902年，在英格兰南部的比奇角新建一座灯塔时，工程师使用索道运输人员和物资。

1836 ▶ 巴哈马的墙洞灯塔（HOLE IN THE WALL）、甘岛灯塔（GUN CAY）、萨尔岛灯塔（CAY SAL）

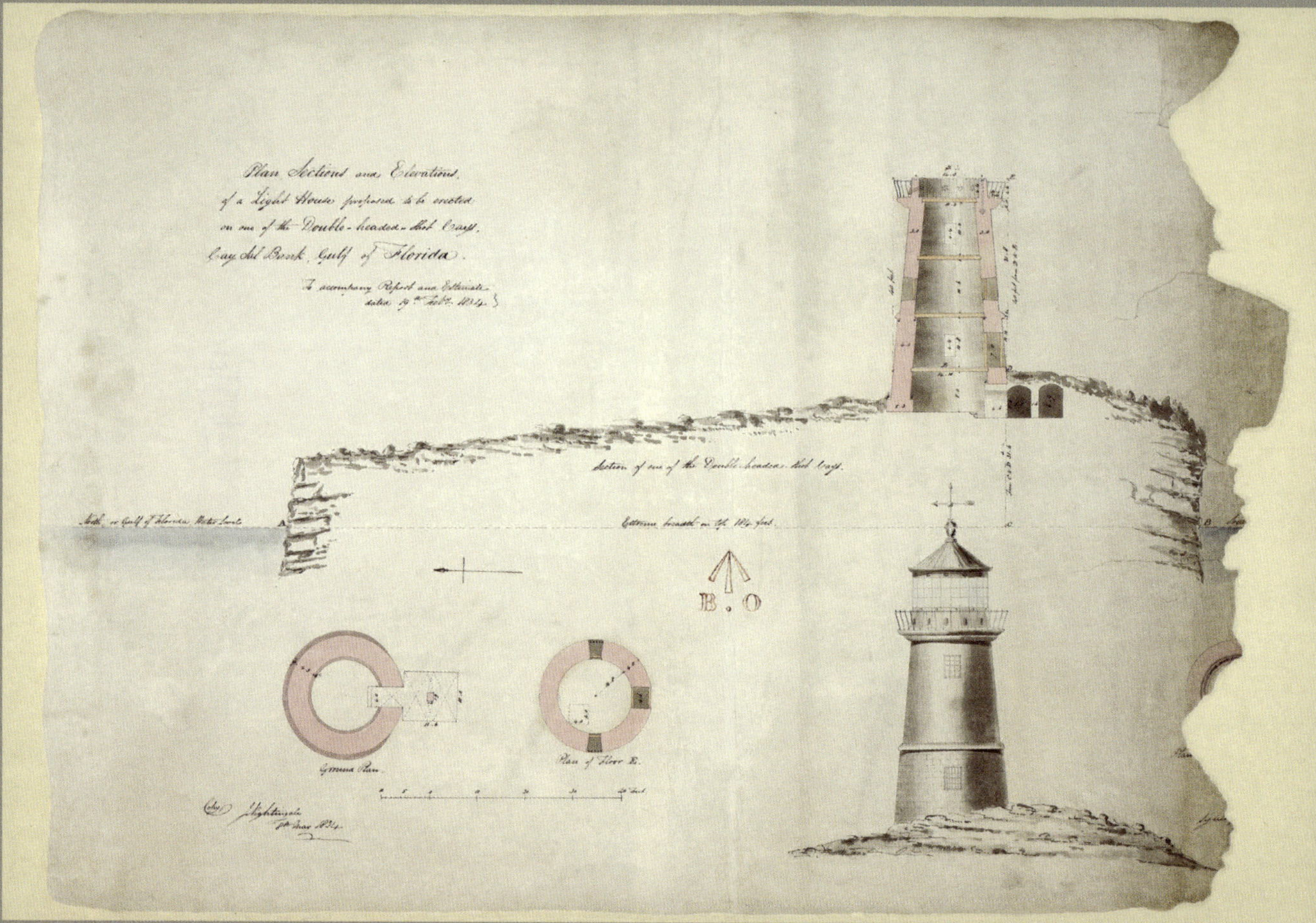

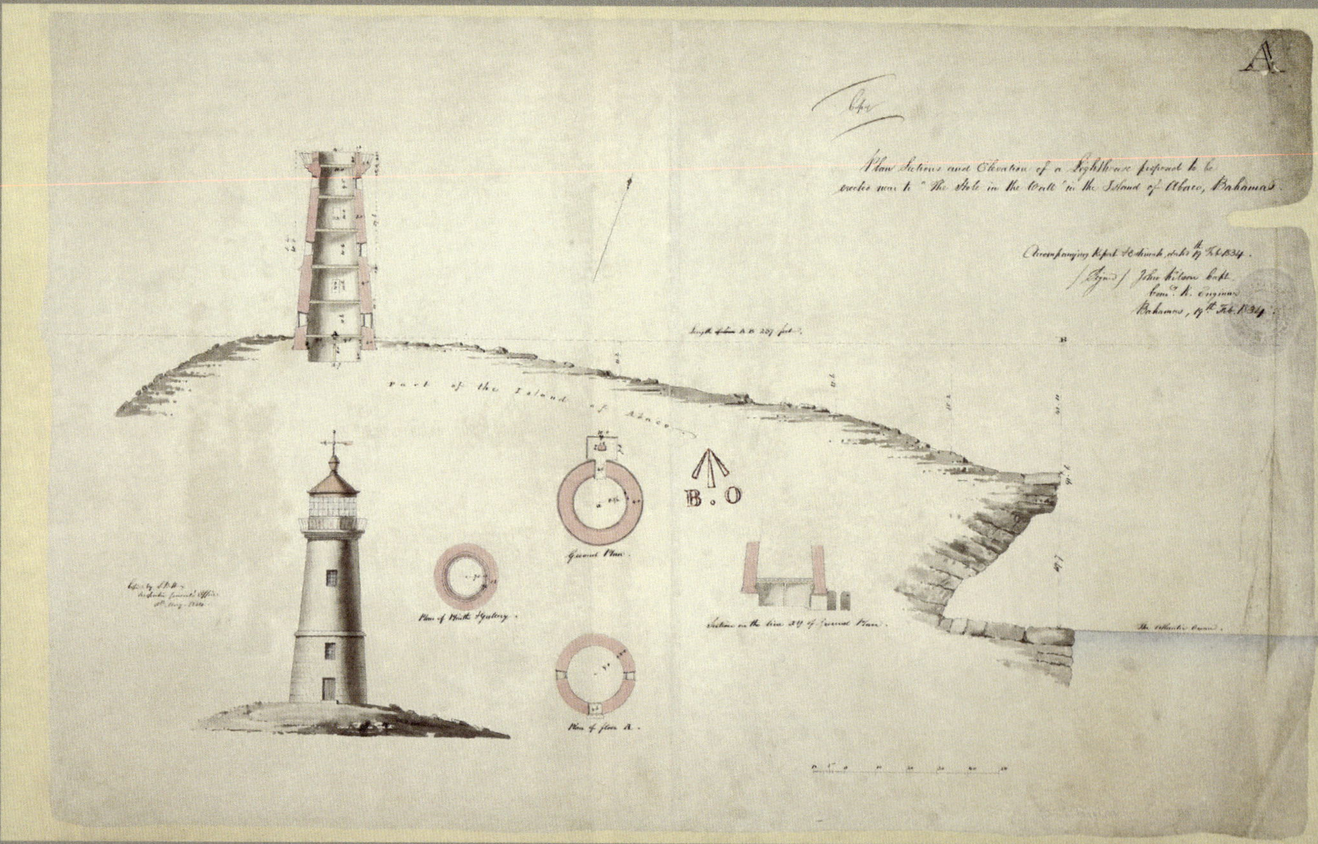

1834年，英国皇家工程兵部队的约翰·基特森上尉奉命在巴哈马建造三座灯塔，分别选址于大阿巴科岛（Great Abaco Island）南端的墙洞、比米尼群岛（Bimini Islands）的甘岛和埃尔博岛（Elbow Cay）上的萨尔岛。这些平面图显示了萨尔岛灯塔（顶图）和墙洞灯塔（底图）、灯室的细节（右页上图）和用红色标注的灯塔位置（右页下图）。基特森于1835年死于黄热病，未能看到灯塔竣工。他的妻子和孩子在他死后就返回英国，但是船行驶到大阿巴科岛海域失事，一家人全部溺亡。

墙洞灯塔（1836）、甘岛灯塔（1836）、萨尔岛灯塔（1839）　　高　　度：墙洞灯塔和甘岛灯塔均为 23 米；萨尔岛灯塔为 18 米
皆由约翰·基特森上尉（Captain John Kitson）设计　　　　　照明方式：油灯加反射镜
塔型：圆形石塔

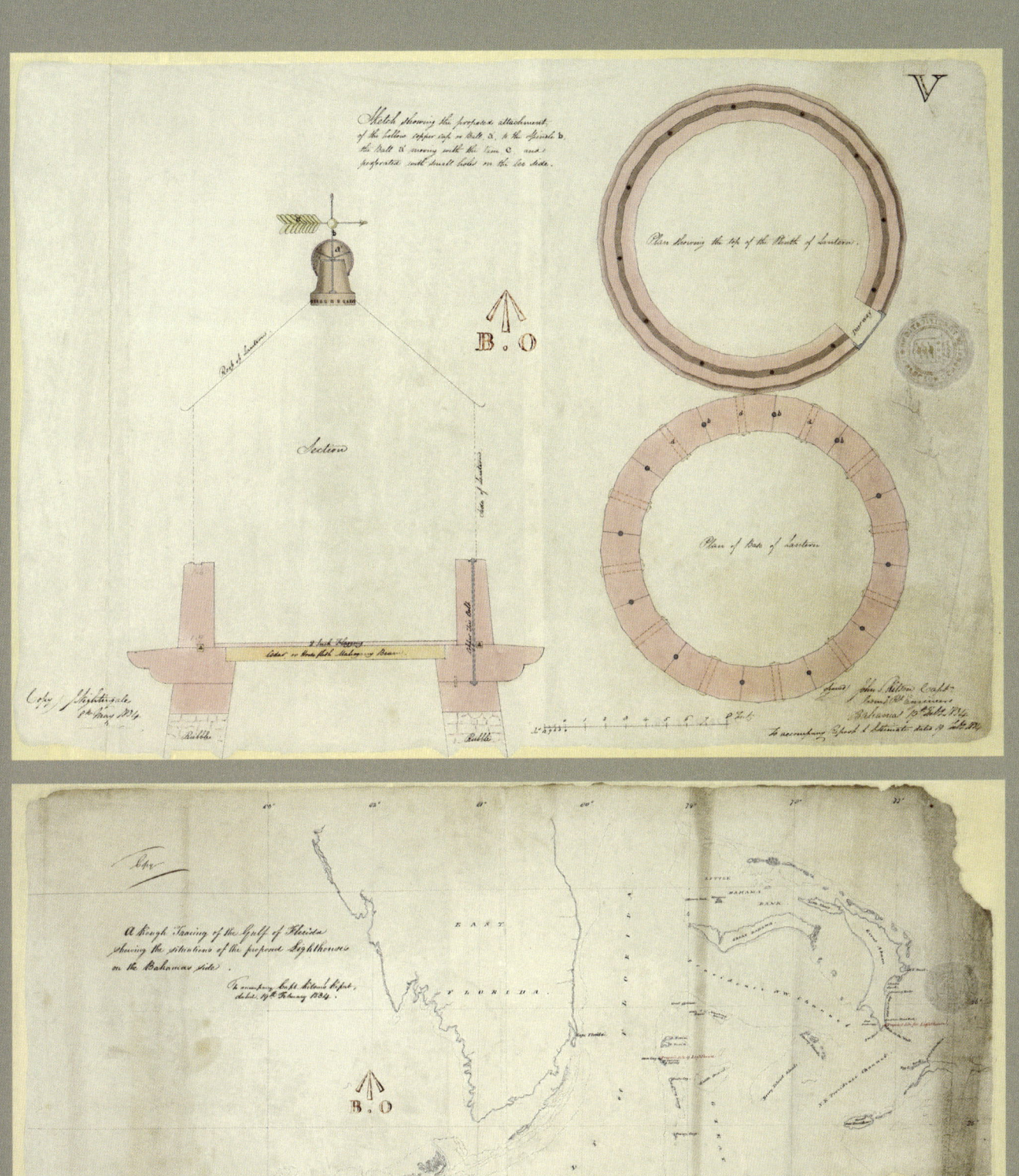

1839 约姆弗吕兰岛灯塔（JOMFRULAND） 泰勒马克郡（TELEMARK）| 挪威

设计者：O. 安岑（O. Arntzen）
塔型：圆形砖塔 | 高度：31 米
照明方式：油灯加菲涅尔透镜

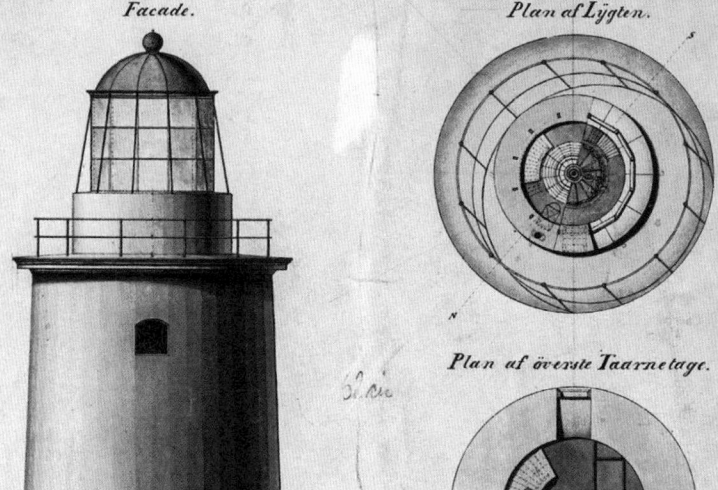

约姆弗吕兰岛靠近挪威泰勒马克郡的克拉格勒港（Kragerø）。这座灯塔建于 19 世纪 30 年代，用掉了 25 万块砖，为它安装照明系统的是来自法国的专家。这份图纸绘制于 1836 年。三个楼层平面图分别显示入口大厅、顶层和附有阳台的灯室。这座灯塔服役了一个世纪后，于 1938 年另一座铁塔建成后退役。虽然不再点亮，但是这座老式砖塔今天依然挺立在那里。

1840 埃欧·德·布雷阿灯塔
布列塔尼大区 | 法国

设计者：莱昂斯·雷诺
塔型：圆形石塔 | 高度：47米
照明方式：菲涅尔透镜

PHARE DE BRÉHAT

1834年，工程师莱昂斯·雷诺受委托在法国大西洋一侧海上的特雷吉耶礁建造一座灯塔。他设计了一个与史密顿的埃迪斯通灯塔及史蒂文森的贝尔灯塔都有显著差别的石塔结构——塔壁相对较薄，塔身相对修长，从巨大的石头底座向上拔起。他还发现花岗岩石块没有必要进行复杂的相互榫接。在与风浪做了6年英雄般的搏斗后，这项工程于1840年2月竣工。第二次世界大战期间，这座灯塔被德军炸毁，战后重建，高度增加到现在的57米。

1844 斯科瑞沃尔灯塔
赫布里底群岛 | 苏格兰

设计者：艾伦·史蒂文森
塔型：圆形石塔 | 高度：48米
照明方式：菲涅尔透镜

斯科瑞沃尔礁位于苏格兰以苏与大西洋相通的海上，与泰里岛（Isle of Tiree）相距19千米，是臭名昭著的航海险地。面对苍茫大海，艾伦·史蒂文森设计了近代最高的灯塔。1838年，礁石上开始建工人住的工房，但是，第一批石块——从马尔岛（Isle of Mull）运来的花岗岩石块——直到1840年才铺设下去。灯塔采用了新款定制版菲涅尔透镜，最终于1844年点亮。艾伦·史蒂文森的侄儿罗伯特·路易斯·史蒂文森将这座优雅修长的灯塔形容为"现存所有深海灯塔之最高贵者"。

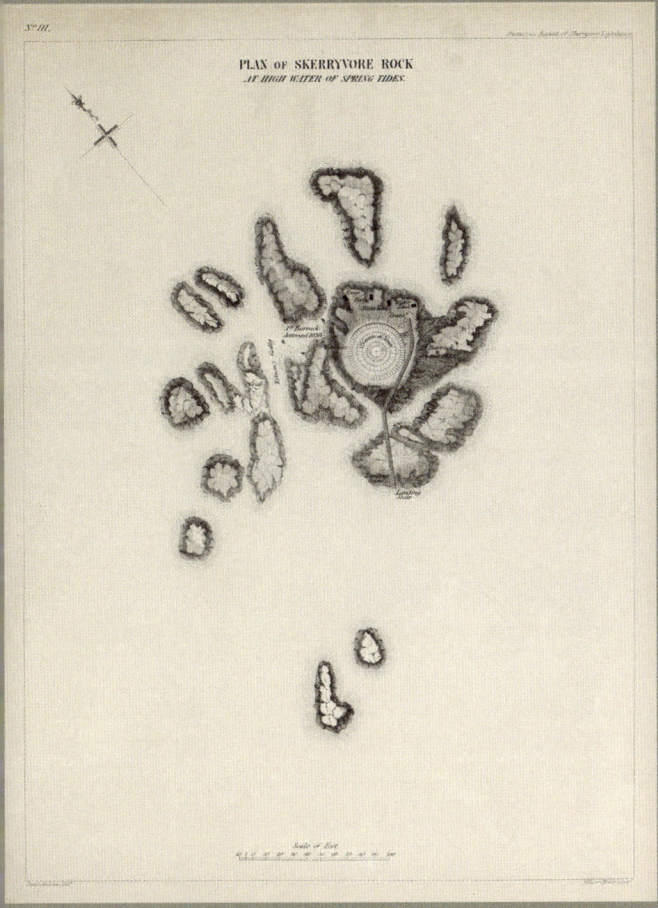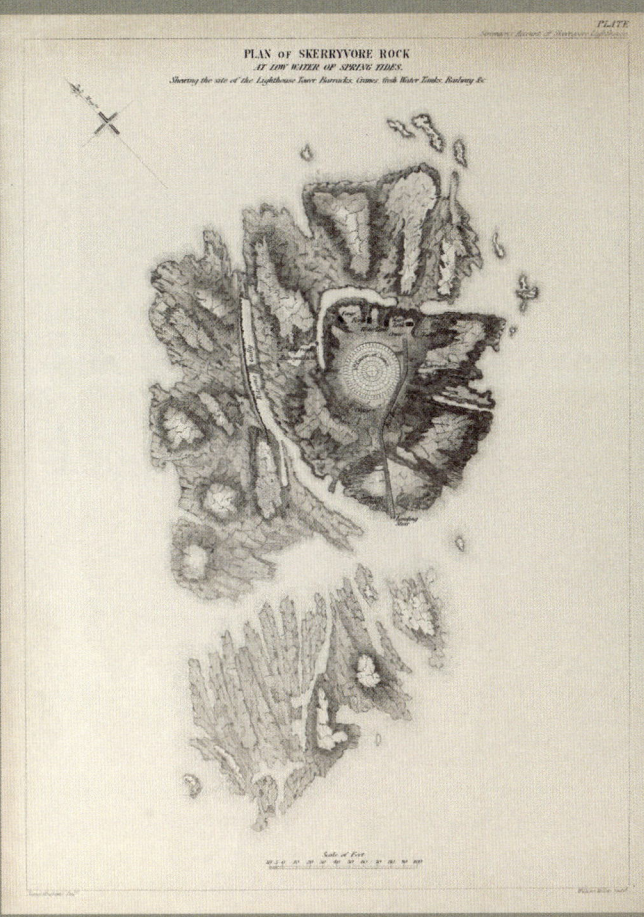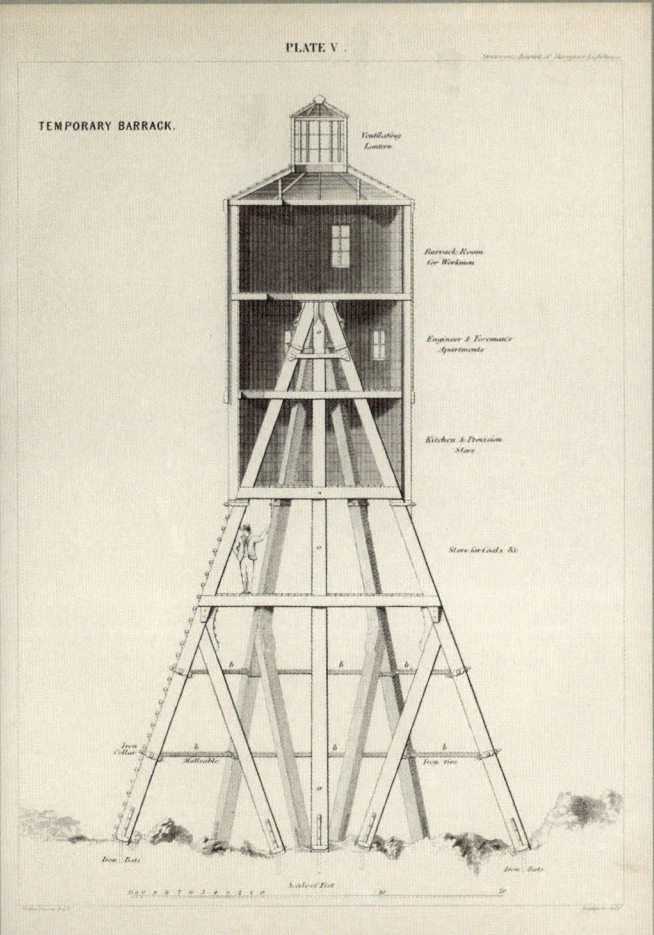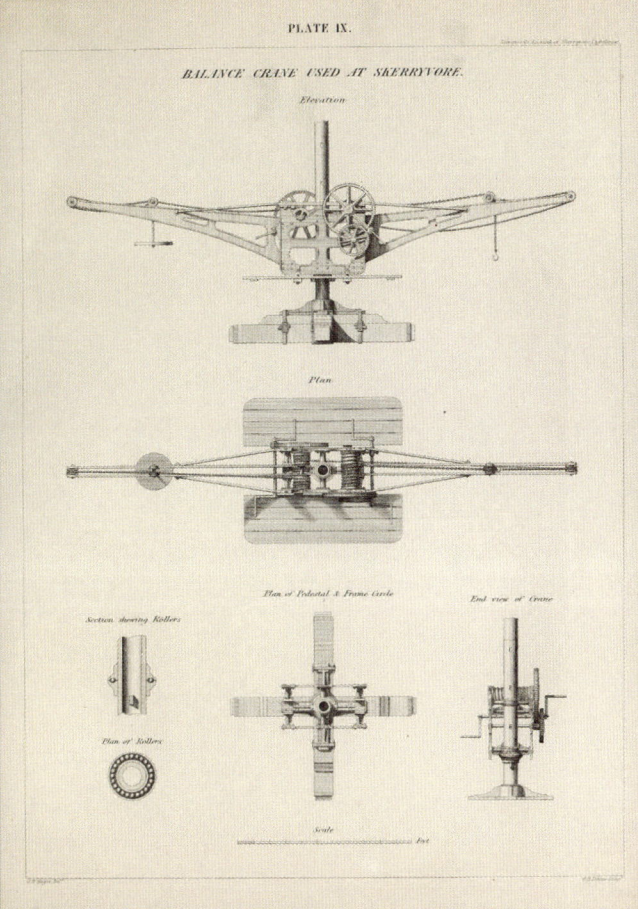

1847 斯科瑞斯灯塔（SKERRIES）
安格尔西岛 | 威尔士

设计者：詹姆斯·沃克
塔型：圆形石塔 | 高度：23米
照明方式：油灯加反射镜

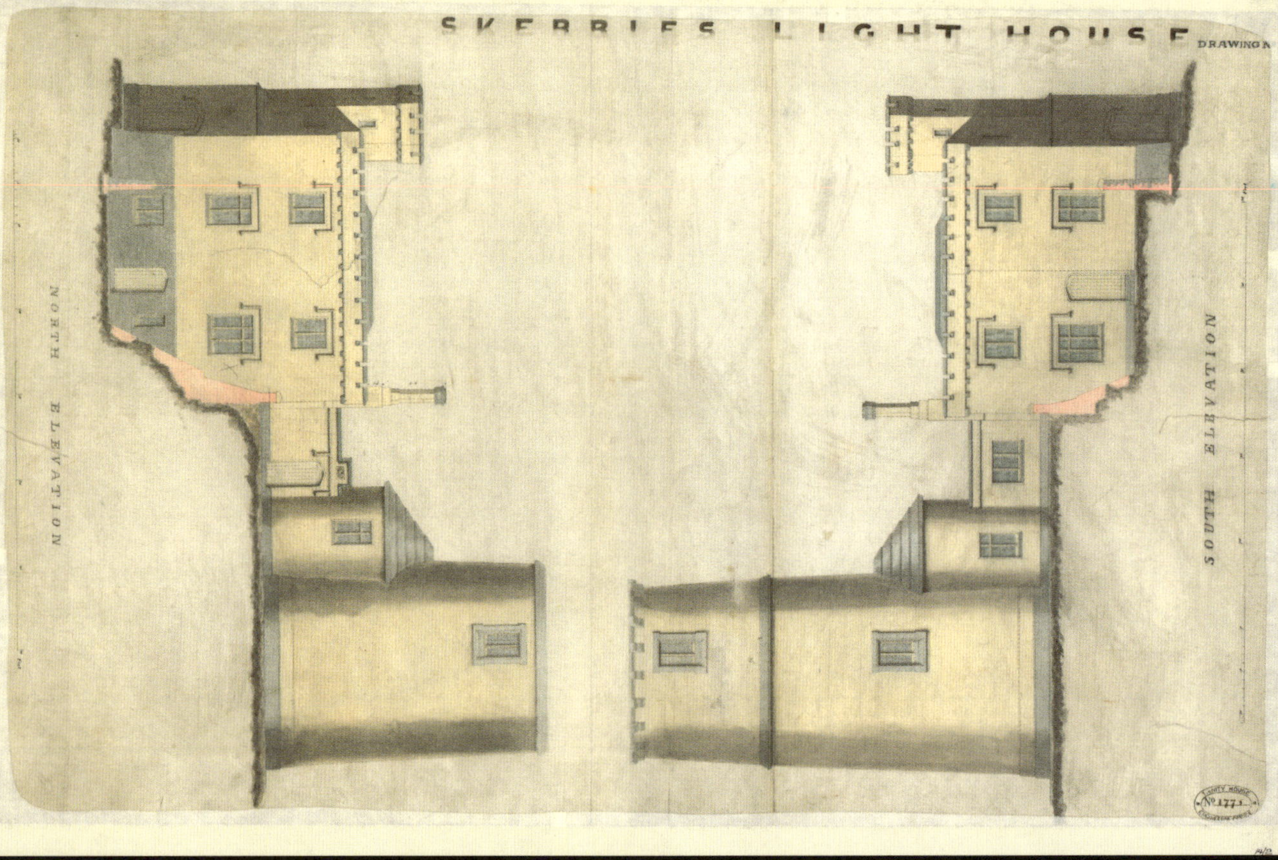

斯科瑞斯礁在距安格尔西岛6.5千米（4英里）的海上，一直威胁着进出霍利黑德港（Holyhead）和利物浦港的船。礁石上的第一座灯塔由威廉·特伦奇（William Trench）在1717年建造，1759年时被一座新塔取代。这座私人灯塔在1841年被领港协会以444,984英镑的价格收购，这在当时是一笔巨款。领港协会的工程师詹姆斯·沃克对它做了大量的升级改造，创新之处包括锯齿状护墙和装配了16套阿尔冈管状灯芯灯和反射镜的预制铸铁灯室。

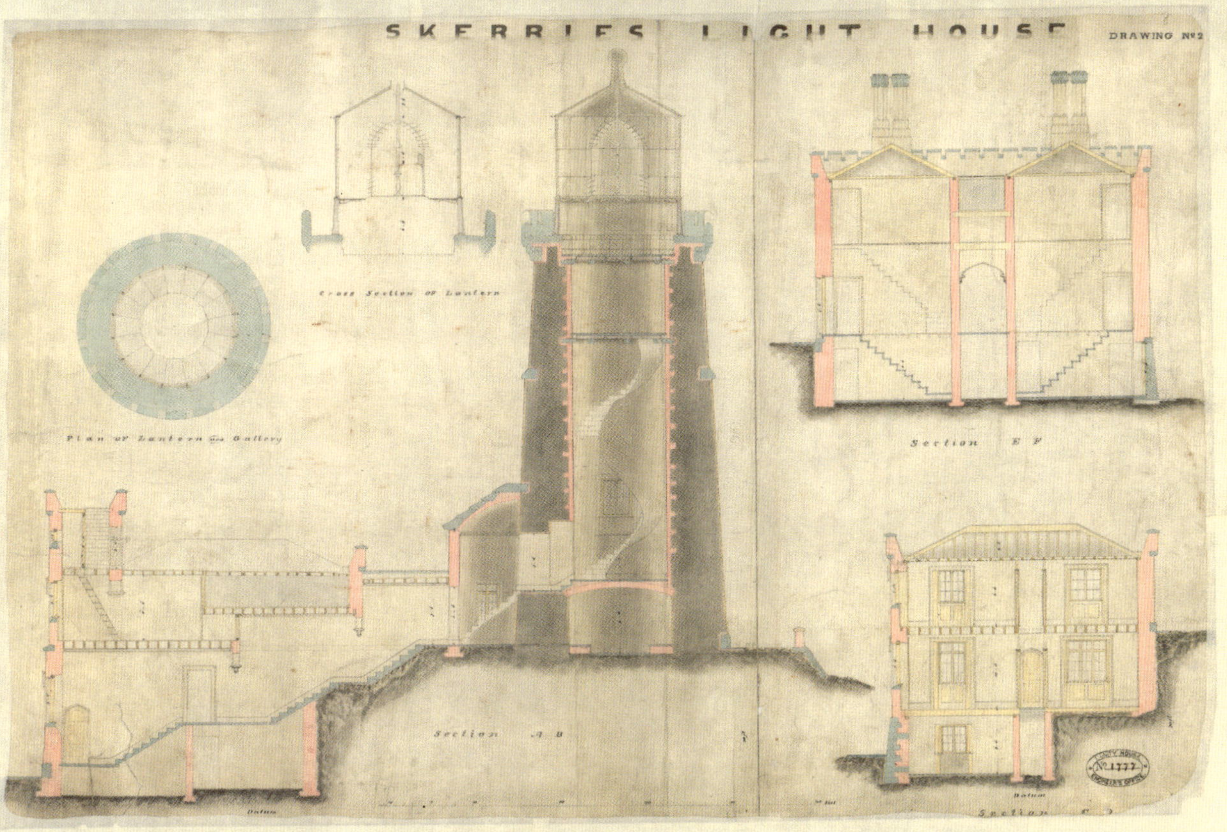

SKERRIES LIGHT HOUSE

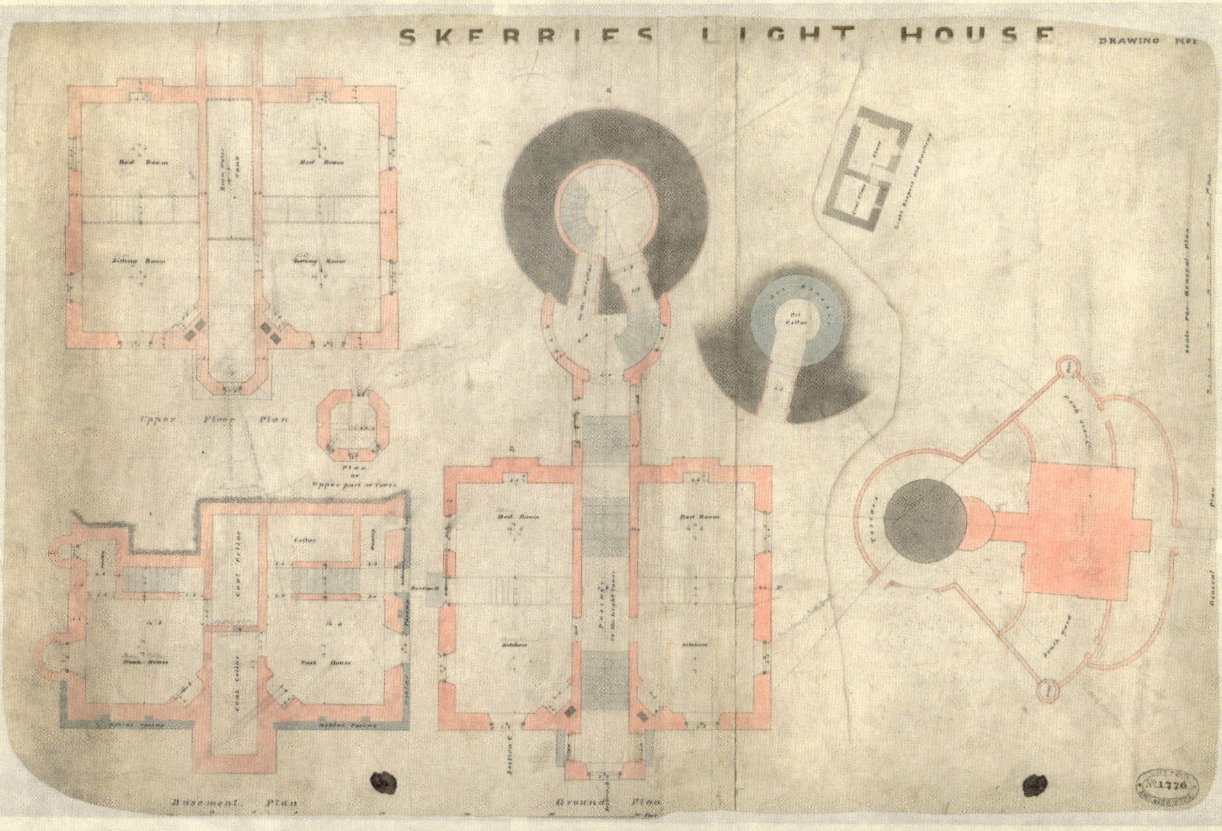

1850 ▶ 迈诺特礁灯塔
马萨诸塞州 | 美国

第一座灯塔由威廉·H. 斯威夫特上尉（Captain William H. Swift）设计 | 塔型：铁骨架
高度：21 米 | 照明方式：油灯加反射镜

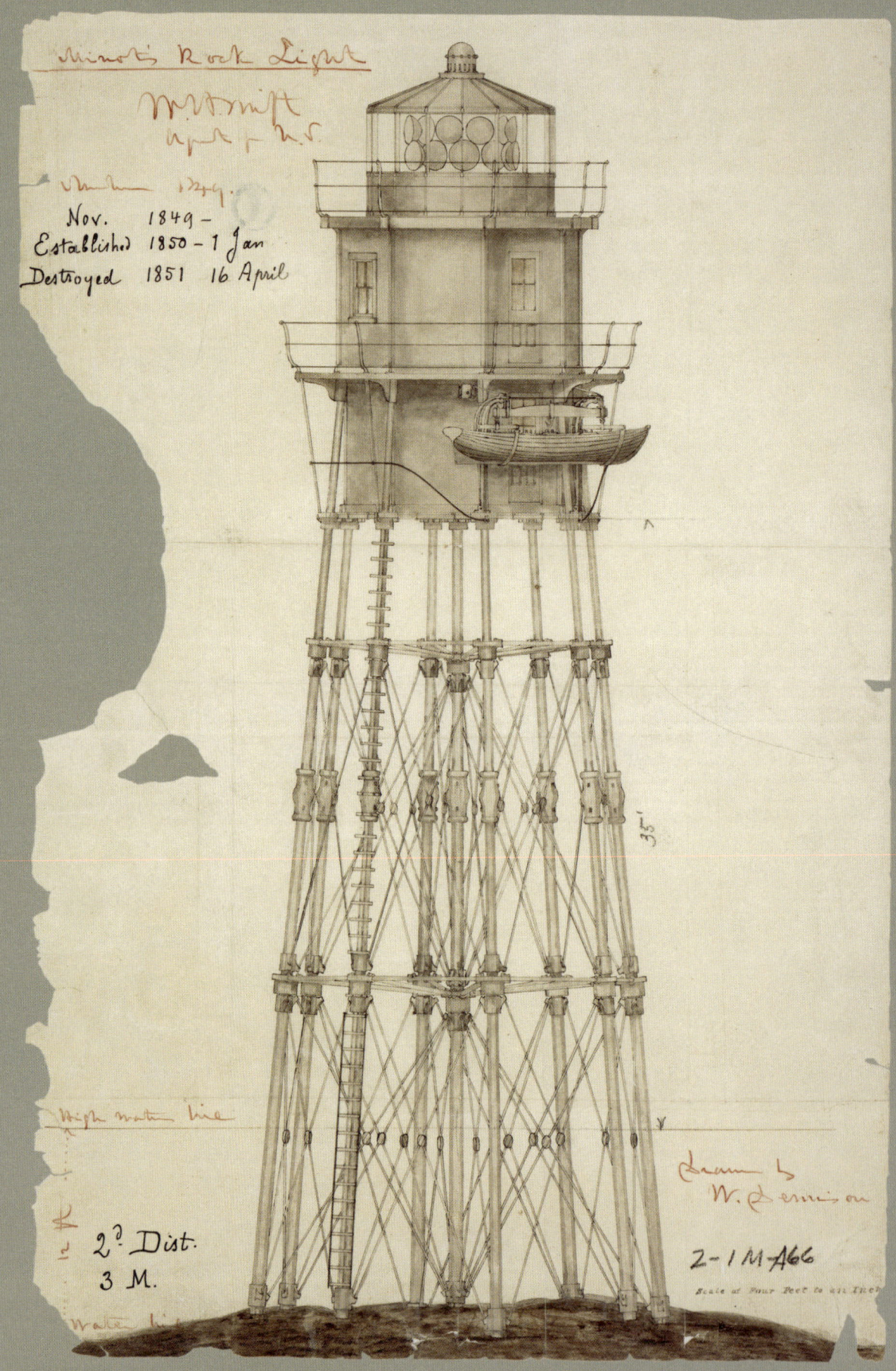

迈诺特礁是靠近波士顿港的一块危险的礁石，1847 年，礁石上开建灯塔。工程不采用石塔方案，而是用了当时革新性的铁骨架设计。9 根精炼铁桩插入礁石并用水泥浇筑，支撑着顶上的守塔人宿舍和灯室。1850 年初，灯塔点亮。当时人们相信这种铁骨架塔要比实心结构更能抗击海浪的拍打。然而，守塔人不久就报告灯塔总是会令人惊恐地摇晃。1851 年 4 月，这座灯塔被风暴一扫而光。

第二座灯塔由约瑟夫·G. 托滕上校（Colonel Joseph G. Totten）
设计 | 塔型：圆形石塔 | 高度：30 米
照明方式：菲涅尔透镜

第一座迈诺特礁灯塔崩塌后，新成立的灯塔委员会改用了传统的石塔方案。第二座灯塔由美国陆军工程兵部队负责建造，托滕上校负责设计，巴顿·S. 亚历山大（Barton S. Alexander）上尉作为现场工程师负责执行设计方案。艰苦而又缓慢的打塔基工作开始于1855年，第一圈石块于1858年铺设完毕。建塔的花岗岩石块相互榫接，塔身直到12米高处都是实心。1860年11月，灯塔启用，至今已在海浪的击打中度过了一个半世纪。

1850 ▶ 毕晓普礁灯塔
锡利群岛 | 英格兰

第一座灯塔设计者：詹姆斯·沃克（1850）
塔型：铁骨架 | 高度：36 米
照明方式：从未点亮

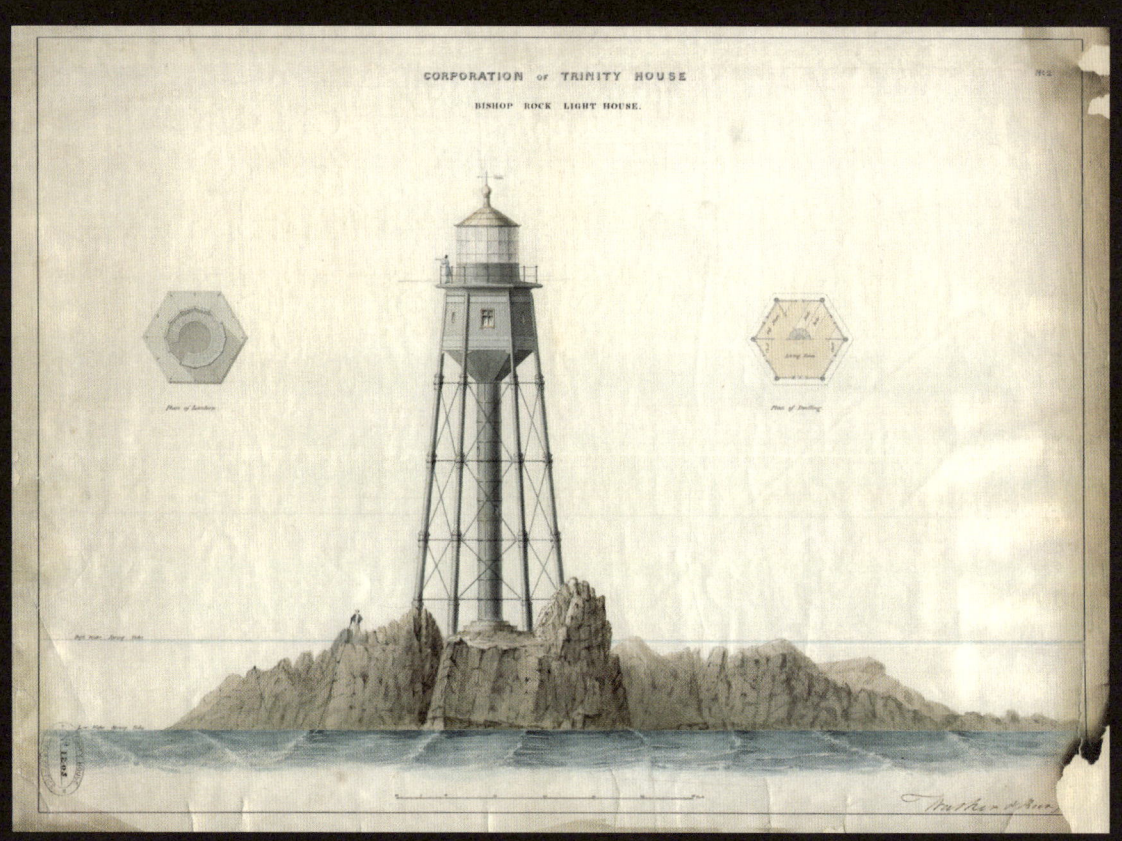

在所有建了灯塔的礁石中，毕晓普礁是最深入海洋的礁石之一。这块饱经海浪冲刷的小岛礁位于英格兰最西南边界，经受着大西洋十成的威力。1847 年，领港协会的工程师詹姆斯·沃克开始尝试在这里建一座铁骨架灯塔（本页上图）。事实证明，他的计算有严重偏差。到 1850 年，塔已经建成，但灯还没装上去。二月里来了一场猛烈的风暴，这座塔的铁腿就如同柴火棍般被折断了，整座塔则被风暴刮走，幸好当时里面没有人。

第二座灯塔设计者：詹姆斯·沃克（1858）
塔型：圆形石塔 | 高度：45米
照明方式：未知

第三座灯塔设计者：詹姆斯·道格拉斯（1887）
塔型：圆形石塔 | 高度：49米
照明方式：钱斯兄弟公司出品的高光灯

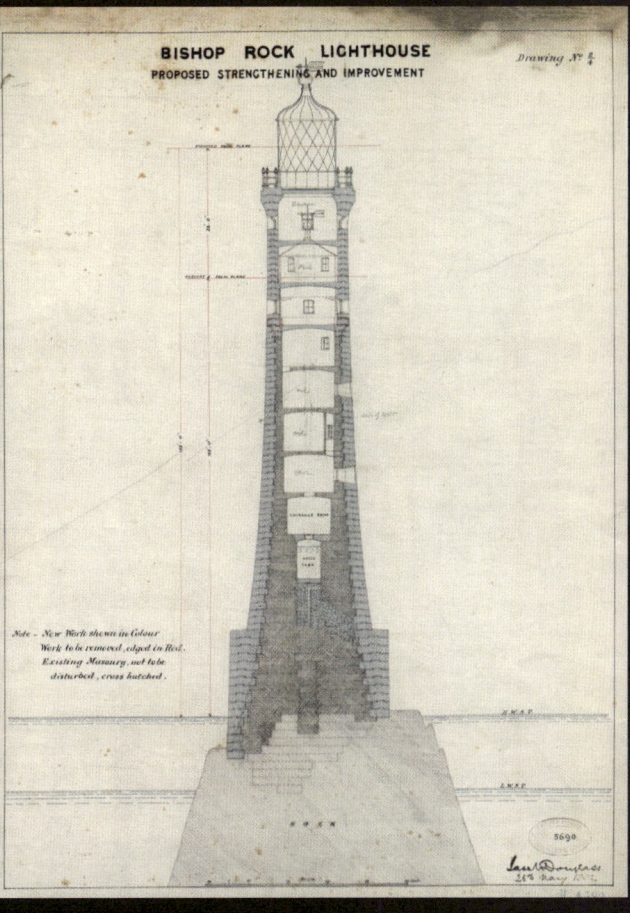

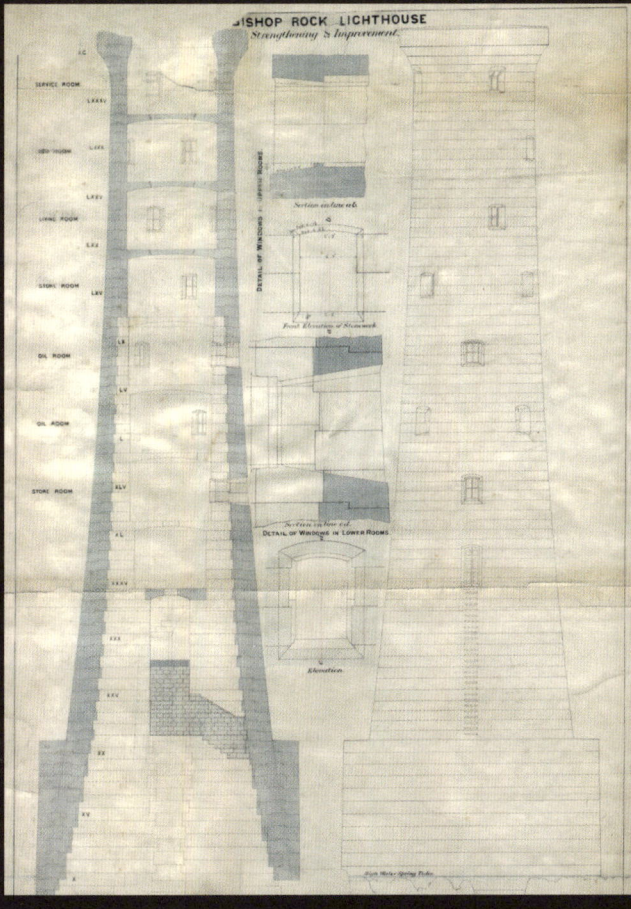

詹姆斯·沃克并没有被钢铁架构的失败吓住。1851年，他开始设计第二座毕晓普礁灯塔（前页下图和本页左上图与右上图）。新灯塔采用康沃尔出产的花岗岩石块相互榫接，塔身直到13.7米高处都是实心，1858年启用，但不久就显示出对抗击风暴力不从心的迹象。

1883年开始对整个结构加固加高，詹姆斯·道格拉斯负责设计，他的儿子威廉负责执行。升级后，加了一层石壁将灯塔包在中间，并在塔底增加了一个圆柱形平台（本页左下图与右下图）。

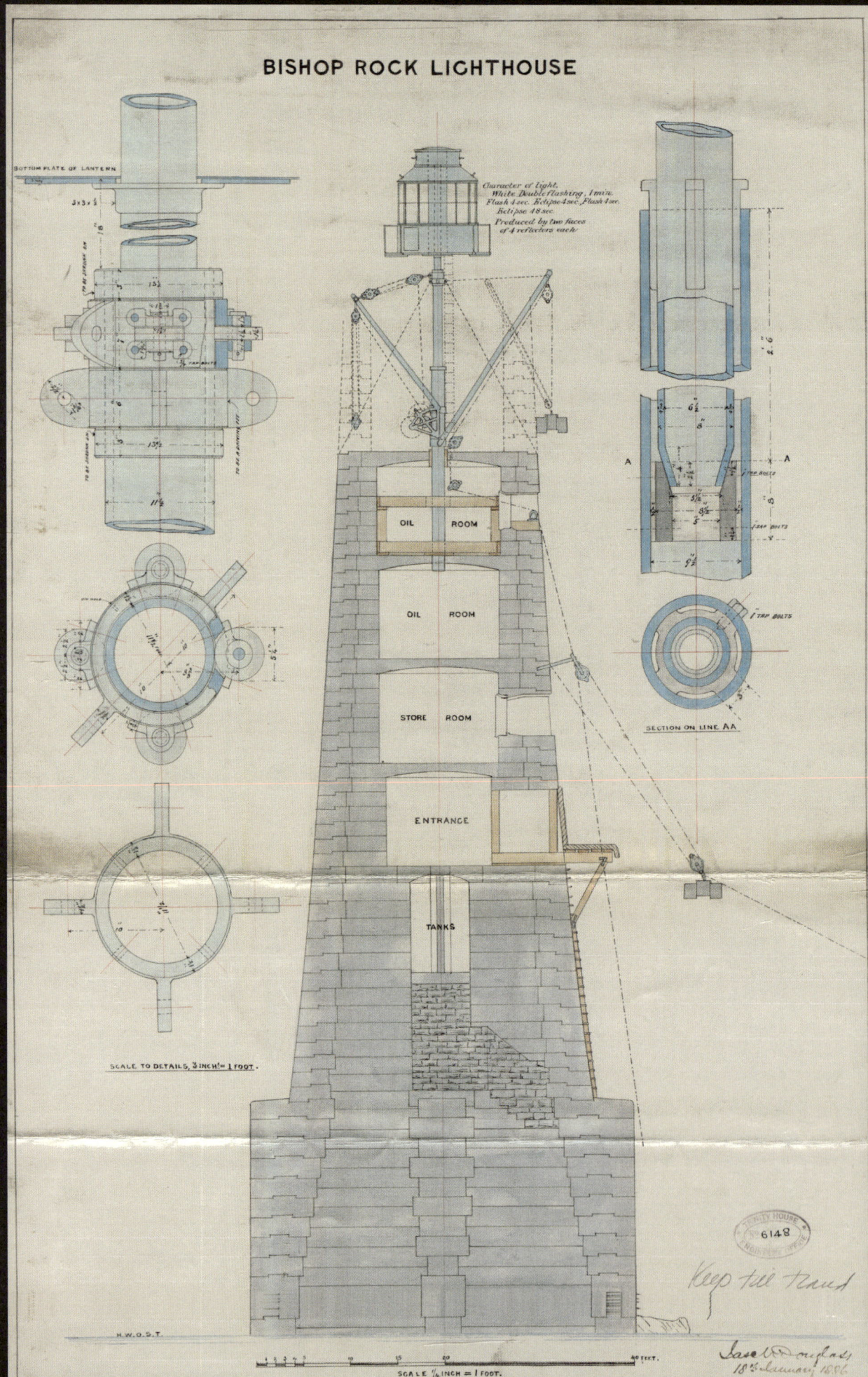

毕晓普礁灯塔在建造时遇到的主要问题是礁石表面有大量微小的突起。随着高度增加，塔壁厚度在减小，因此，渐细的塔身并不意味着内部空间在逐层递减。

BISHOP ROCK LIGHTHOUSE.

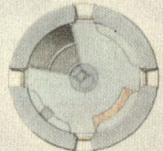
Service Room

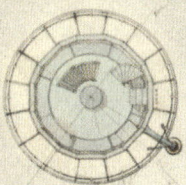
Lantern Floor and Gallery

Living Room

Bed Room

Water Room

Store Room

Plan at Entrance Door.

1859 谢尔基斯灯塔(SHELL KEYS)
路易斯安那州 | 美国

设计者：未知
塔型：六角铁骨架 | 高度：22 米
照明方式：菲涅尔透镜

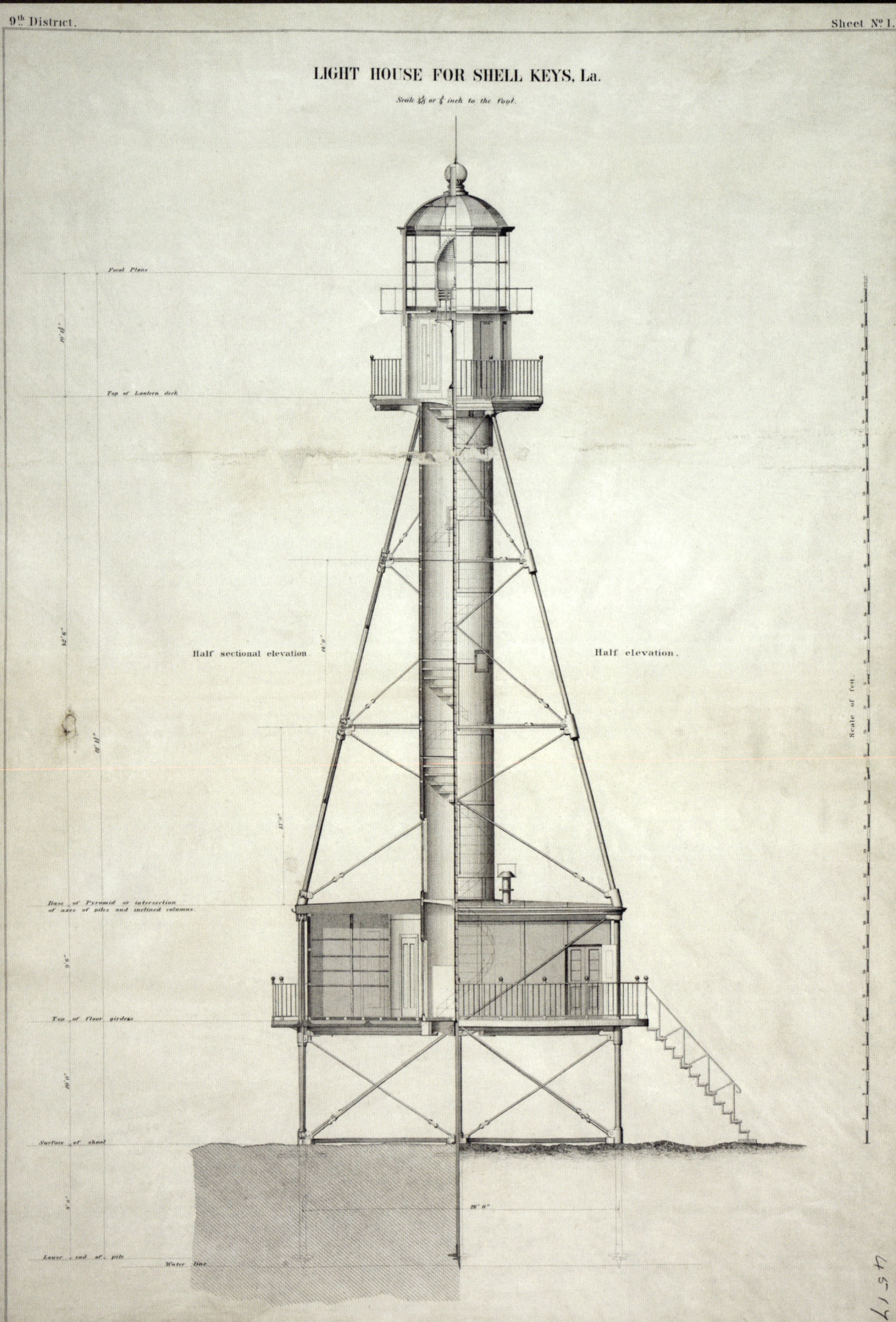

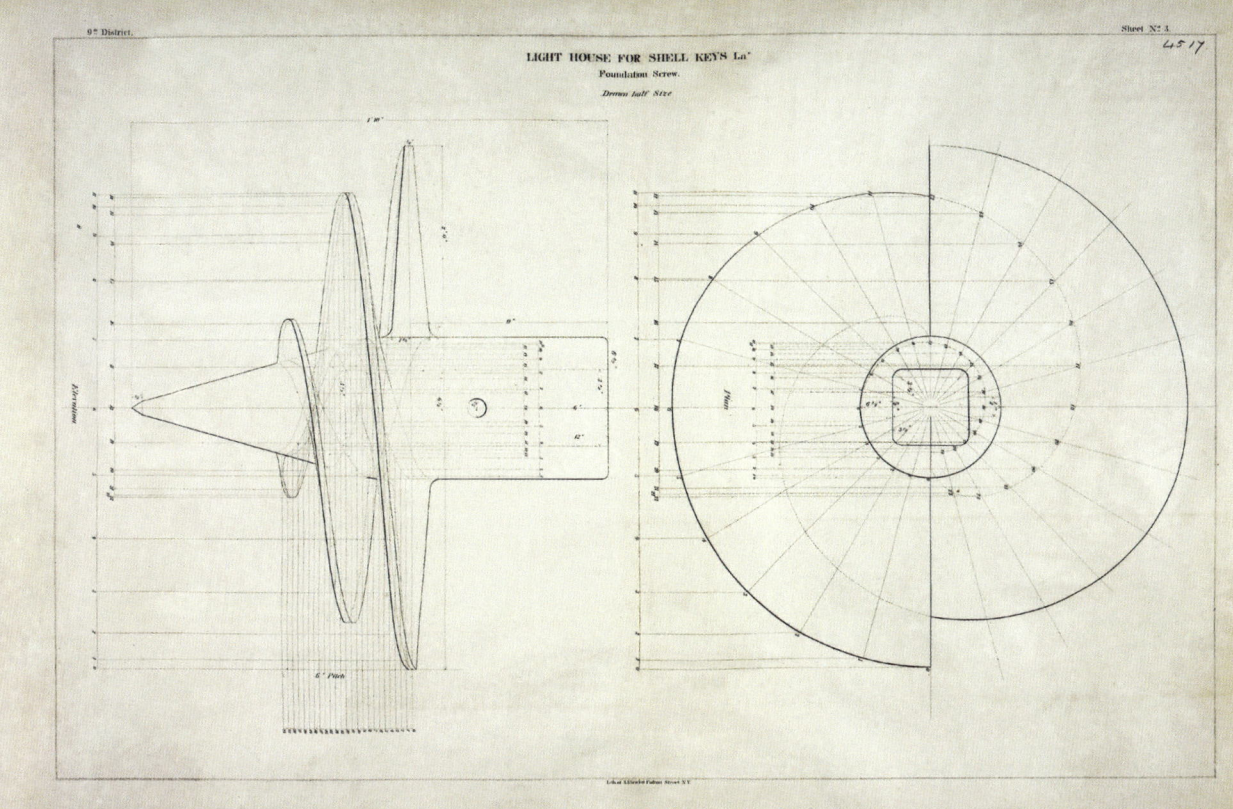

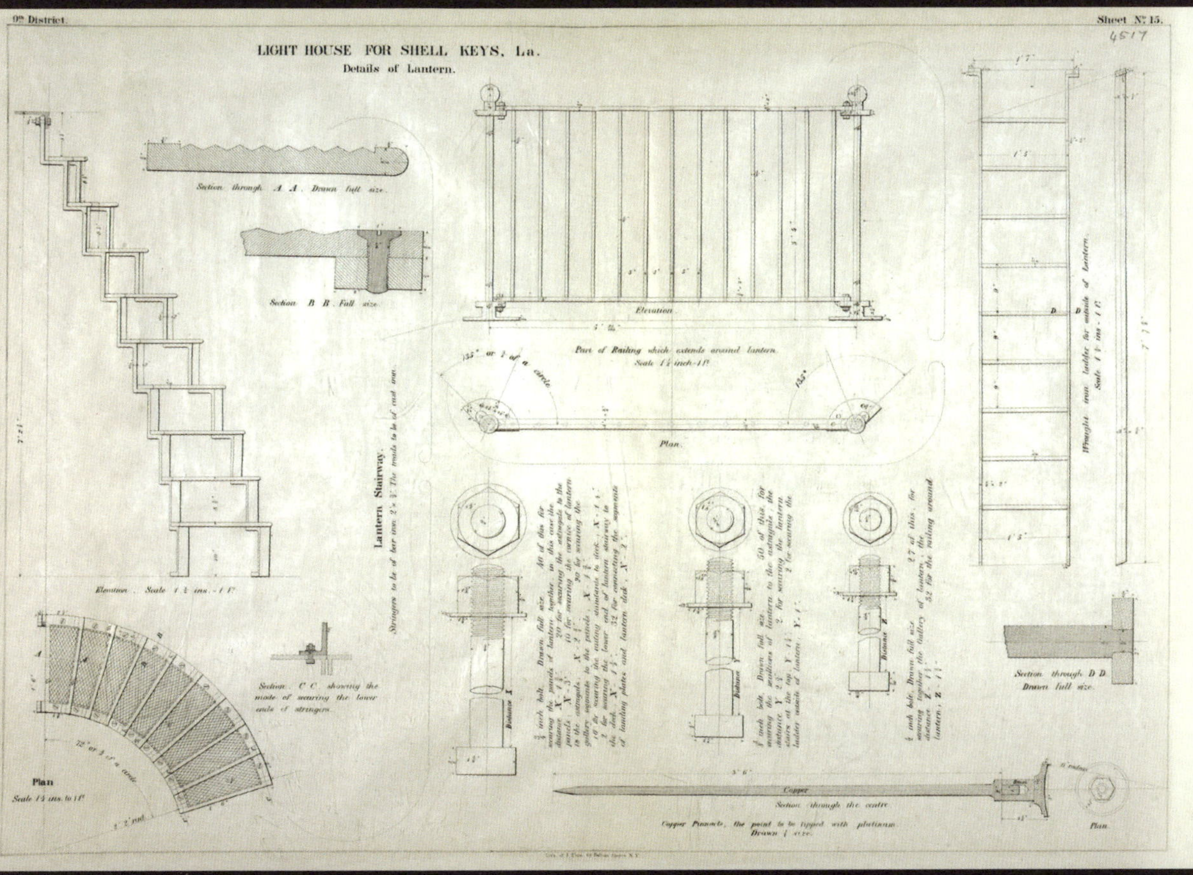

谢尔基斯灯塔建于弗米利恩湾（Vermilion Bay）入口的海上，是当时典型的美式螺旋铁桩灯塔。灯塔的铁桩末端是铸铁螺旋凸缘，用于旋入软底的海床。铁骨架结构在设计上讲究对风浪的阻力最小。中央的圆柱体内有楼梯通向灯室。虽然美国南部的海上螺旋桩灯塔普遍都取得了成功，但是谢尔基斯灯塔却被1867年的一场飓风摧毁，并造成守塔人塞斯·琼斯（Seth Jones）丧生。

1859 螺旋桩灯塔建造方案

设计者：威廉·B. 富兰克林（William B. Franklin）
塔型：铁桩支撑木屋
照明方式：菲涅尔透镜

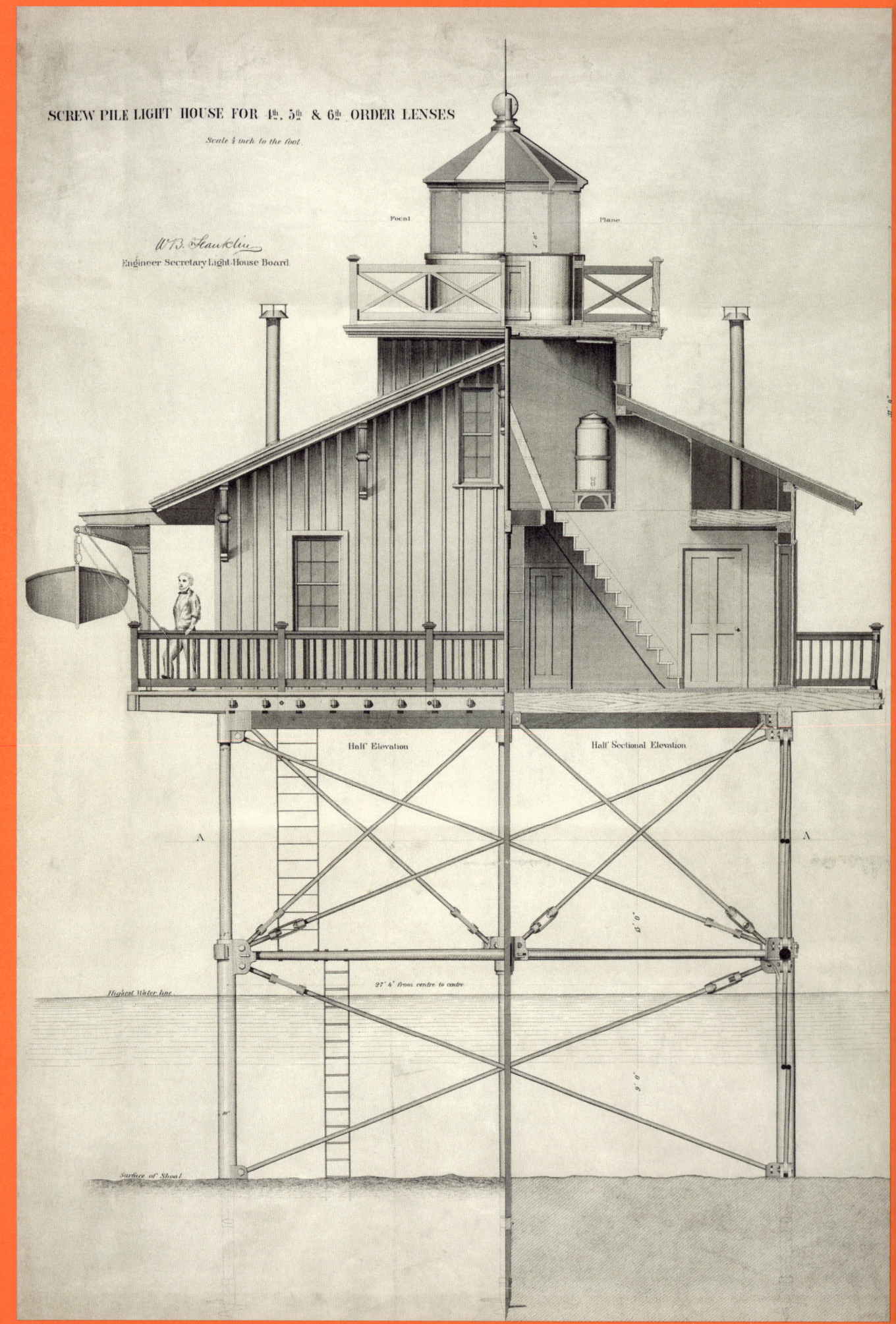

从 1857 至 1859 年，威廉·B. 富兰克林上尉是美国灯塔委员会负责对接陆军工程兵部队的秘书。当时，委员会已经承诺要新建一大批使用菲涅尔透镜的灯塔，但同时仍然面临压缩成本的压力。富兰克林提出了这个低价、易建的灯塔方案，即以铁桩支撑木屋，并在屋顶安装适合菲涅尔透镜的钢铁-玻璃结构的灯室。这种设计被称为"小屋式"（cottage-style）灯塔，自 19 世纪 50 年代起，美国沿海水域建造了大量以这种设计为基础的各式小屋灯塔。

SCREW PILE LIGHT HOUSE FOR 4th, 5th & 6th ORDER LENSES.

Scale 1 inch to the foot.

W.B. Franklin
Engineer Secretary Light House Board.

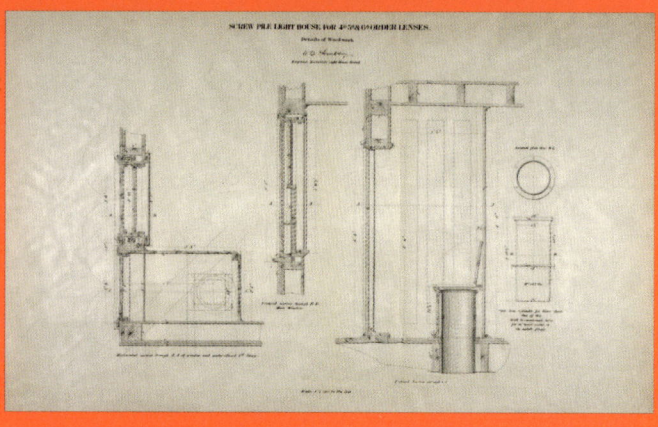
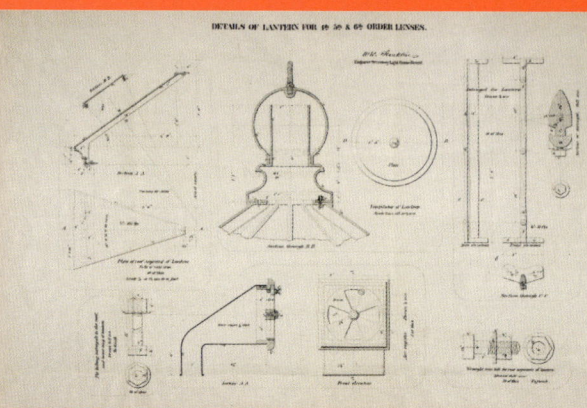
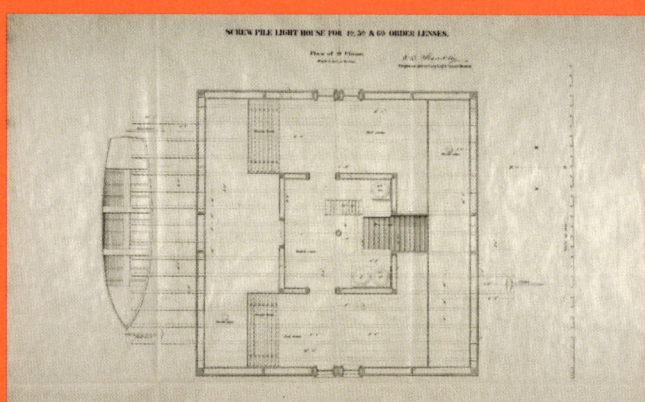
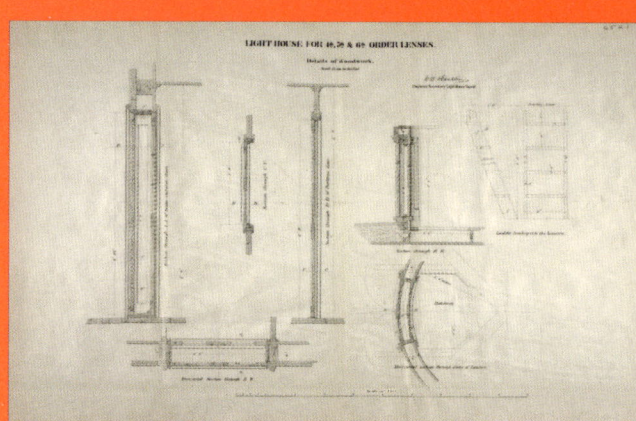
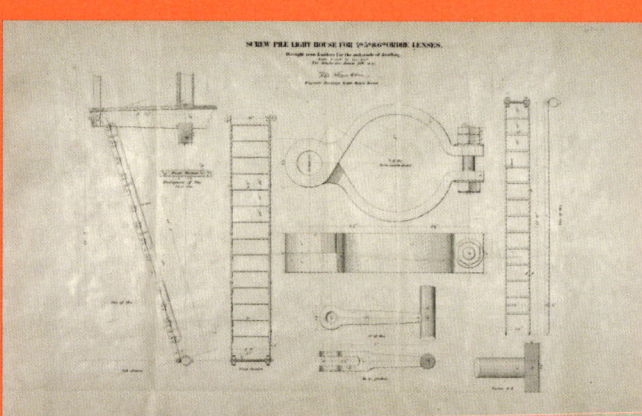
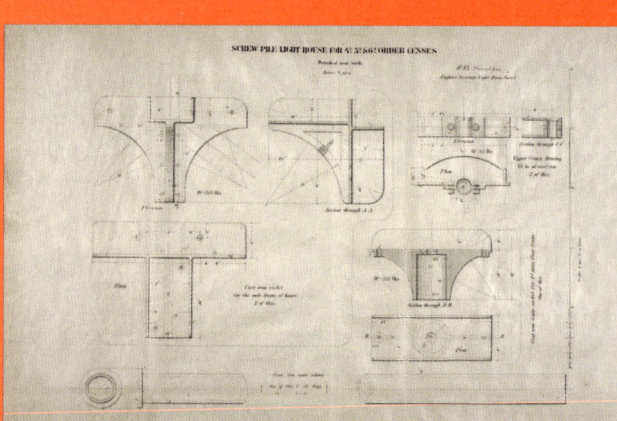
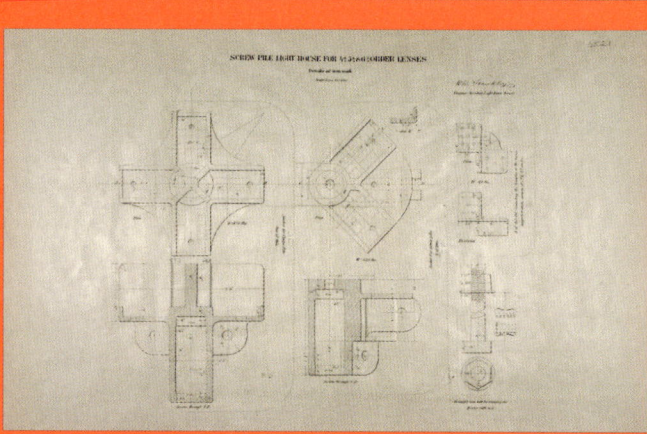
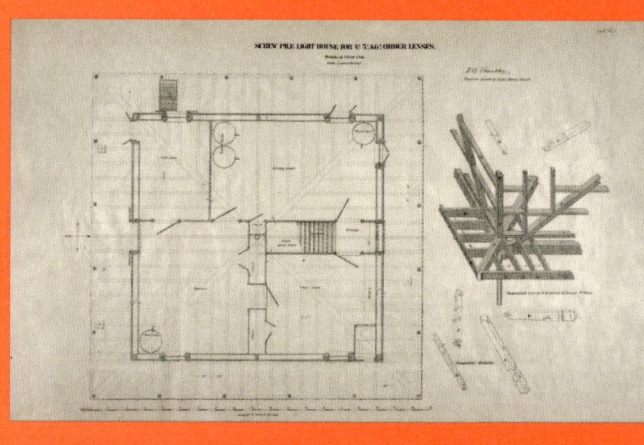
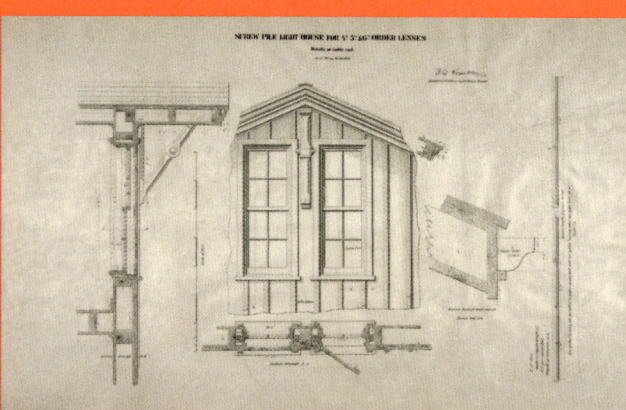
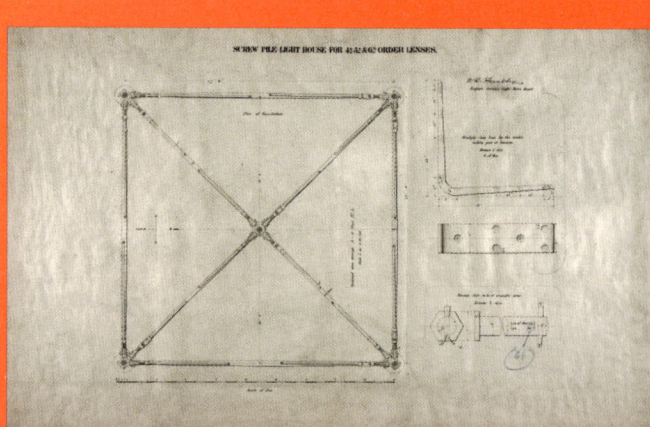

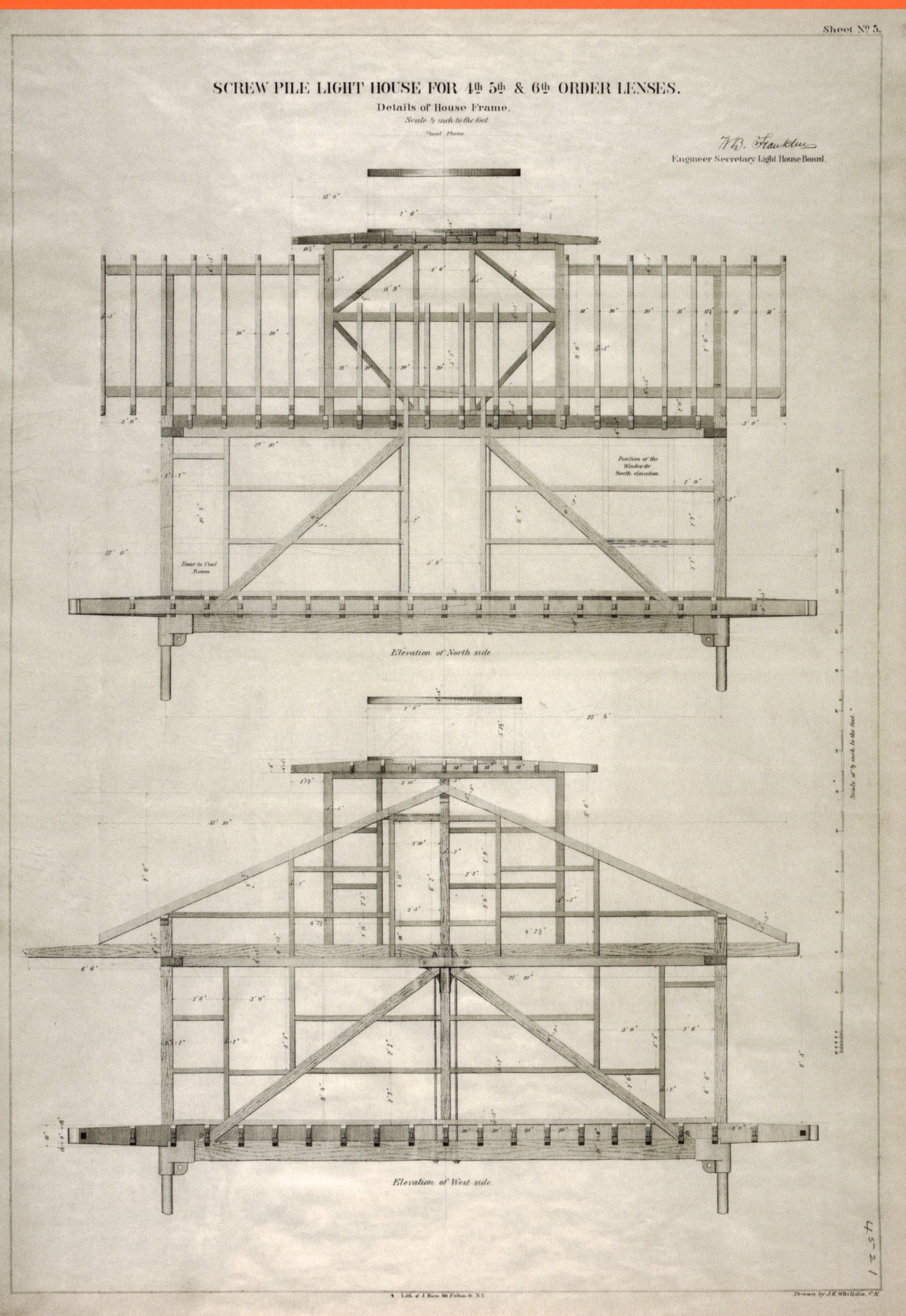

这种一层半的木框架小屋的设计用途是作为两个守塔人的宿舍加上存储燃料和饮用水的空间。第一层又分为卧室、起居室、厨房和储藏间。第二层有一间卧室和储油间。从海上进入灯塔要走铁梯。在富兰克林的设计中，屋子是方形的，但是大多数小屋式灯塔都是六边形的，包括马里兰州托马斯角浅滩灯塔（Thomas Point Shoal light，1875）。事实证明，这种样式的灯塔无法抵挡恶劣天气，特别是无法应对结冰的情况。1910年后，就不再新建了。

第三章

黑暗中的一盏明灯

塔灯与透镜的演化

A LIGHT IN THE DARKNESS

THE EVOLUTION OF LIGHTS AND LENSES

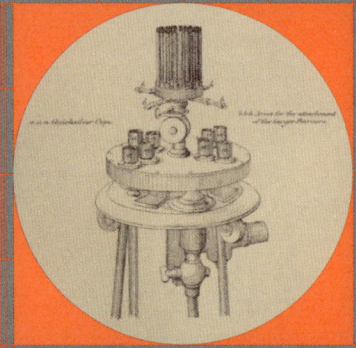
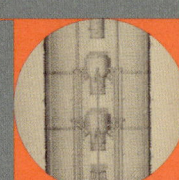

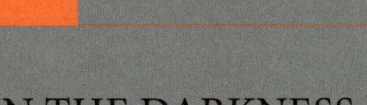
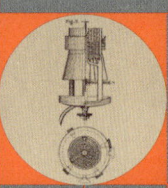

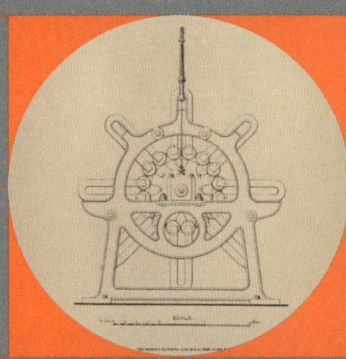

1.

本章首页插图说明

上图：约翰·R. 威格汉姆设计的 28 喷射口煤气灯示意图。

中图：由三台 28 喷射口煤气灯叠加组成的三合一煤气灯。

中右图：三合一旋转煤气灯中的透镜的垂直布局示意图。

左下图：19 世纪 60 年代末法国灯塔采用的四灯芯圆筒—圆锥煤气灯。

下中图：法国埃沃角灯塔（La Hève）机房横切面图。图中显示灯塔内有引擎和"磁电机"。

右下图：法国埃沃角灯塔"磁电机"的侧立面图。它通过蒸汽机驱动，产生的电流供灯塔使用。

图 1：1815 年的一项关于在外墙加装螺旋楼梯的灯塔设计。

今天的我们很难想象从前的夜晚究竟有多黑。在 18 世纪，当灯塔建造开始进入近代时，最大的城市也只有零星的灯光。那时的夜晚，只有牛油蜡烛或者冒烟的原始油灯闪烁的亮光，偶尔还有篝火或者火炬的火光，向黑暗的笼罩发出零散、微弱的反抗。当时，为了给海员照明而在塔顶或海角上设置并维护的灯标，通常不过是烧木头或烧炭的火盆，而且数量稀少。它们消耗了大量的燃料，天气不好的时候，却又发挥不了作用。例如，爱沙尼亚波罗的海沿岸的克普灯塔（1531）在塔顶燃烧篝火所用木柴之多，甚至消耗了它所在的半岛上的一片森林。即使这样，它也不可靠，因为篝火时常被雨水浇灭。到 17 世纪，北海和波罗的海沿岸的灯塔已经普遍用煤来做燃料，特别是德国人和荷兰人建起了被称为"炭火塔"（Steinkohlblüse）的方形灯塔，里边还装着风箱来加强煤火的效果。但是，结果仍然无法令人满意。直到约翰·史密顿于 1759 年开创性地建成埃迪斯通灯塔时，海上照明的状况仍然没有显著改善。史密顿能为他的灯塔找到的最先进的照明方式是使用装了 24 支蜡烛的吊灯。

海上照明的首次革命性创新被归功于瑞士发明家艾梅·阿尔冈。阿尔冈是欧洲启蒙运动的活跃人物，他在法国参与了蒙戈尔菲耶兄弟[1]早期的热气球飞行试验，在英国认识了蒸汽机先驱詹姆斯·瓦特和马修·博尔顿[2]。他 1780 年发明的阿尔冈灯的玻璃灯罩内有着空心管状的灯芯。这种灯能发出亮度四倍于当时任何一种油灯的亮光，并且在首次现身时，震惊了见到它的每一个人。由于使用鲸油能发挥最好的效果，这种灯最初还鼓动了对鲸鱼的大量捕杀，虽然不久后就发现菜籽油和其他植物油也能用，价格还更便宜。

阿尔冈管状灯芯灯用于灯塔的潜力马上就被认识到了。但是，要真正生成一道有效的光束，还需要一面反射镜来聚合它产生的光。在任何一种光源背后放置任意一种反射面都会在一定程度上加强它的亮度，但只有抛物面反射镜被认为最能将光

---

1 Montgolfier brothers，又译孟格菲兄弟，18 世纪法国发明家，实现了人类首次乘热气球升空飞行。——译者注

2 Matthew Boulton，1728—1809，英国制造商和工程师，蒸汽机的发明者瓦特的合伙人，为瓦特改良蒸汽机提供了资助。——译者注

线集中到单一方向上。然而，要打造出一面准确无误的抛物面反射镜来为一盏油灯提供最好的照明效果，却远非易事；同样不容易的是在生产这样的镜面时将误差减少到最小。苏格兰北方灯塔委员会的第一任首席工程师托马斯·史密斯是一位灯匠，他为爱丁堡新城区设计的路灯就是在油灯背后增设磨光的铜镜。实际上，他任职灯塔工程师的资格就源于此。他在金奈德角（Kinnaird Head）建造并于1787年首次点亮的灯塔用了17盏配备抛物面反射镜的鲸油灯，据称是当时最亮的灯。这种在当时被夸张地誉为"反射镜"系统的油灯和镜面组合，到19世纪初已经被公认为全球最先进的灯塔光源。

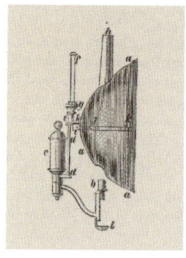 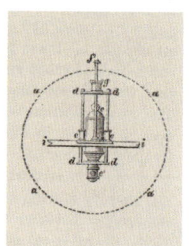

2.

虽然苏格兰和其他地方都在勇于尝试，但毫无疑问，在灯具开发和光学研究方面，法国人走在了前面。法国并不一定拥有更好的科学家，但它确实在科学、政府和土木工程之间建立了更好的联系。科学家得到了更认真的对待，在将想法付诸实践时，他们很快就能得到资助，也无需应付繁琐的官方程序。正因为如此，奥古斯丁-让·菲涅尔（Augustin-Jean Fresnel, 1788—1827）——一个钻研光波和光学器件的科学家——才在1819年被授予法国国家灯塔机构的高级职位。而与此同时，不论是英国的领港协会，还是美国的灯塔事务局，都没有一个真正的科学家列席。菲涅尔接受了一项特别的任务：发明一种更先进的灯。最后，他设计出了以他名字命名的透镜，可谓整个灯塔史上最具突破性的单项发明。菲涅尔透镜是一种具有惊人复杂度和精密度的光学仪器——由棱锥状晶体排列成的同心圆环绕中心的牛眼镜片，增强了整套透镜的效果。当时最大的菲涅尔透镜高达3.6米，重达2720千克，使用了超过1000块水晶棱镜，每一块都经抛光处理至很高的精度。配合菲涅尔四芯油灯，这套玻璃折射镜片能够发射出当时能够见到的最亮的光束。第一套菲涅尔透镜于1823年被安装到史上著名的科尔杜昂灯塔上，之后迅速成为法国灯塔的标准配置。

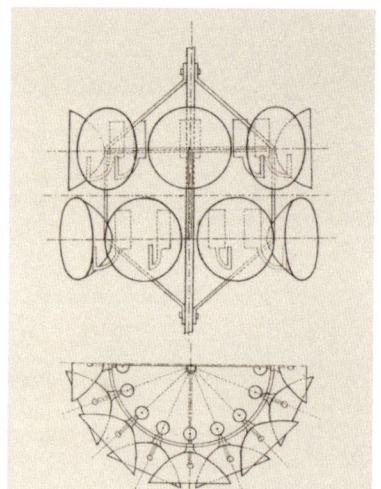

3.

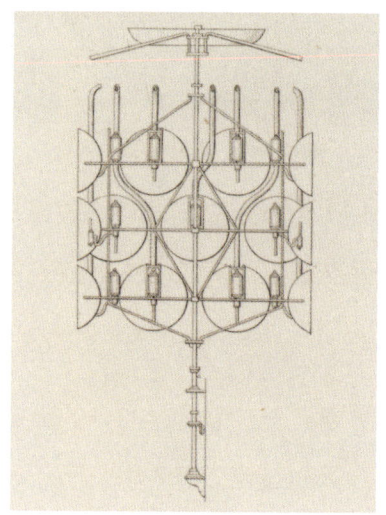

4.

后来，菲涅尔透镜在各种领域都有广泛应用，从车前灯到影院放映机都有它们的身影，但是它们在法国之外的灯塔上的应用却推广得很慢。它们造价高昂，而且最初只能由法国公司制造。起初，英国没有任何一家公司掌握足够制造菲涅尔透镜

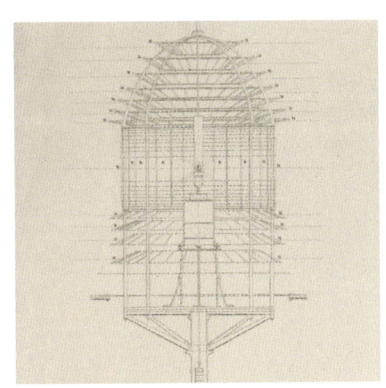

 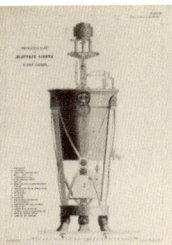

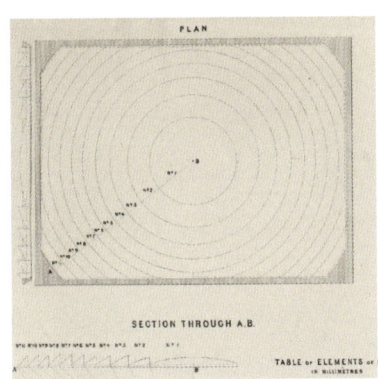

图2：喷射油嘴为带有抛物面反射镜的阿尔冈管状灯芯灯提供燃料。
图3：固定反射系统就是一系列不可移动的油灯和反射镜的组合。
图4：旋转反射装置是19世纪初最先进的技术。
图5：蜂箱状的菲涅尔透镜为灯塔照明带来革命性的创新。
图6：菲涅尔透镜可与任何光源组合使用，包括煤气灯。
图7：菲涅尔透镜装置具有一圈圈围绕中心镜片的同心圆晶体。

的镜片工艺或光学知识。经过相当一段时间的踌躇，艾伦·史蒂文森采用了这一新的系统，并在1842年将一套法国制造的菲涅尔透镜安装到了他的斯科瑞沃尔灯塔上。最终，这种透镜的供货问题被伯明翰的钱斯兄弟公司解决了，他们还为著名的水晶宫——1851年伦敦世博会的主场馆——提供了这种透镜。19世纪后半叶，钱斯兄弟公司发展为全球领先的灯塔灯具供应商，主要销售史蒂文森改进版菲涅尔透镜系统。

在美国，菲涅尔透镜方案最初未能被采纳，这引发了商人和水手公开反对联邦灯塔事务局过度节俭的作风。当时，美国的灯塔使用一位名为温斯洛·刘易斯的前船长设计的一种反射镜系统。它由一盏阿尔冈管状灯芯灯、一面反射镜和一块透镜组合而成；而这块形似绿色玻璃瓶疙瘩的透镜却在很大程度上抵消了灯和反射镜的效果。对海员而言，这种照明的不足是显而易见的。一位美国海军军官曾经斥责北卡罗来纳州外滩群岛（Outer Banks）的哈特勒斯角灯塔（Cape Hatteras, 1803）是"全世界最糟糕的灯塔"。1838年，美国国会委派海军准将马修·佩里（Matthew Perry）从巴黎带回菲涅尔透镜试用，测试获得了巨大的成功。但是，直到1852年美国灯塔委员会成立，菲涅尔透镜系统才最终在美国被采用。这套新的照明系统得到了热烈的欢迎和全面的推广。不到十年，大多数美国灯塔都已经装上了菲涅尔透镜。在南北战争时期，这些珍贵的高科技光学装置成为军事行动的目标。

到19世纪末期，一些关键区域的灯塔都在安装发光能力异常强大的灯。在爱尔兰的科克郡，1878年首次点亮的加利角灯塔（Galley Head lighthouse）配备了一盏发光强度为一百万标准烛光的煤气灯，在29千米外就能看到。在夏威夷的瓦胡岛（Oahu island），1909年为马卡普乌角灯塔（Makapuu Point lighthouse）安装的一种高光透镜不论是尺寸还是复杂度都远远超越了一级菲涅尔透镜（first-order Fresnel lens）[1]。据称，马卡普乌角灯塔发出的光在35千米外就能看到。

---

[1] 灯塔所用的菲涅尔透镜可根据尺寸和焦距分为六个等级，从一级到六级，尺寸递减。一级透镜的焦距920毫米，最大直径2590毫米，组装完毕后，整座设备可达3.7米高，1.8米宽。——译者注

随着灯塔遍布全球的海岸线，另一个问题也随之而来。对水手而言，单是看得见灯光还不够，他们还需要知道这是哪一座灯塔发出的。混淆不同灯塔发出的光，可能酿成致命的航行错误。早在1781年，瑞典工程师约纳斯·诺贝格就在卡尔斯滕堡的灯塔上安装了一盏旋转灯。他利用一种齿轮发条装置来转动一个携带三盏油灯和六面抛物反射镜的框架，形成每五分钟闪六次强光但同时有一盏弱光灯始终可见的模式。这种简单系统的各种变体，包括增加灯罩来根据需要间歇性地阻挡光源的方式，在之后多年都被证明极其有效。它们生成了足够多的闪光或亮度在强弱间过渡的不同模式，可以逐一区分数量庞大的灯塔。

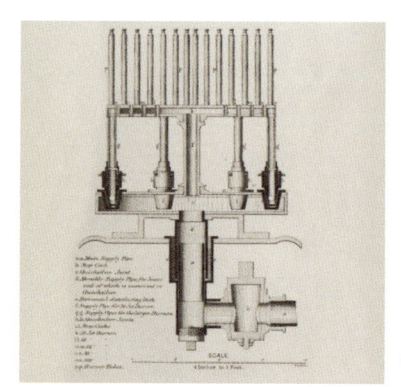
8.

　　通常，旋转机制是以那个时代的大型钟为模型设计的。悬挂于链条上的重物与一套齿轮系统相连。每过若干小时，守塔人就得辛苦地转动一个把手，将重物提起，然后让它缓慢地自然降落，同时带动塔灯旋转。重物是在灯塔中央的一根长长的金属管内上下移动。这根金属管从灯塔每一层的正中穿过，给守塔人已经受到局限的生活和工作空间又增加了障碍。随着灯越来越大，也越来越重，不得不考虑提高旋转的效率。解决方案可谓精妙：给大灯加个底座，让它们浮在一个装满水银的圆槽中。这样，阻力被减少到最小，甚至用一根手指就能移动10吨以上的大灯。

9.

　　单靠旋转机制还不足以区分所有的海上灯塔。为了实现足够多的变化，就有必要将颜色引入这套机制。1791年当选为领港协会的主持会员之一的英国工程师约瑟夫·赫达特（Joseph Huddart，1741—1816）被公认为彩色玻璃和反射镜组合方案的第一位支持者。这一方案随后也被罗伯特·史蒂文森采纳。在实际应用中发现，只有红色能用，尽管它会严重削弱原始白光的亮度，因为挡在白光前的红色灯罩或玻璃过滤掉了一半以上的光线，但是不管距离远近都能真正起作用的只有红色。然而，在周期性的闪烁之外再加上红光和白光的组合模式，仍然会在不常见的灯塔之间造成混淆。

10.

　　灯塔照明的技术从未停止发展，尽管一考虑到成本，创新就容易被限制。许多相对古老的灯塔一直都在服役，原因就在

88

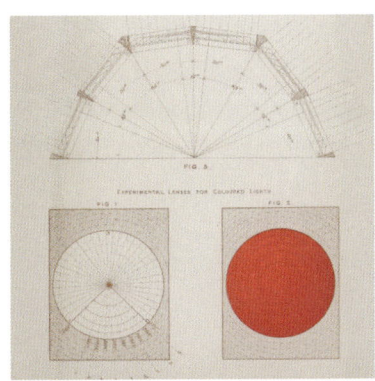

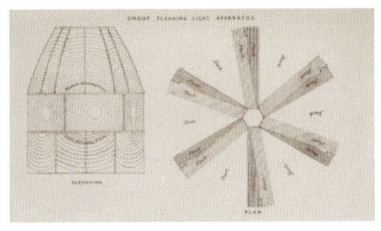

图8：爱尔兰的加利角灯塔自1878年起就在用的煤气灯。
图9：控制着灯塔内转动机制的齿轮发条装置。
图10：北弗里西亚（North Frisia）的坎彭灯塔是最早使用汽油的灯塔之一。
图11：艾伦·史蒂文森的灯塔照明技术图纸，其中包含闪光和旋转系统。

于它们都被认为"还可以"。早在1858年，英国南部靠近多佛尔的南福尔兰角灯塔（South Foreland lighthouse）就安装了电碳弧灯，但是让灯塔用上电却推进得很慢，原因很简单——太贵。到19世纪下半叶，矿物油（如煤油）广泛取代了植物油，因为它们不但效率高，价格也便宜。1856年，当时还在丹麦治下的德国叙尔特岛（Sylt）上的坎彭灯塔（Kampen lighthouse）成为最早用汽油作燃料的灯塔之一。许多灯塔还用到了由奥地利科学家卡尔·奥尔·冯·韦尔斯巴赫（Carl Auer von Welsbach，1858—1929）发明并于19世纪90年代首次生产出的白炽煤气灯罩。

杰出的瑞典发明家古斯塔夫·达伦（Gustaf Dalén，1869—1937）作为20世纪初瑞典AGA公司的首席工程师也在灯塔史上留下了自己的名字。一说起AGA公司就想到节能厨具的人，在得知它靠着造灯塔才闯出名声时，可能会惊讶不已。当时的瑞典灯塔主管部门正发愁该怎么在本国大小岛屿和礁石成群的漫长海岸线上建设和维护灯塔。他们需要的是维护需求量最少的无人值守灯塔。善于创新的达伦发现了一种用危险的易爆气体乙炔来满足这种需求的方法。乙炔具备成为灯塔的理想燃料的潜力，因为它发出的白光亮度已经足够强，不需要像其他光源一样，为了增强亮度还要借助复杂的光学设备。1906年，达伦发明了乙炔灯，用气罐储存乙炔气体，并使用被称为"日光阀"的自动控制装置。铜片感知日光变化，会激活一个触发器，使其在黄昏自动打开气门，黎明时又自动关闭。另一种控制阀门会制造闪光，在两次闪耀之间关闭气门。达伦甚至发明了一种齿轮发条装置来定期换灯罩，因为灯罩用久了会大大影响光照效果。这些发明造就了无人值守且经济适用的灯塔，只需要一年检查两次即可。不久，达伦发明的灯就风行全球，从巴拿马运河到桑给巴尔，都有它的身影。非常不幸的是，1912年，就在达伦因对灯塔的贡献而被授予诺贝尔物理学奖之前不久，他在一次乙炔实验时遭遇爆炸，双目失明。

不论用来照亮海岸和礁石的灯光有多么强，它们都无法穿透浓雾。虽然也有人设计过在能见度极低时向海员发出警告的技术，并且不乏巧妙的构思，但是一直以来，这些方案都相对

12.

13.

14.

15.

简陋，偏于随机应变。直至19世纪中叶，能够用得上的技术主要是雾钟和空响的雾炮。在19世纪50年代，美国发明家塞拉顿·利兹·达博尔（Celadon Leeds Daboll，1818—1866）发明了被称为"达博尔喇叭"（Daboll trumpet）的雾角——煤火加热汽缸中的空气，迫使空气冲开一个钢簧片，从一个长5米、开口宽1.8米多的巨大号角排出。最终投入使用的达博尔喇叭的数量很有限——加拿大灯塔主管机构曾在试用后，以不可靠和"危害航行，而非协助航行"[1]为由拒绝采购——但它开启了雾角的时代。19世纪下半叶出现了各式各样的雾角，大多数是蒸汽驱动，它们那好似哀悼的长鸣成为了沿海社区居民日常熟悉的声音。1903年，沃利策剧院管风琴（Wurlitzer theatre organ）的发明者罗伯特·霍普-琼斯（Robert Hope-Jones，1859—1914）推出了低音雾笛（diaphone），利用压缩空气和活塞产生异常强劲、持久的声响。雾笛首先在加拿大五大湖航道沿线安装使用，之后在整个北美大陆以及全球各地都得到普遍使用。所有的雾角都属于重型设备，需要灯塔旁边有单独的建筑物来安放它们。在缺乏相应空间的地方——许多礁石灯塔所在的地方——不得不在大雾时引爆各种形式的炸药包来发出响亮的警告。

第一次世界大战之后，灯塔不再是发明创新的焦点，相反，它们开始受益于其他领域技术进步的浪潮。先是电话、无线电、电动机和电子计时器，后来是雷达、无线电遥控和全球卫星定位，它们都在改变着灯塔和船舶的运行。此时此刻，灯塔已经被时代的大船拖着前行，不再威风凛凛地立于船头了。

图12：加利福尼亚州的雷斯角灯塔（Point Reyes）在1870年安装的一级菲涅尔透镜灯。
图13：根西岛上的多伊尔堡（Fort Doyle）雾笛。
图14：从科德角（Cape Cod）的高地灯塔（Highland light）机房中伸出的达博尔雾角。
图15：康涅狄格州纽黑文（New Haven）的西南礁灯塔上的达博尔雾角。

---

1 弗雷德里克·A.塔尔博特（Frederick A. Talbot），《灯船与灯塔》（Lightships and Lighthouses），伦敦：威廉·海涅曼出版社（London: William Heinemann），1913年，第60页。

1860 蒙托克角灯塔
纽约 | 美国

设计者：未知 | 塔型：八角石塔
高度：33 米
照明方式：菲涅尔透镜

1861 罗马岩灯塔(ROMAN ROCK) 西蒙斯敦(SIMON'S TOWN) | 南非

设计者：亚历山大·戈登（Alexander Gordon）
塔型：圆形石座铁塔 | 高度：14 米
最初照明方式：油灯加反射镜

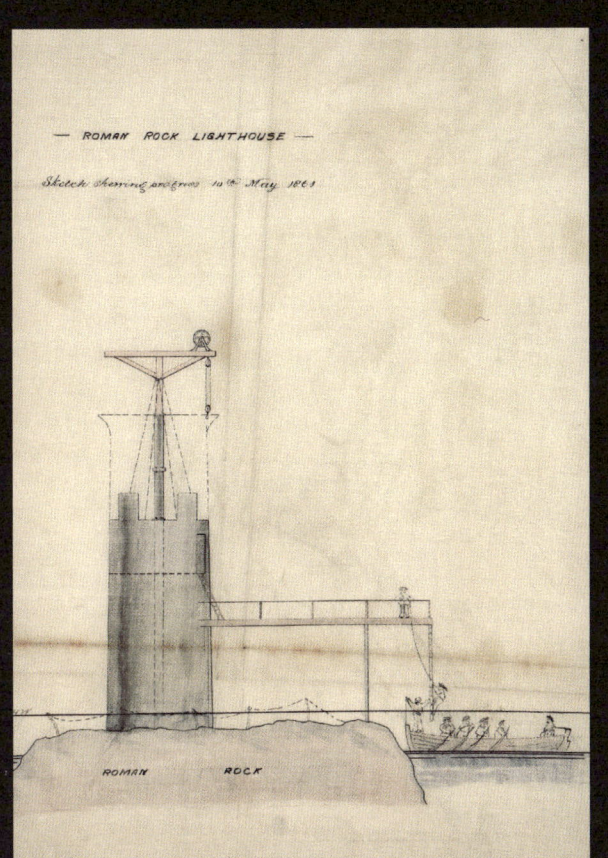
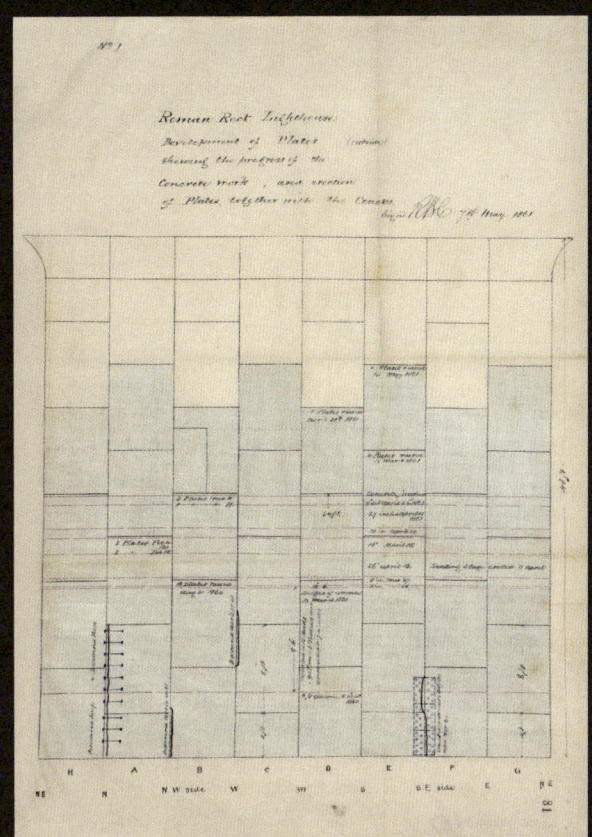

前页图：最初的蒙托克角灯塔 1797 年建于长岛最东端，它的厚壁是用康涅狄格州的砂岩建造的。1860 年，它升级成如图所示的造型，高度从 24 米增加到 33 米，并且装配了菲涅尔透镜。

本页上图：这座建于西蒙斯敦海域福尔斯湾（False Bay）的灯塔在设计上要求以当地出产的花岗岩为底座，灯塔本身用预制的钢铁构件组装而成。在大海中造个底座是一个艰苦、漫长的过程，整个工程用了 4 年时间才完成。

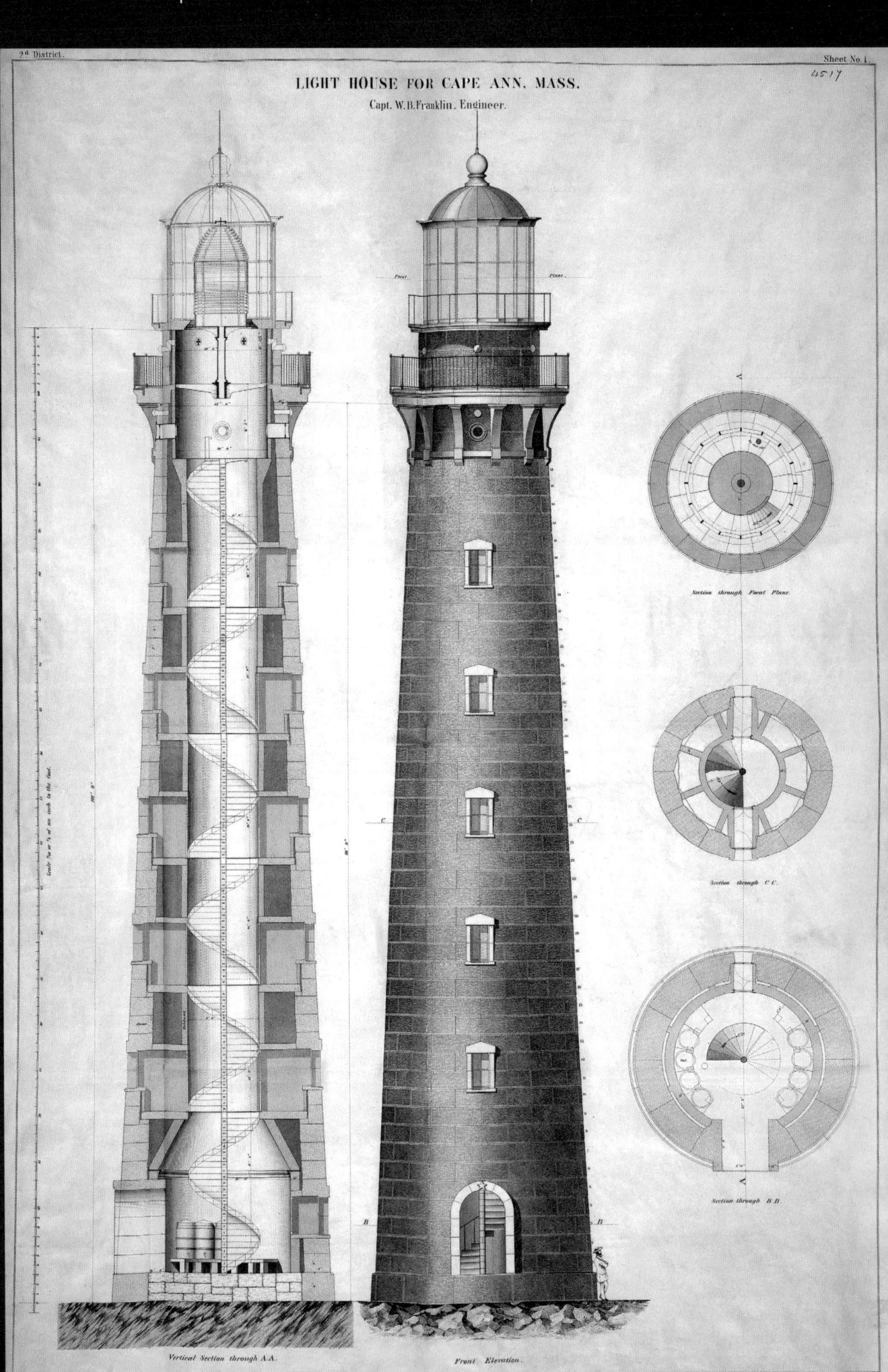

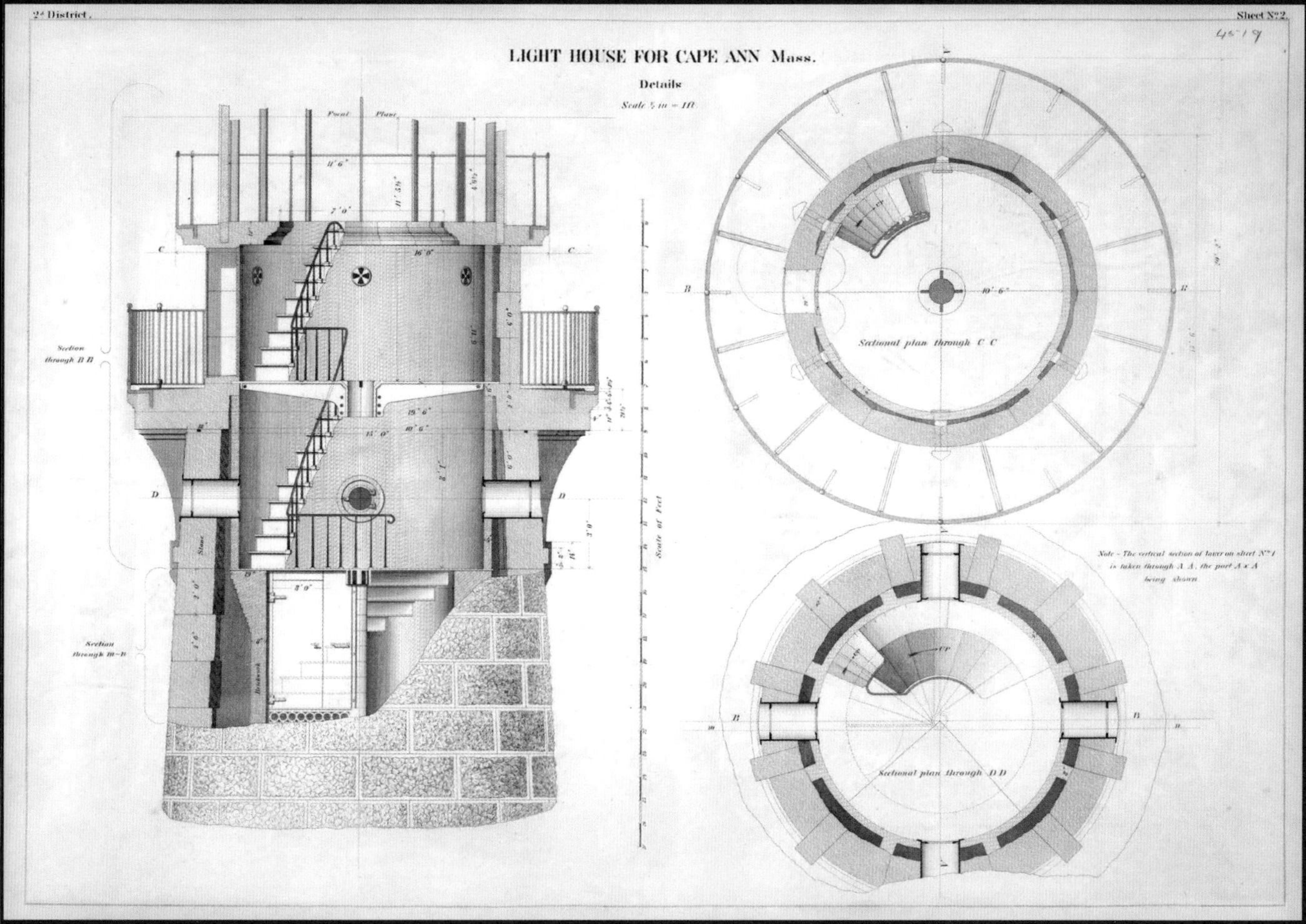

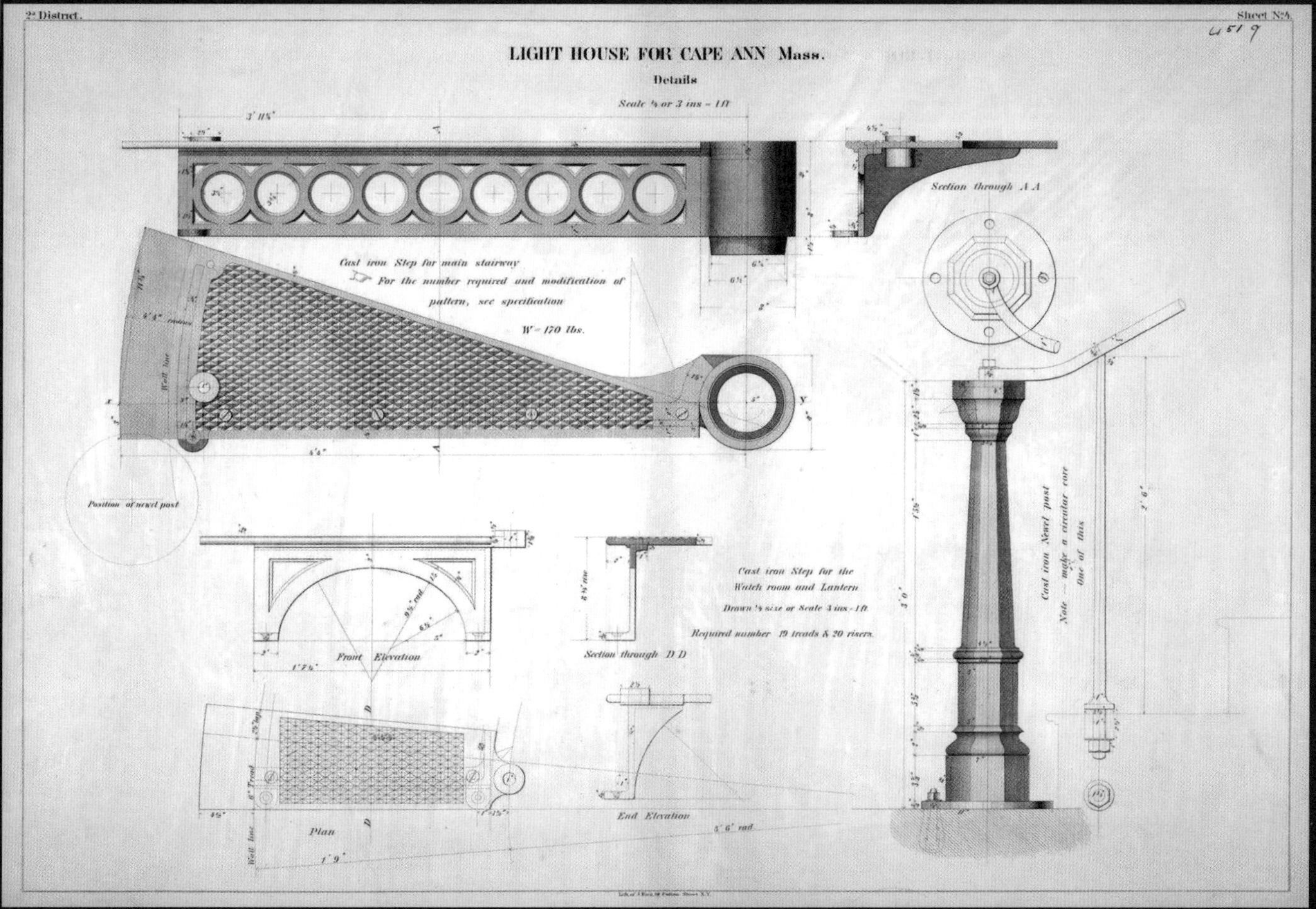

1861年建于安角外的撒切尔岛（Thacher Island）上的双子灯塔取代了1771年建成的两座殖民地时代的灯塔。两座塔一南一北，相距274米，让船员可以参照双塔调整航向。造塔所用的花岗岩石块来自新罕布什尔州，被认为要比当地石头更适合建塔。塔上的每一面菲涅尔透镜都高达3.5米，重量超过3吨。最初它是用鲸油灯照明，后来改成煤油，最后用上了电。北塔1932年就退役了，南塔则在1980年实现了自动操控。

1861 斯莫尔斯灯塔
彭布罗克郡 | 威尔士

设计者：詹姆斯·沃克
塔型：圆形石塔 | 高度：41米
照明方式：钱斯兄弟公司出品的反折射系统

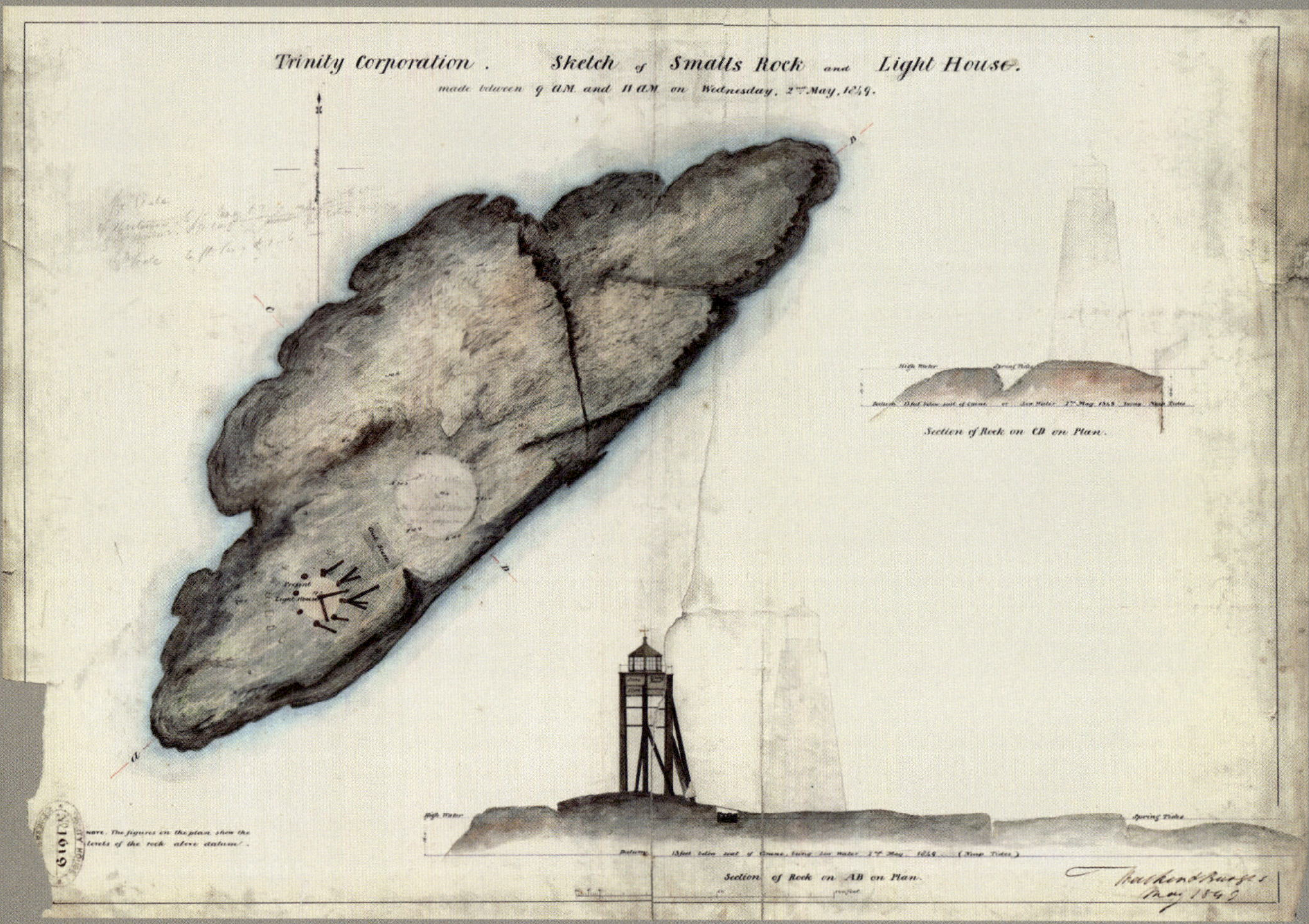

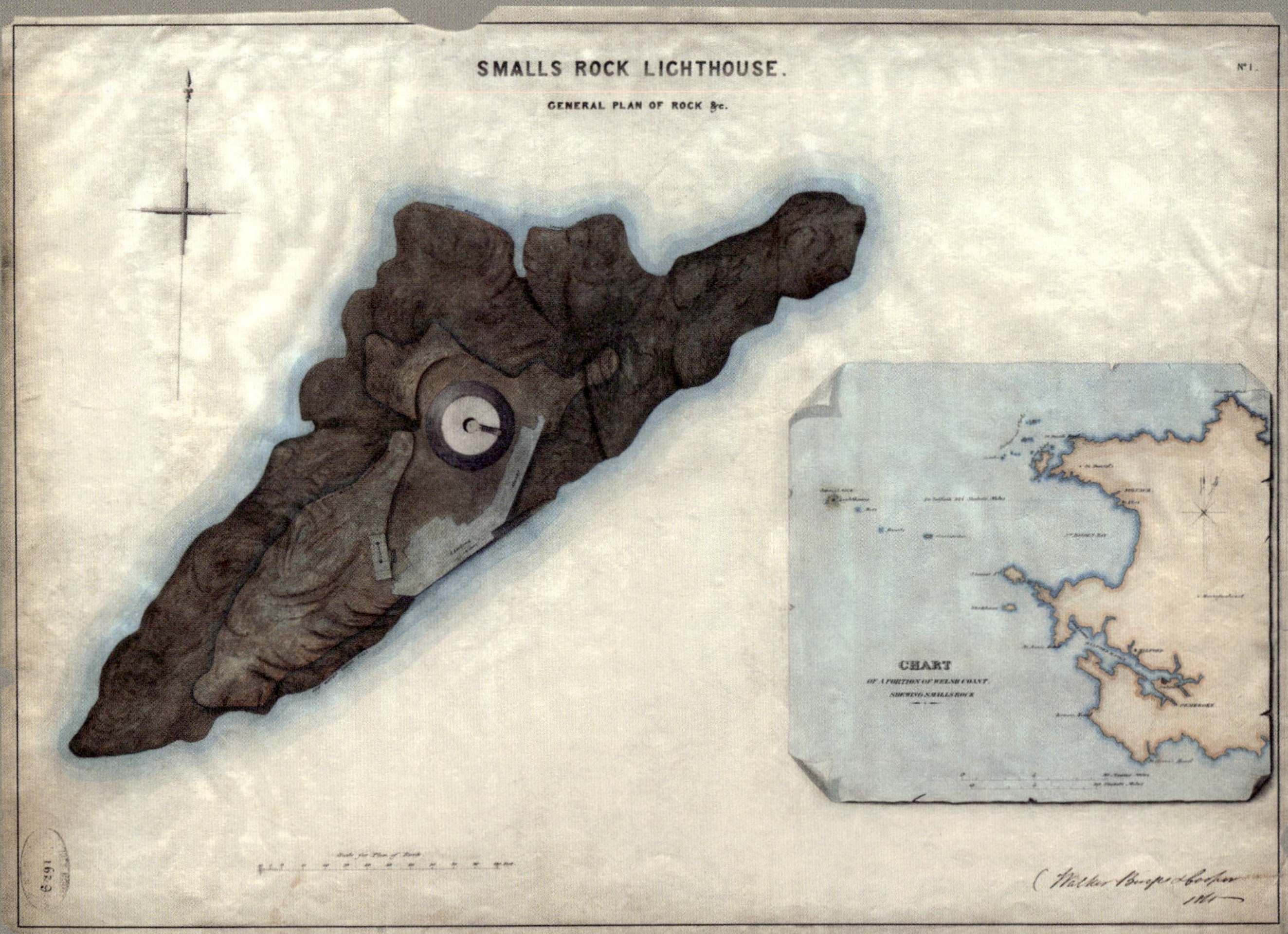

斯莫尔斯礁位于距彭布罗克郡海岸32千米的爱尔兰海中，对往来船舶构成重大威胁。1776年，亨利·怀特赛德在那里建好的第一座灯塔是木桩柱结构（前页上图）。1856年，礁上开建一座现代化的石塔，用于取代原先那座简陋却成功的灯塔。詹姆斯·道格拉斯是工地现场工程师，造塔方案由詹姆斯·沃克设计。它的创新点包括一个阶梯式（而不是光滑的）塔基和难得一见的嵌入式厕所。斯莫尔斯灯塔至今仍在服役。

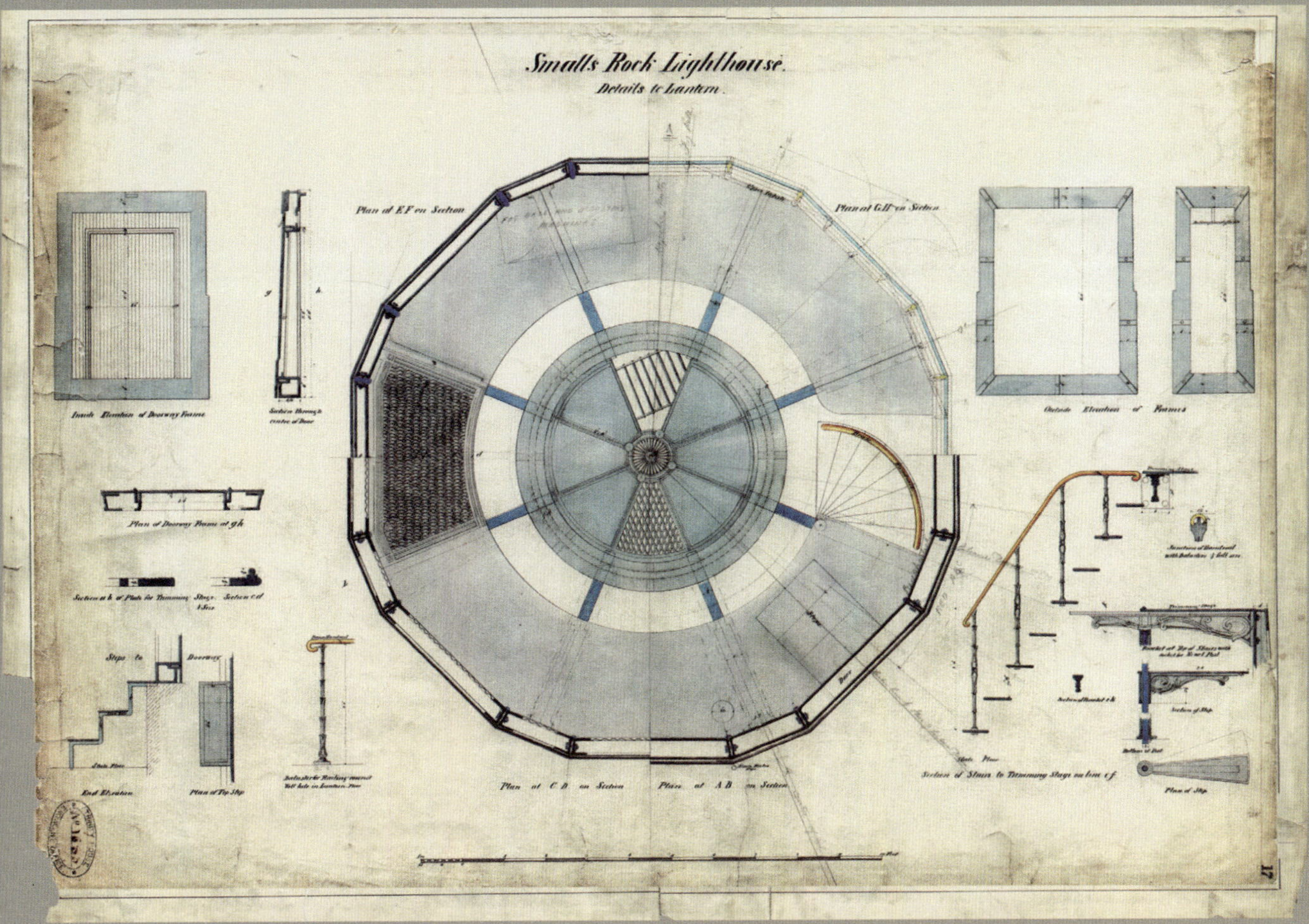

1862 瑟德斯卡灯塔(SÖDERSKÄR)
波尔沃群岛(PORVOO) | 芬兰

设计者：阿尔贝特·埃德费尔特（Albert Edelfelt）和恩斯特·洛曼（Ernst Lohrmann） | 塔型：八角石砖混合塔
高度：40米 | 照明方式：未知

瑟德斯卡灯塔位于芬兰湾（Gulf of Finland）的马特兰德特岛（Mattlandet island）上，距赫尔辛基约30千米。灯塔建成时，芬兰正被沙俄占领。为了应对日益繁忙的波罗的海航运，原本打算建成一座石质灯塔，但是花岗岩短缺，最终只有8米以下的塔底部分用的是石料，其余部分则用砖块。建塔时工人住的工房后来成了守塔人的小屋。这座灯塔一直服役到1989年。

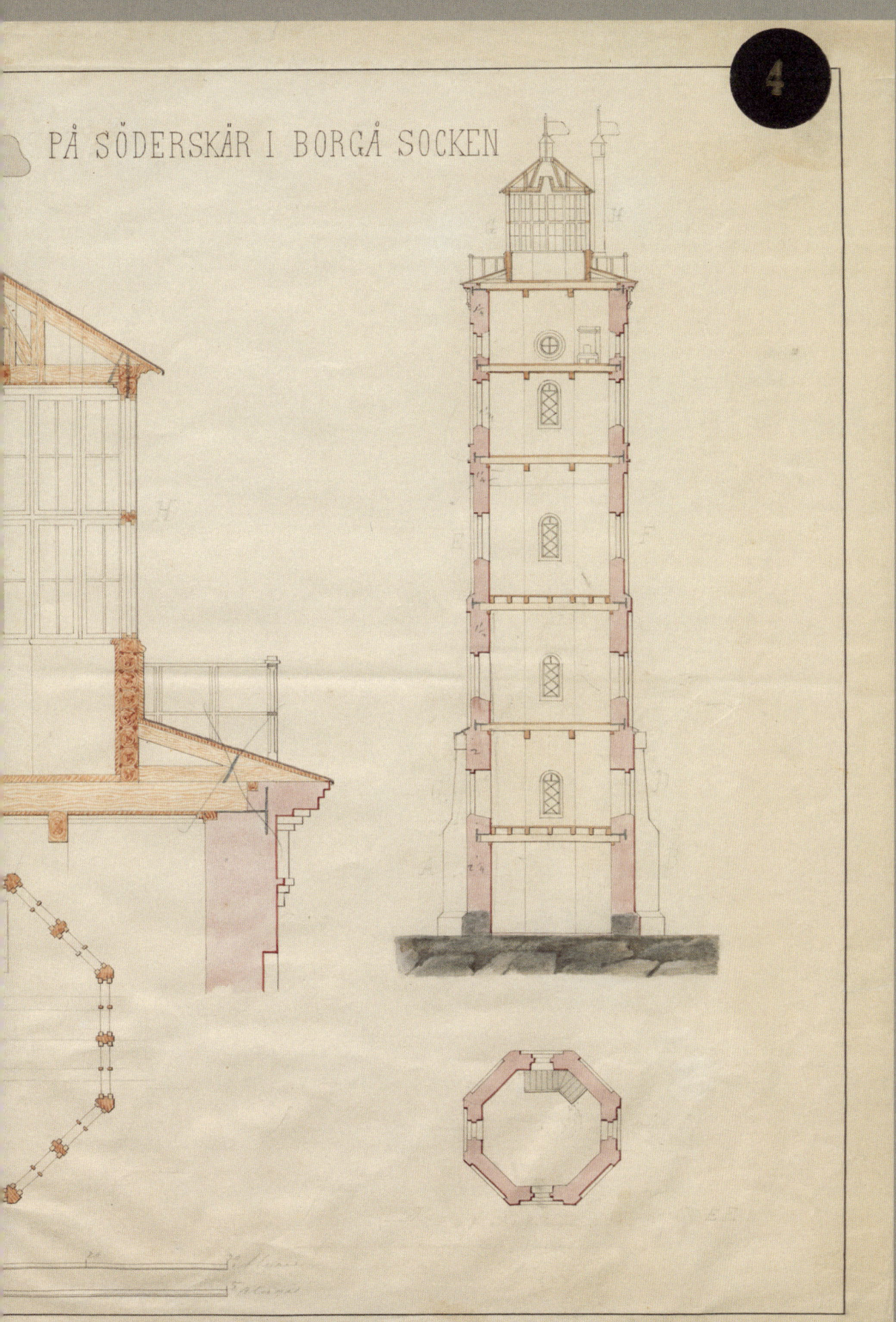

1865 阿梅代灯塔
新喀里多尼亚阿梅代岛

设计者：莱昂斯·雷诺
塔型：十六面铸铁 | 高度：56 米
照明方式：一级菲涅尔透镜

1859 年，法国人决定建一座灯塔，用来标示环绕格兰德特尔岛（Grande Terre）的珊瑚礁间的安全航道。这座岛是法国殖民地新喀里多尼亚的主岛。这座灯塔是钢铁架构外面裹一层铁板。1862 年在巴黎的里戈莱工厂（Rigolet works）建成后，它先是做了两年的巴黎地标，后于 1864 年拆解后用驳船沿塞纳河运至勒阿弗尔（Le Havre），再从勒阿弗尔运往新喀里多尼亚，在它现在所屹立的地方重新组装。它是全世界最高的铁塔之一。

1867 大塞布尔角灯塔(BIG SABLE POINT)
密歇根州 | 美国

首席工程师：奥兰多·M.坡上校
塔型：圆形砖塔 | 高度：34米
照明方式：三级菲涅尔透镜

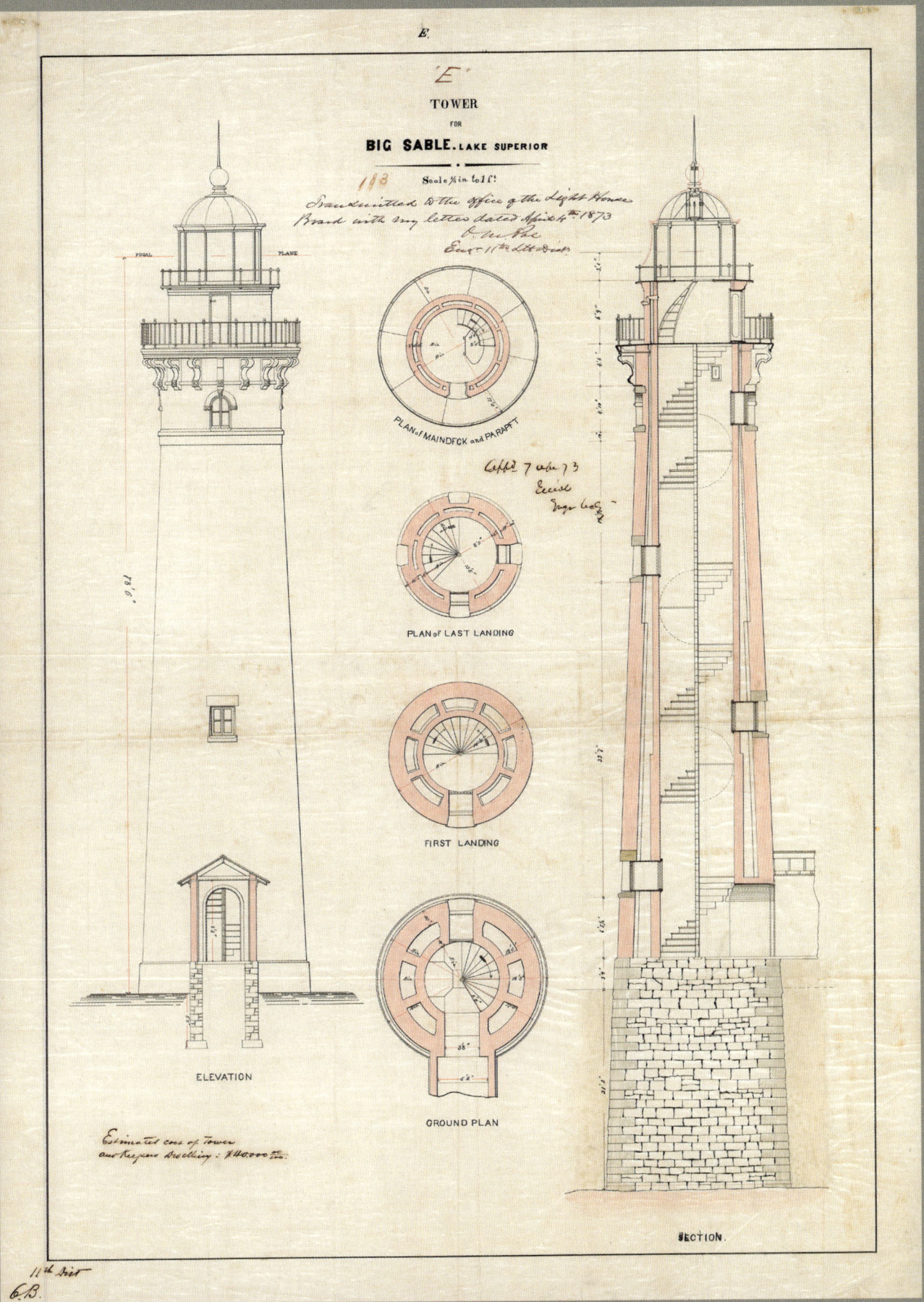

建于密歇根湖东岸的大塞布尔角的这座灯塔是为提高五大湖航运的安全性所做的广泛努力之一。它有一个修长的砖砌塔身和深入地下1.8米的石基。守塔人的房子通过一个加顶的通道与灯塔相连。经年累月中，塔身所用的黄色密尔沃基奶油城砖（Milwaukee Cream City bricks）开始崩解，于是，1900年，灯塔被围上了金属外层。近年，它已经成为一场知名保护运动的保护对象。

1867 泰比灯塔(TYBEE)
佐治亚州 | 美国

设计者：约翰·马尔瑞恩（John Mullryne）
塔型：八角砖塔 | 高度：1867年时高47米
照明方式：一级菲涅尔透镜

1868 松布雷罗岛灯塔(ISLAND OF SOMBRERO) 西印度群岛安圭拉岛(ANGUILLA, WEST INDIES)

一位不知名设计师设计的铁骨架灯塔替代方案

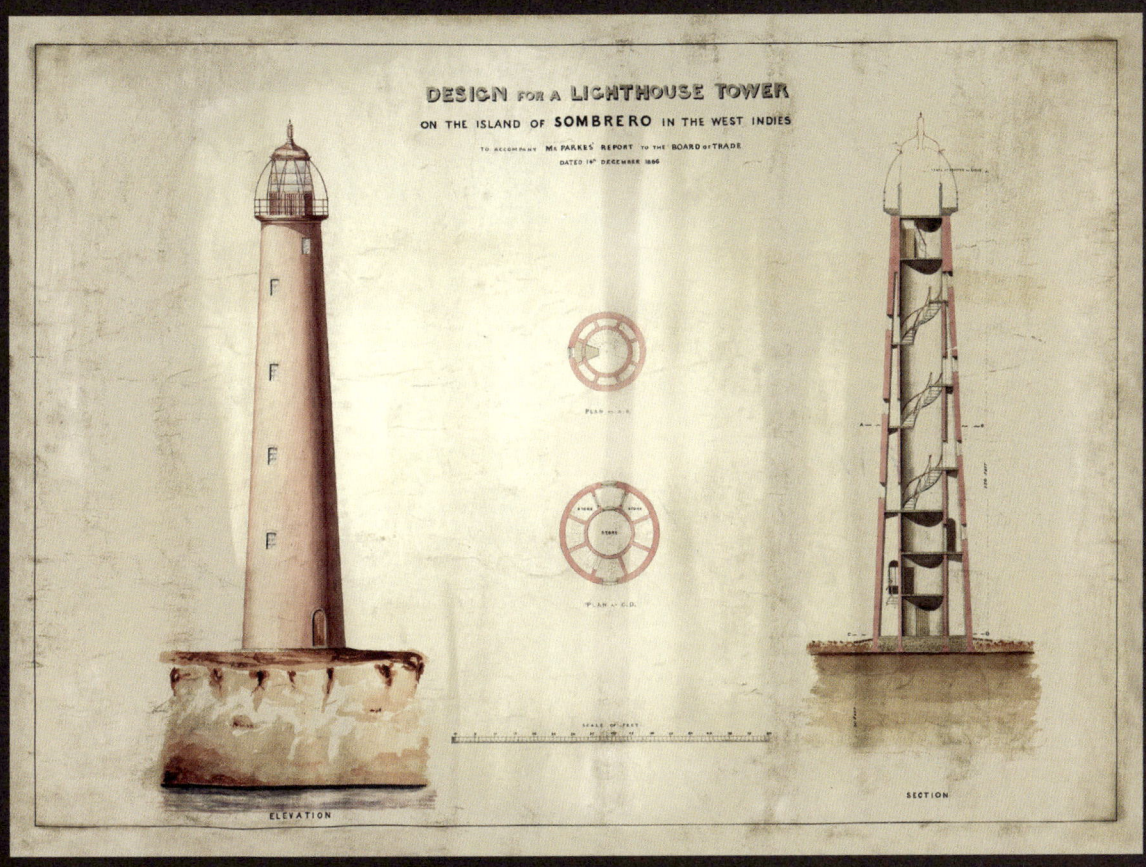

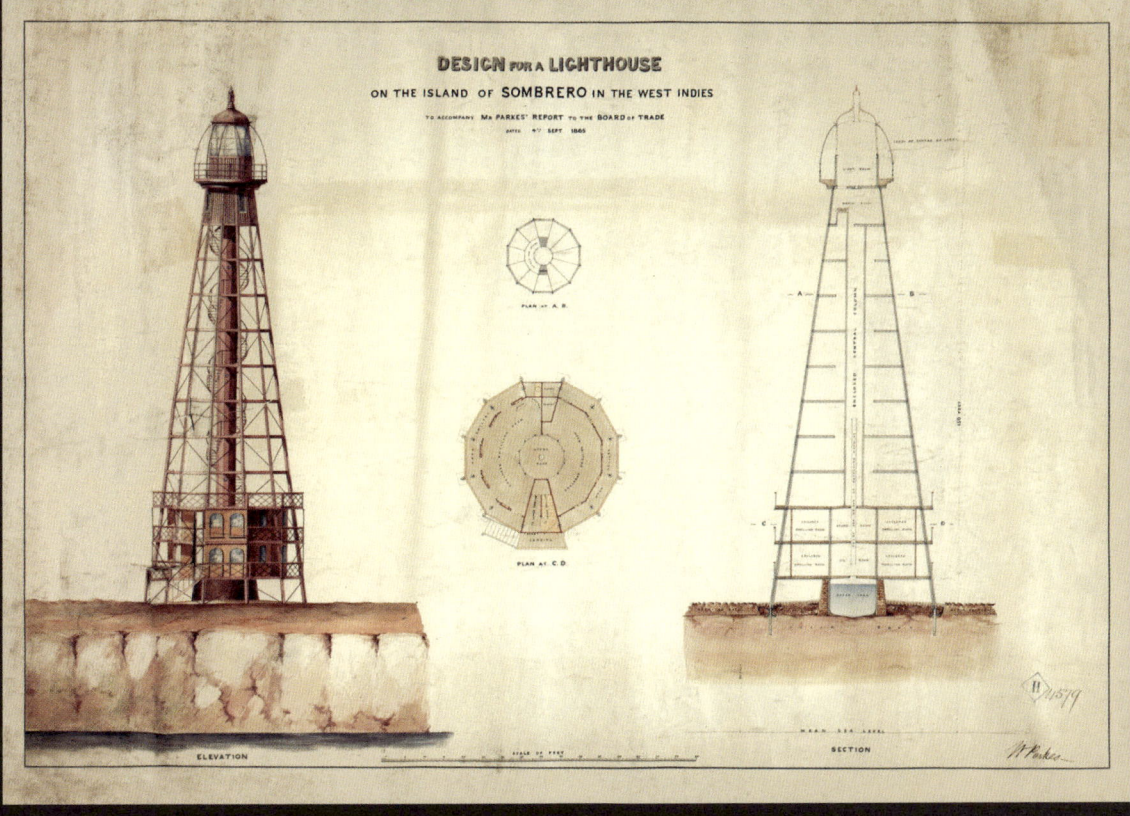

前页图：泰比岛上第一座可用的灯塔高30米，建成于1773年。这座塔在南北战争期间被严重损坏。1866至1867年重建时，原塔18米以下部分被保留。重建后，一座螺旋铁梯代替了原先的木梯。

本页上图：这些设计图原是为在加勒比海上的松布雷罗岛建一座灯塔而作的。1868年，泰晤士钢铁与造船公司（Thames Ironworks and Shipbuilding Co.）在松布雷罗岛上造了一座铁骨架灯塔。它与上图设计的不同之处在于塔内不设守塔人宿舍。这座塔一直服役到1962年。

1868 卡纳维拉尔角灯塔（CAPE CANAVERAL）
佛罗里达州 | 美国

设计者：威廉·F. 史密斯（William F. Smith）
塔型：圆形铁砖混合塔 | 高度：46米
照明方式：一级菲涅尔透镜

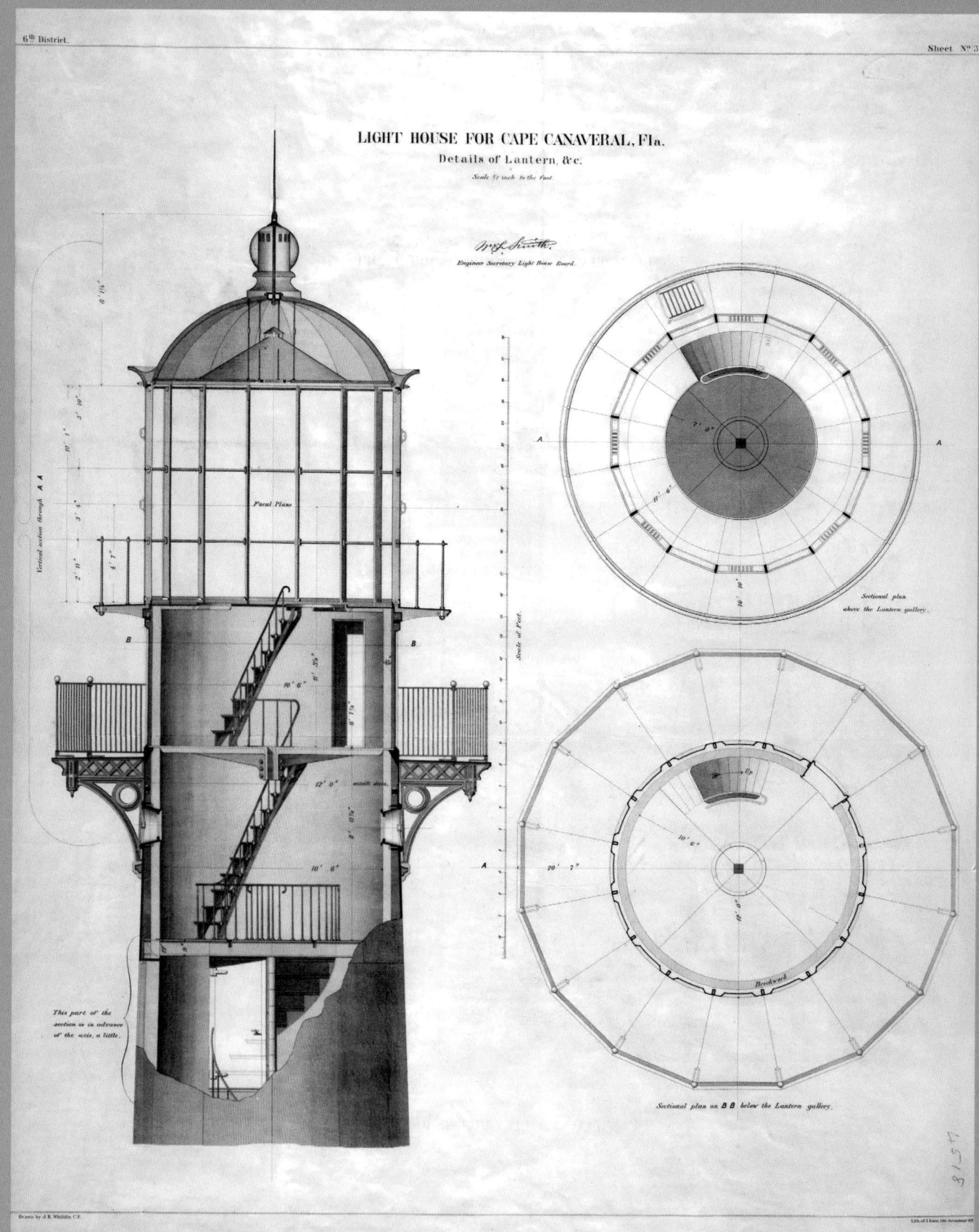

卡纳维拉尔角的第一座灯塔建于1848年，那是一座高20米的砖塔。不久，当局就承认该塔设计存在不足。新建工程始于1860年，但是工期被南北战争延误。新塔塔身以铸铁面板接合而成，面板间用螺栓固定，塔内壁贴砖。最初要在塔外架个梯子才能入内。1893至1894年，为了避免被海水侵蚀，整座灯塔向内陆迁移1.6千米，为此临时建了一条铁轨，拆下来的铁板靠骡子沿着铁轨运送。这座灯塔后来见证了无数次火箭发射，现在位于卡纳维拉尔角空军基地内。

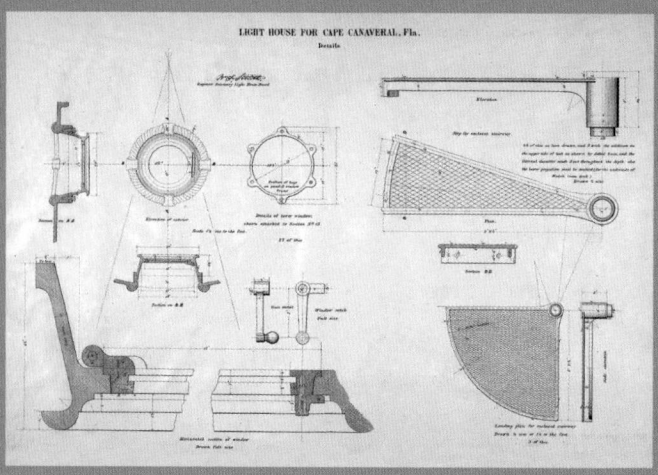
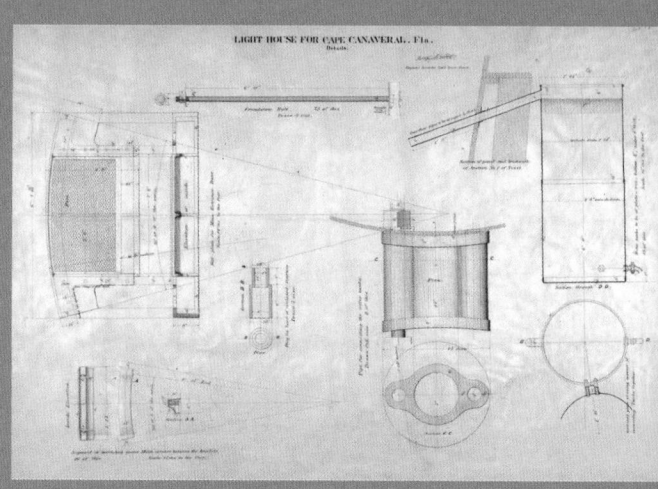
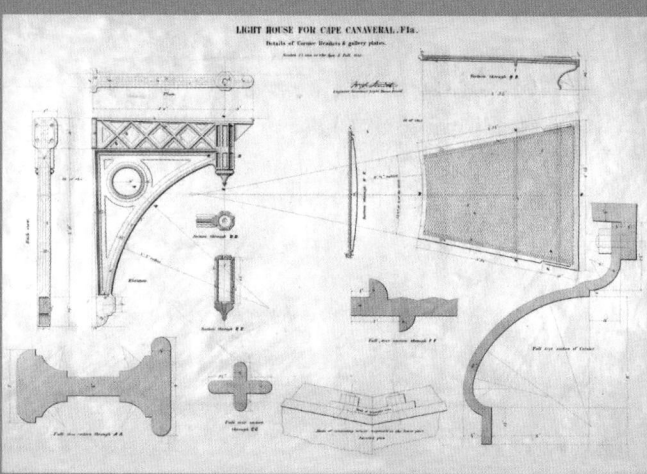
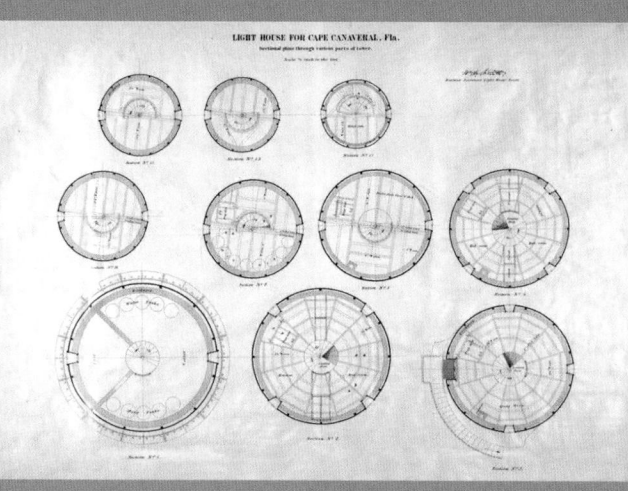
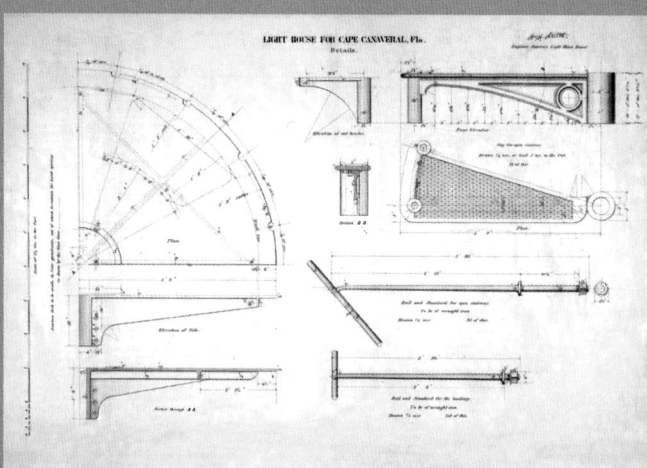
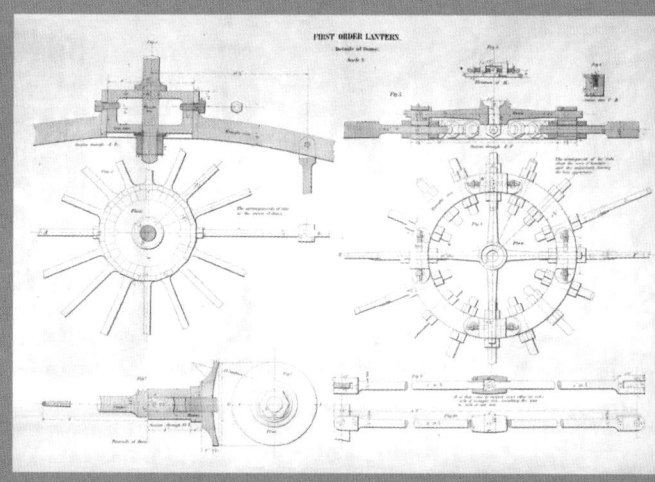
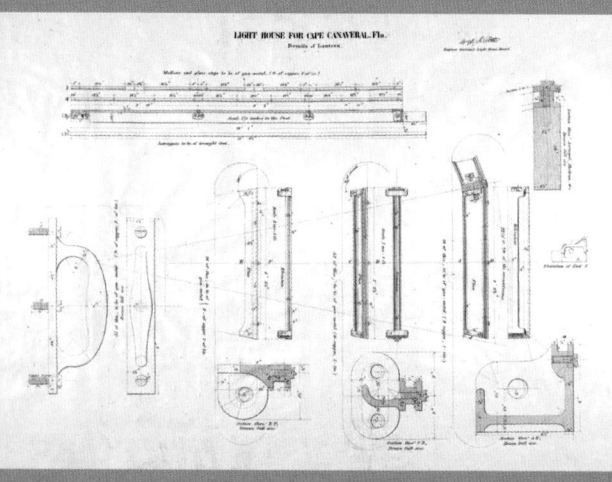
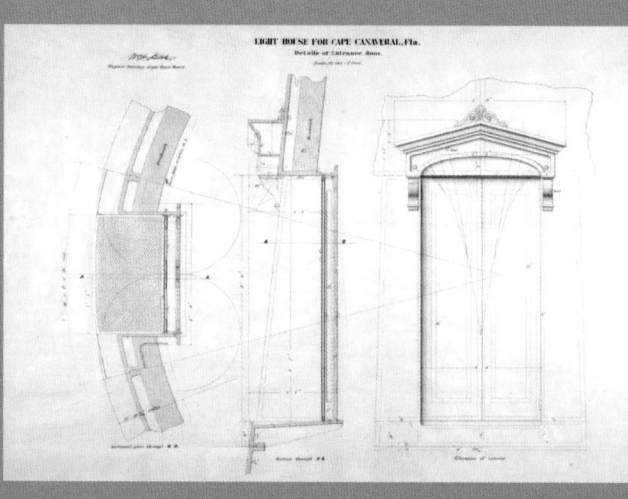

这些平面图显示了建成于1868年的卡纳维拉尔角灯塔的内部细节。最初，守塔人的副手是住在塔内，灯塔的下三层设有两间卧室、一间起居室和一间厨房。只有正职守塔人才有权享用塔外的房子。但是，被铁板包裹的灯塔内部实在酷热难耐，最后所有的守塔者都不得不在塔外安排住宿。圆柱体的塔身是向上渐细的，这一点可以从自下而上面积越来越小的楼层平面图看出（右列，从上往下第二张图）。

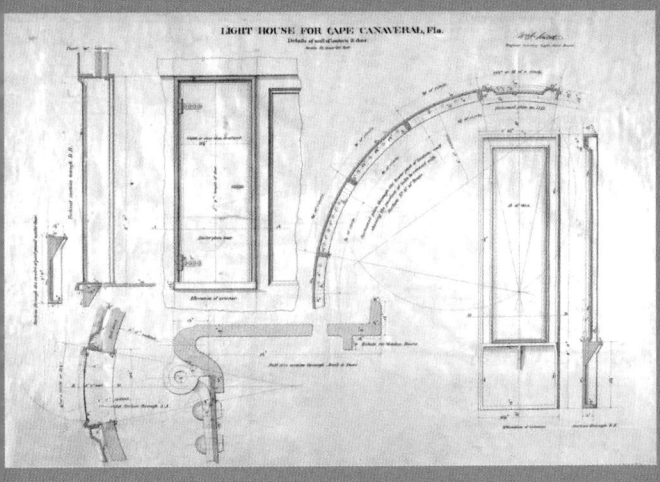
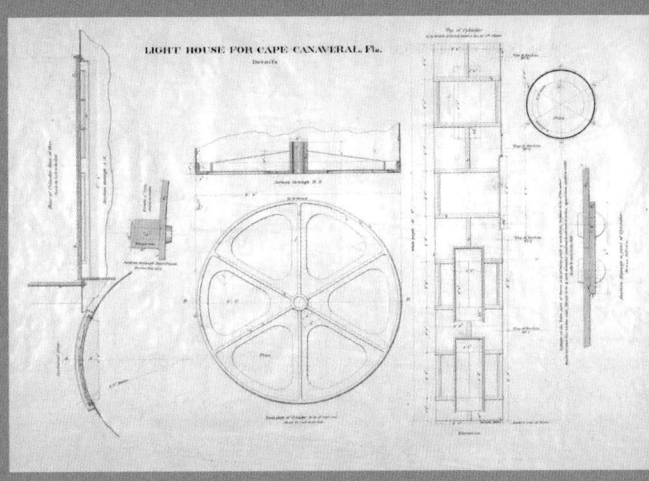
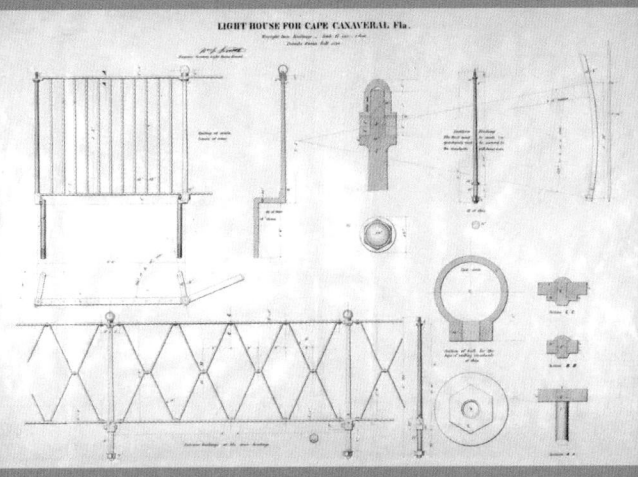
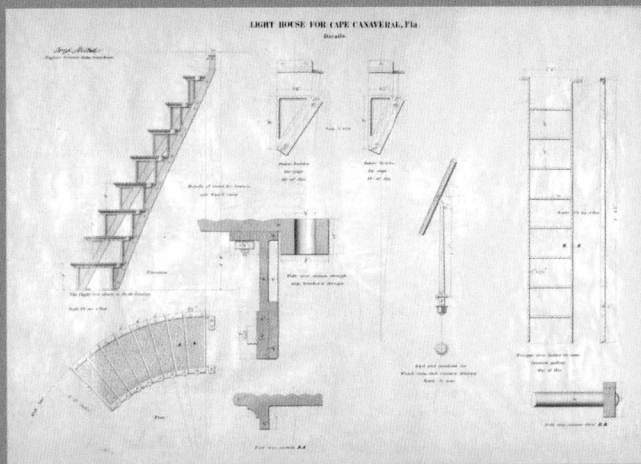
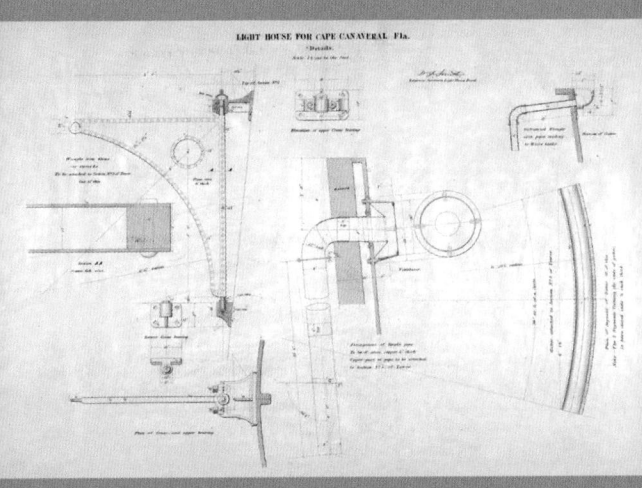
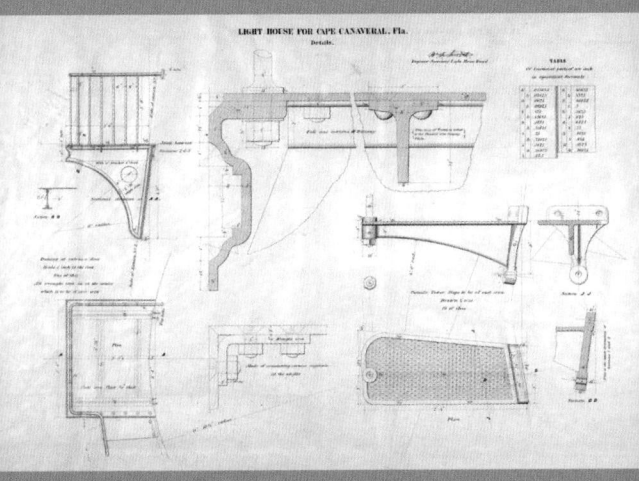
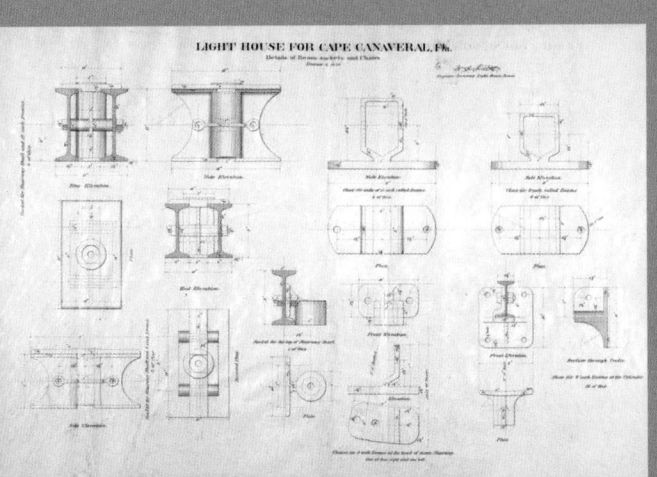
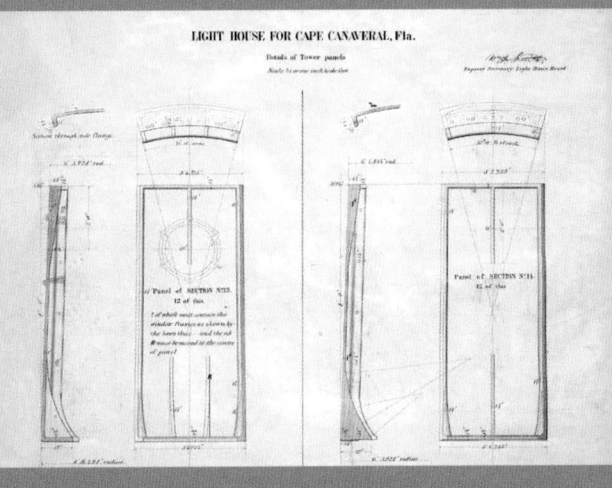

1870 沃尔夫礁灯塔
康沃尔郡 | 英格兰

设计者：詹姆斯·沃克
塔型：圆形石塔，混凝土底座 | 高度：41 米
照明方式：钱斯兄弟公司出品的四级反折射系统

沃尔夫礁远在兰兹角和锡利群岛之间的海上，要在这块礁石上建一座灯塔，一直都被认为是不可能的。罗伯特·史蒂文森在1823年提出的设计方案（上图）从未付诸实施。下页所显示的是詹姆斯·沃方案最终成就了沃尔夫礁上的一座灯塔。威廉·道格拉斯（William Douglass）是当时的现场工程师，他将钱斯兄弟公司出品的透镜（右页下图）形容为"迄今为灯塔所造之最完美产品"。这座灯塔至今

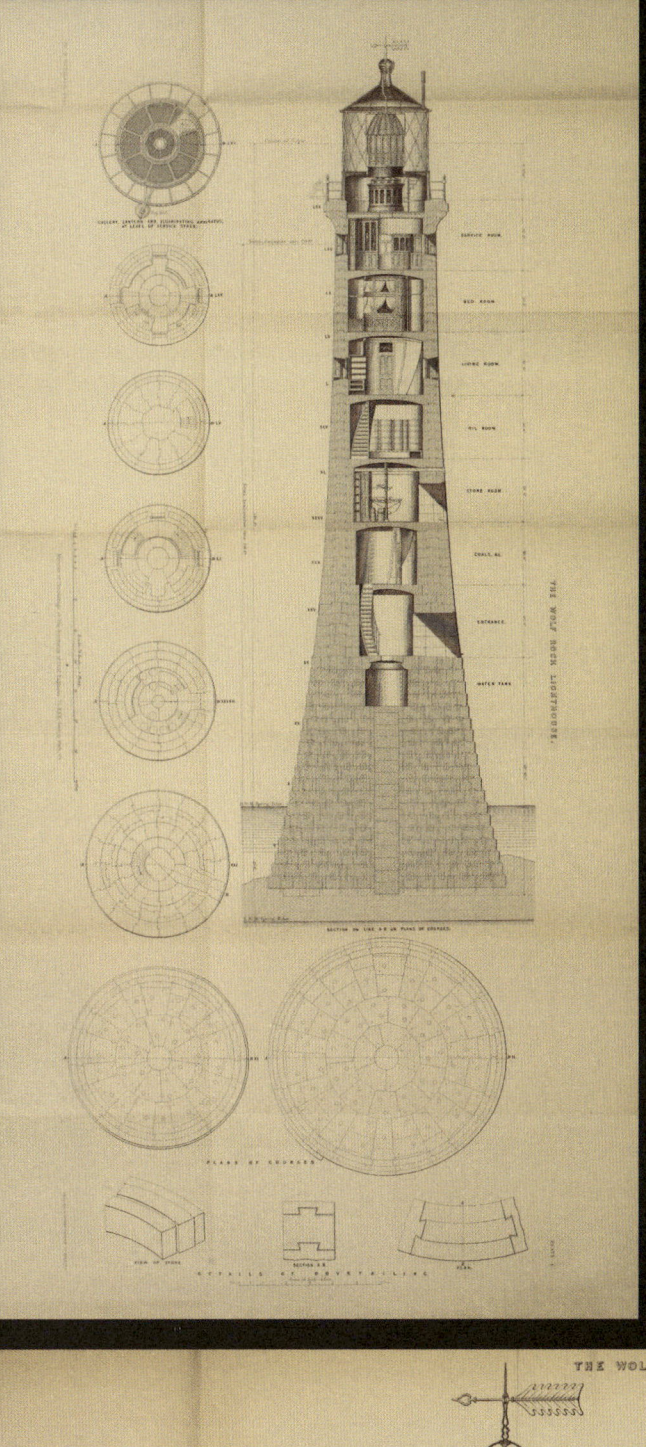
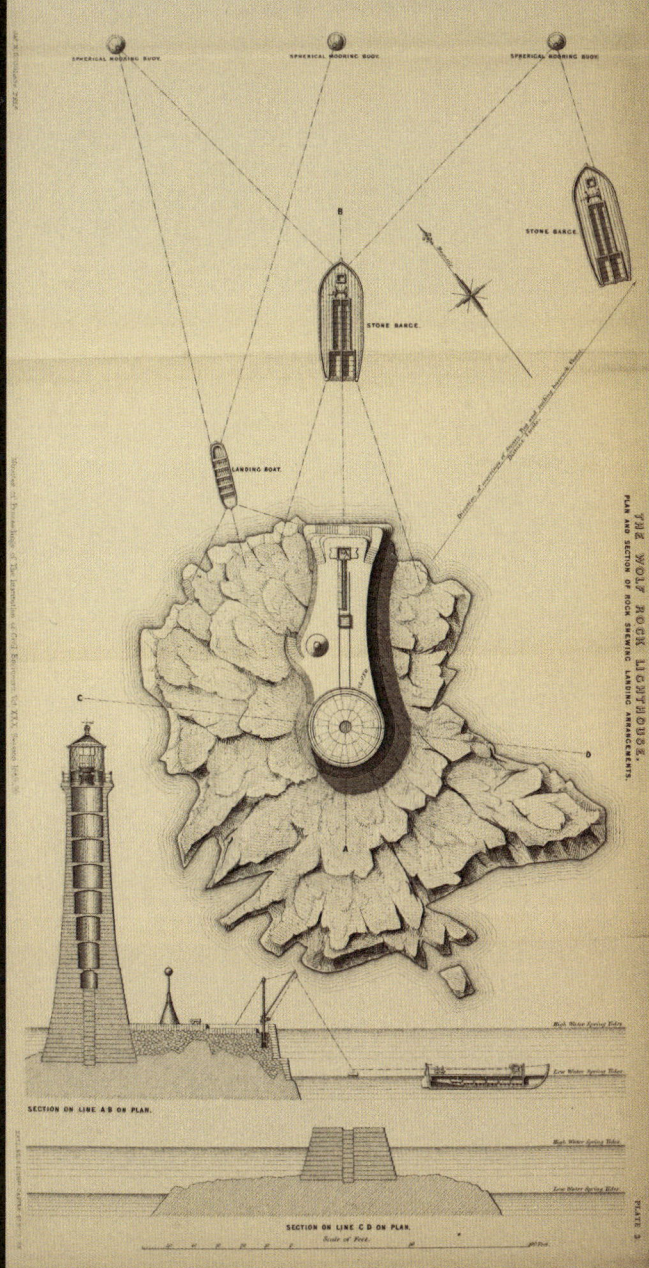
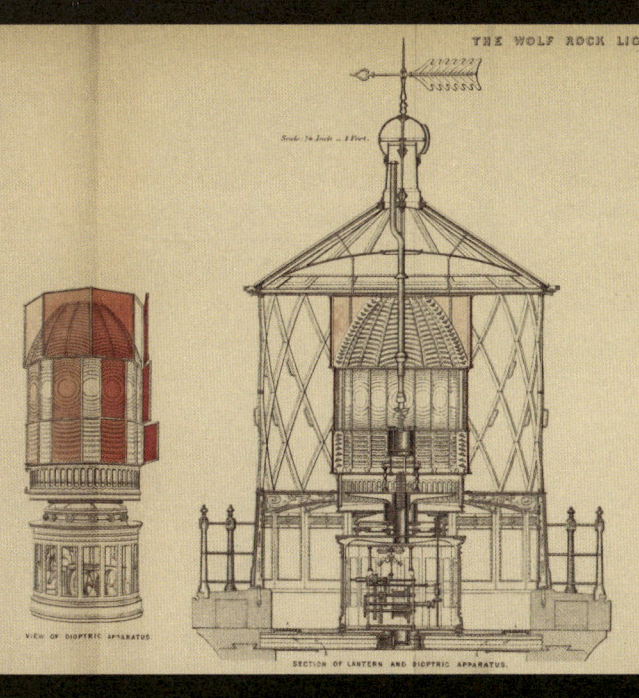
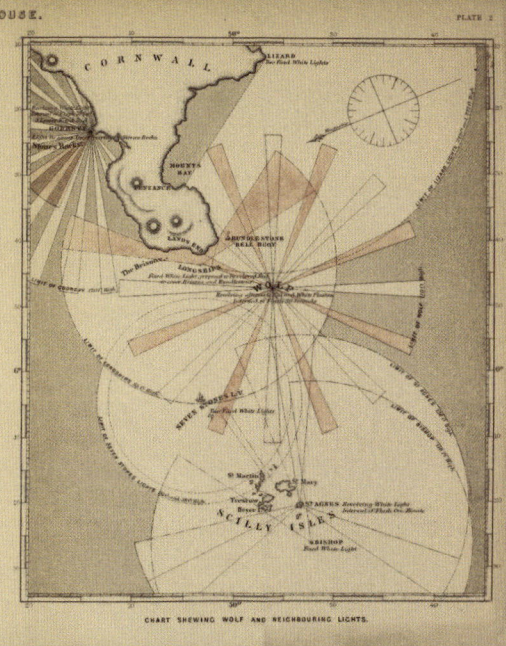

1870 哈特勒斯角灯塔
北卡罗来纳州 | 美国

设计者：詹姆斯·H. 辛普森准将（Brigadier-General James H. Simpson） | 塔型：圆形砖塔
高度：64米 | 照明方式：一级菲涅尔透镜

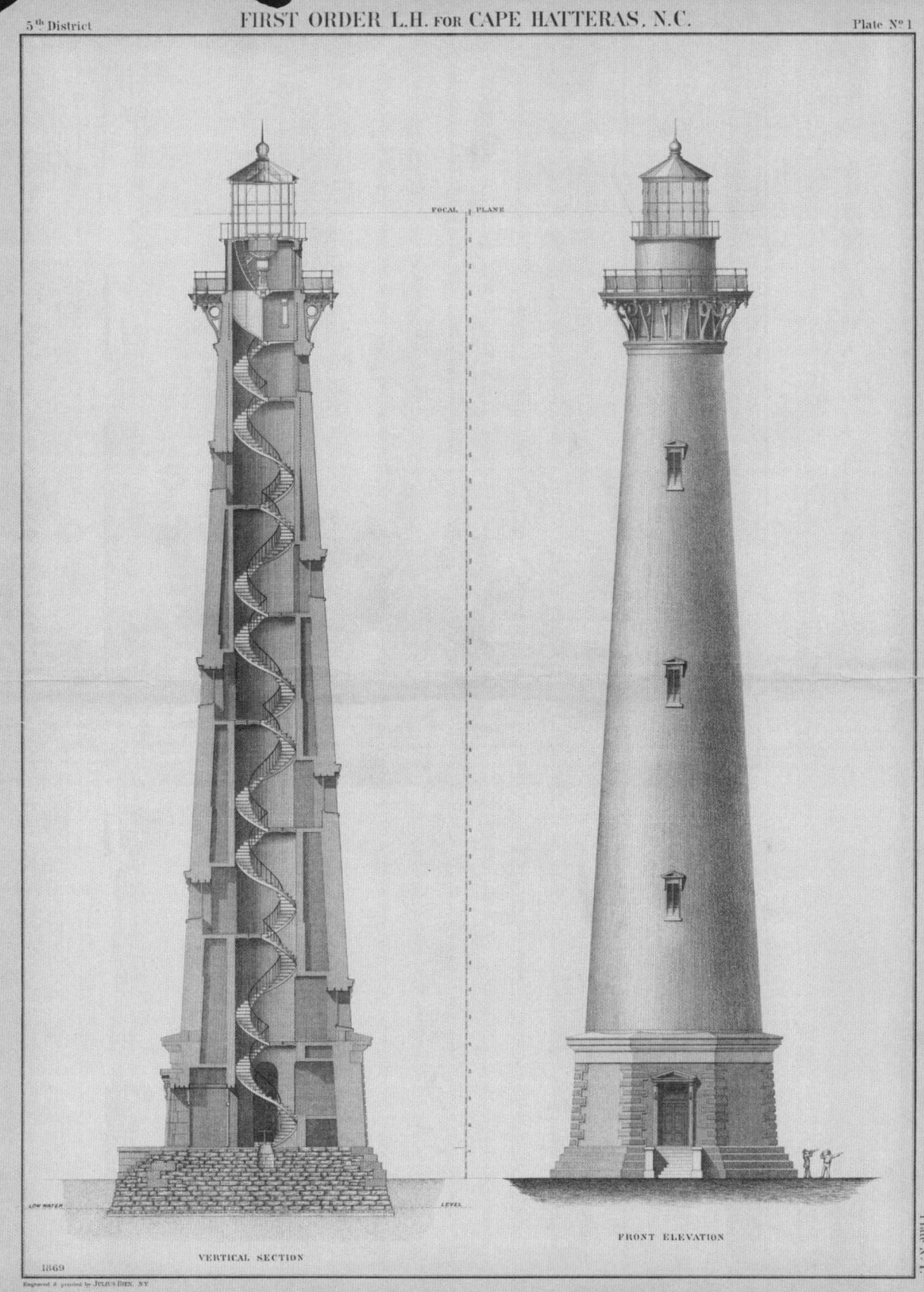

哈特勒斯角的戴蒙德浅滩（Diamond Shoals）中变换不定的沙洲造成的海难事故之多，让这片水域得了一个"大西洋坟场"的称号。这里的第一座灯塔建于1802年，在南北战争时遭损毁。战后，当局决定替换而非修复原有灯塔。新灯塔在八角花岗岩底座上建成高耸的砖砌圆锥形塔身。它挺过了飓风和地震，但是到1935年，海水的侵蚀让它受到严重威胁。1999年，整座灯塔最终向内陆迁移了0.8千米。

1872 圣西蒙斯灯塔（SAINT SIMONS）
佐治亚州 | 美国

设计者：查尔斯·B.克拉斯基（Charles B. Cluskey）
塔型：圆形砖塔 | 高度：32米
照明方式：三级菲涅尔透镜

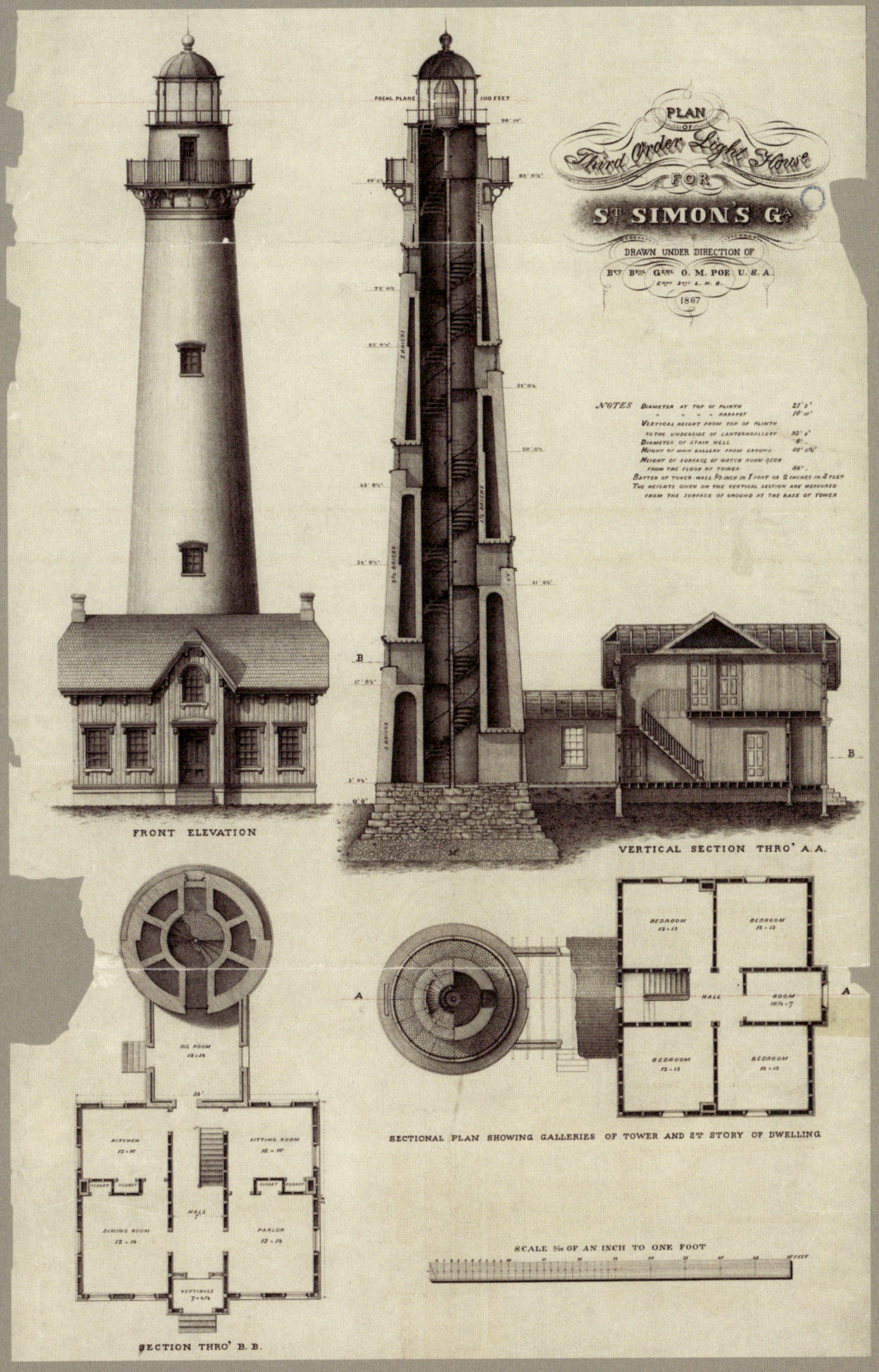

圣西蒙斯岛是佐治亚州沿海的一座屏障岛。1810年，那里建了第一座灯塔，南北战争期间，南部邦联军在撤退时将它破坏。现在的这座灯塔是1869年动工的，但是因疾病爆发，多人丧命，导致工期延长。1872年，这座灯塔终于首次点亮。塔内有129级台阶的螺旋楼梯。与灯塔相连的守塔人的双层宿舍，现在是一座博物馆。

1872 达夫阿塔赫礁灯塔
赫布里底群岛 | 苏格兰

设计者：托马斯·史蒂文森和戴维·史蒂文森
塔型：圆形石塔 | 高度：44 米
照明方式：菲涅尔透镜

1873 桑德岛灯塔 (SAND ISLAND)
阿拉巴马州 | 美国

首席工程师：乔治·H. 埃利奥特少校（Major George H. Elliot）
塔型：圆形石塔 | 高度：40 米
照明方式：二级菲涅尔透镜

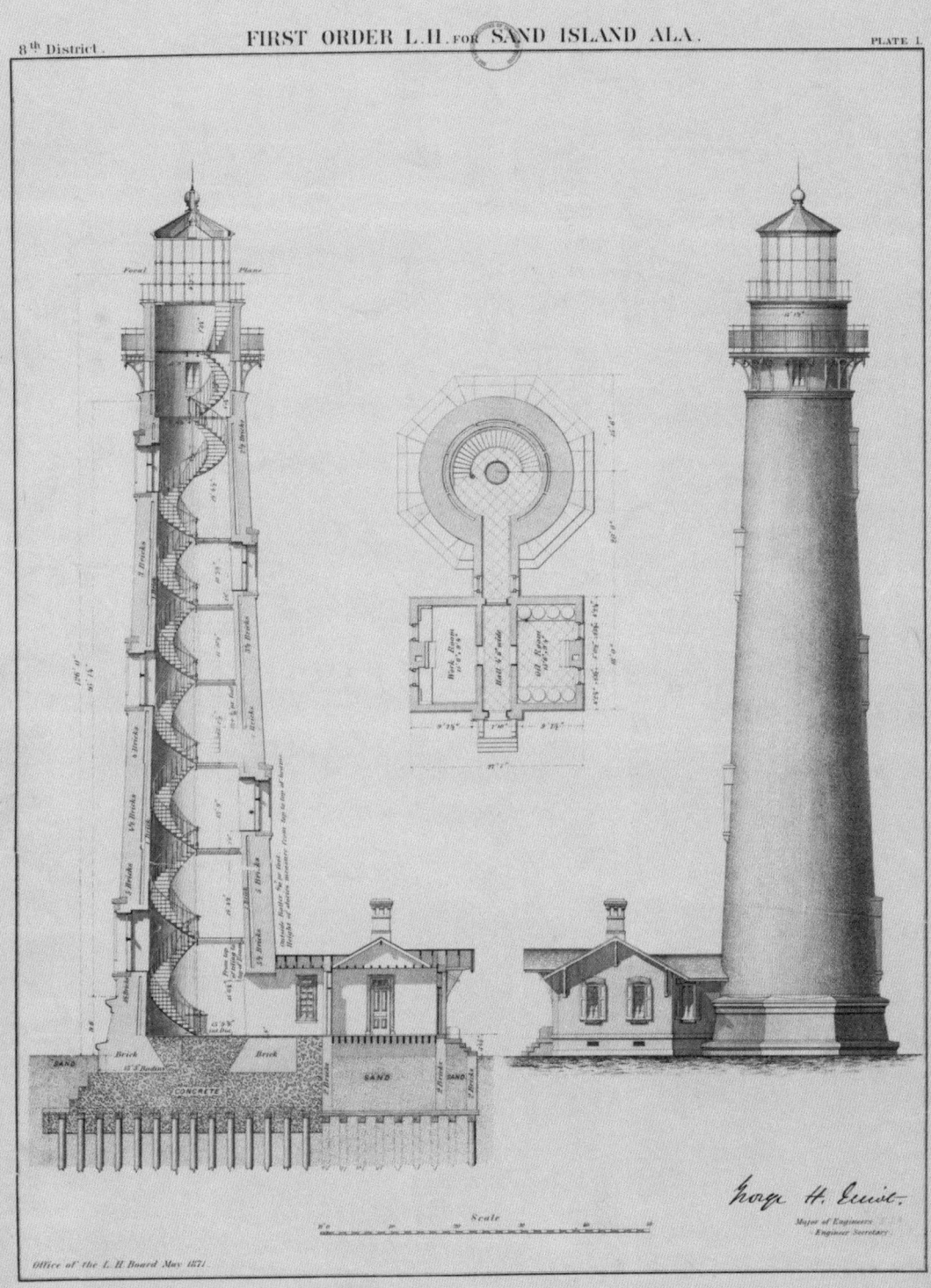

1873 年建成的这座灯塔是莫比尔湾（Mobile Bay）入口处的桑德岛上的第三座灯塔。第一座建于 1838 年，第二座是高 45 米、身材修长的砖塔，但只过了 5 年，就在 1863 年像许多南方的灯塔一样毁于南北战争。第三座灯塔建于 1871 至 1873 年，与它相连的守塔人住所也同时被建设。灯塔建成后不久就开始努力应对侵蚀问题。到 1900 年，由于岛屿面积在减小，看起来已经不大可能挽救这座灯塔，但是坚持不懈的海防建设让它站着进入了 21 世纪。

1873 西南航道灯塔（SOUTHWEST PASS）
路易斯安那州 | 美国

设计者：威廉·F. 史密斯
塔型：铁骨架 | 高度：39米
照明方式：四级菲涅尔透镜

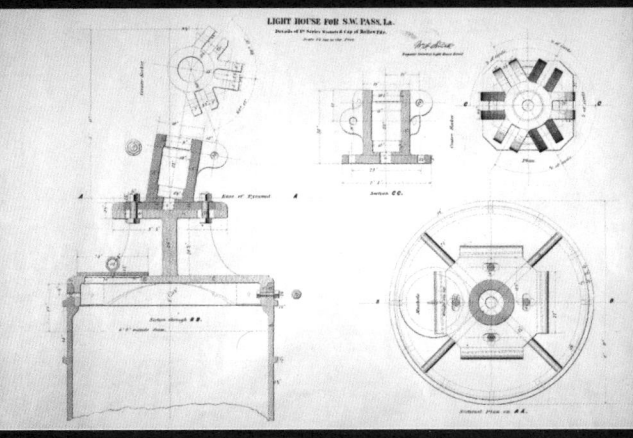
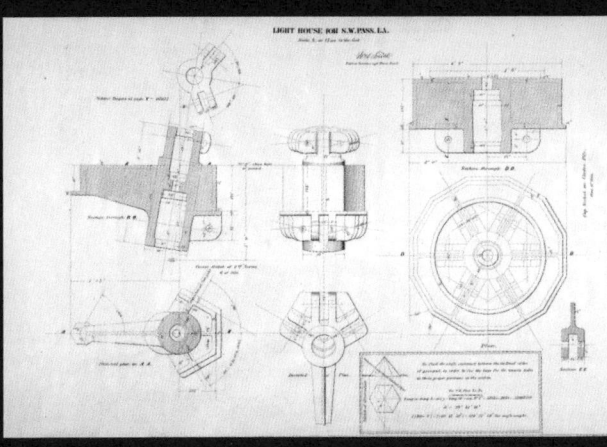
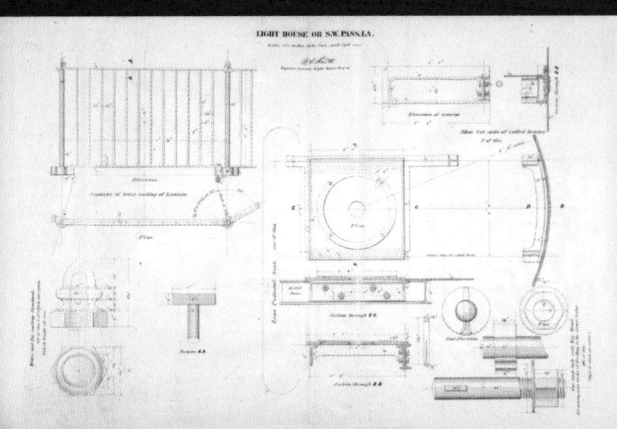
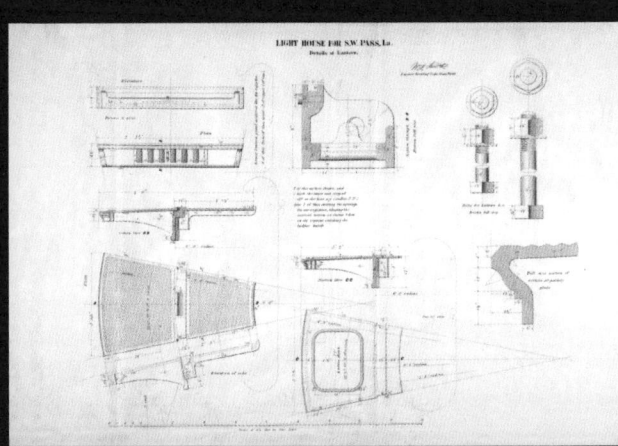
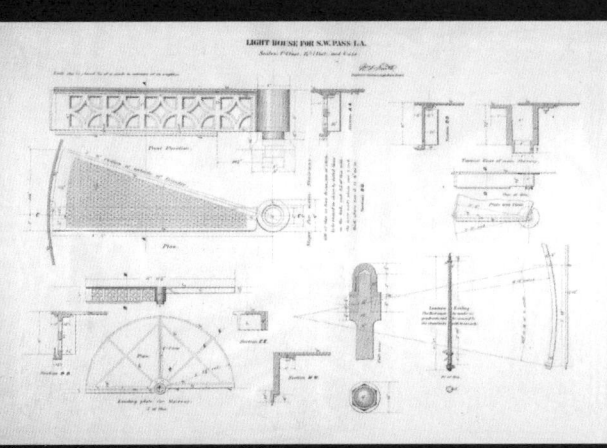
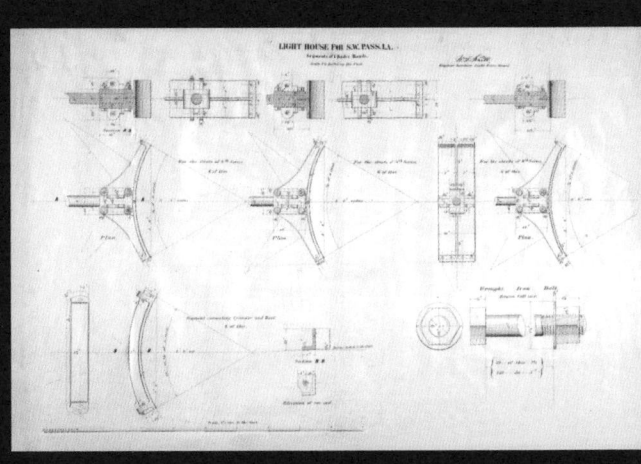
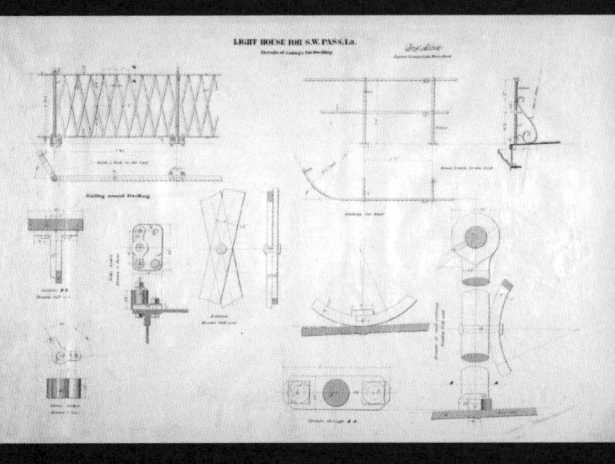
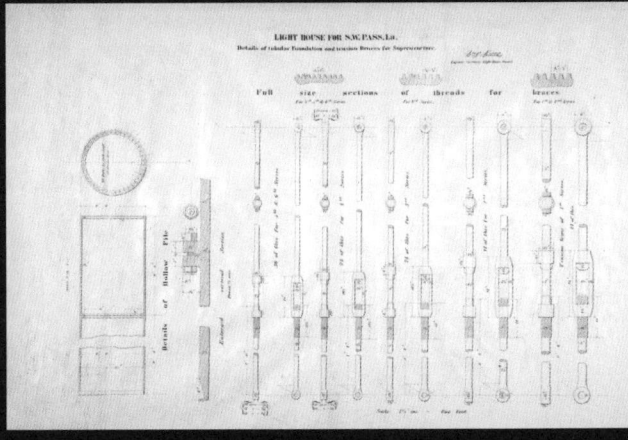

西南航道是从密西西比河进入墨西哥湾的主要航道。那里的灯塔建造者克服了巨大的困难才在泥泞的地面打下灯塔的基础。第一座砖塔建于1832年，不久后倒塌；它的后任建于1839年，后来发生了令人惊慌的倾斜。1869年，这里动工建一座铁骨架灯塔，塔上有平台安置守塔人的宿舍，底下由深入密西西比河河底淤泥的铁桩支撑。铁塔在俄亥俄州建成后，于1872年运至工地，并于次年首次点亮。这座塔一直服役到20世纪50年代，至今依然屹立在那里。

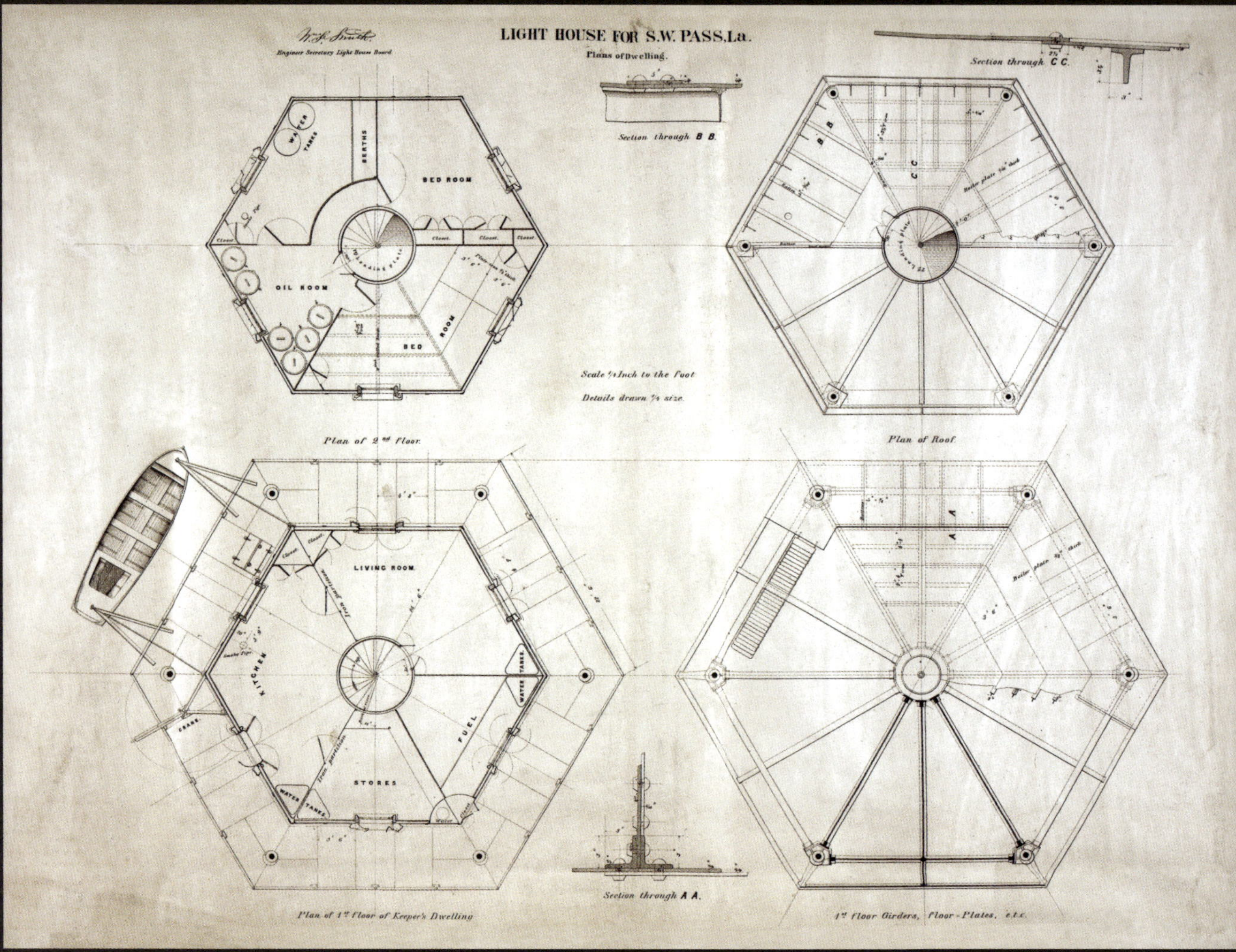

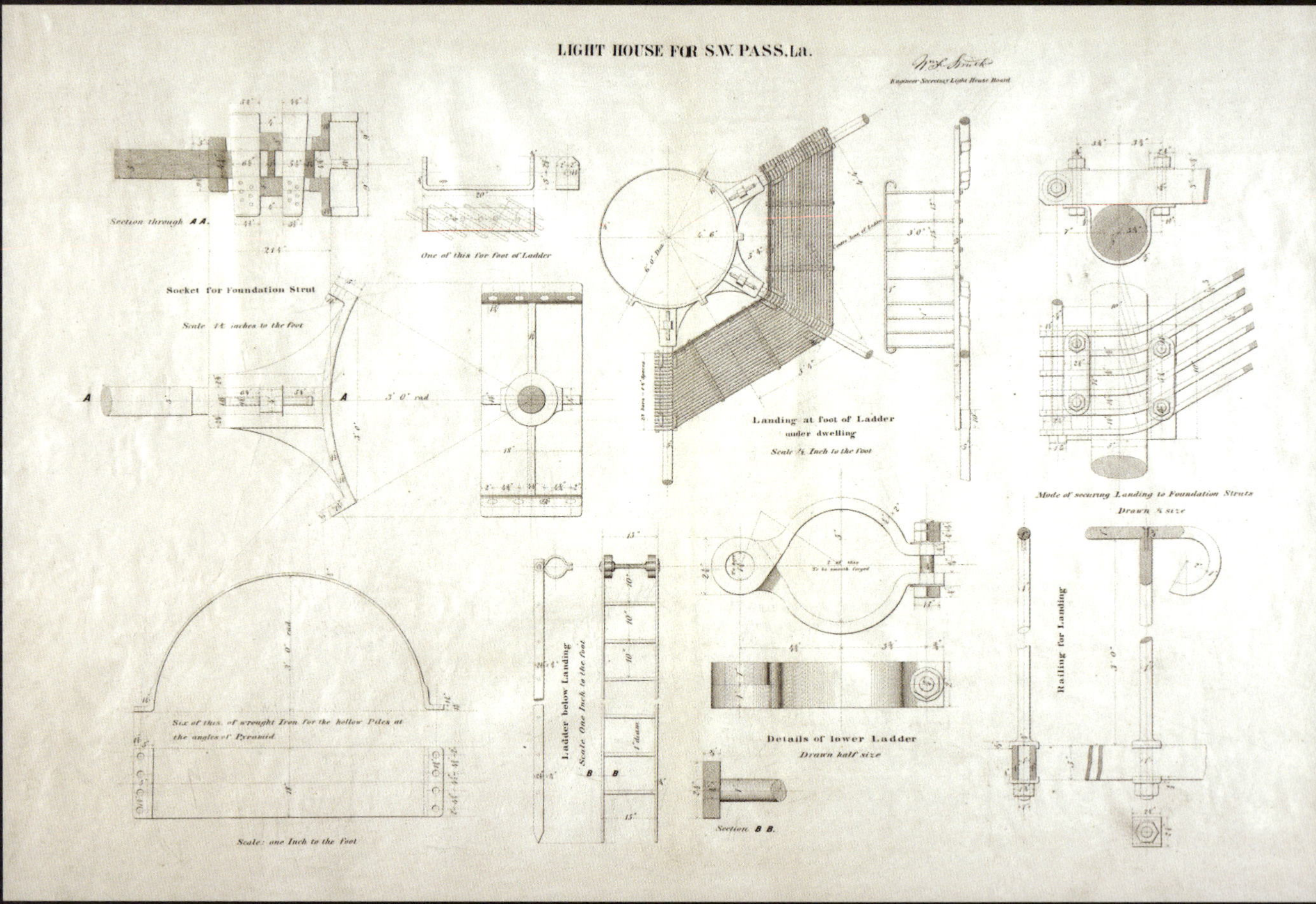

西南航道灯塔的设计中有一个六面平台，上面是守塔人住的木屋，六边形的阳台环绕灯室。灯塔中央穿过平台直通灯室的垂直铁柱内设有螺旋楼梯。

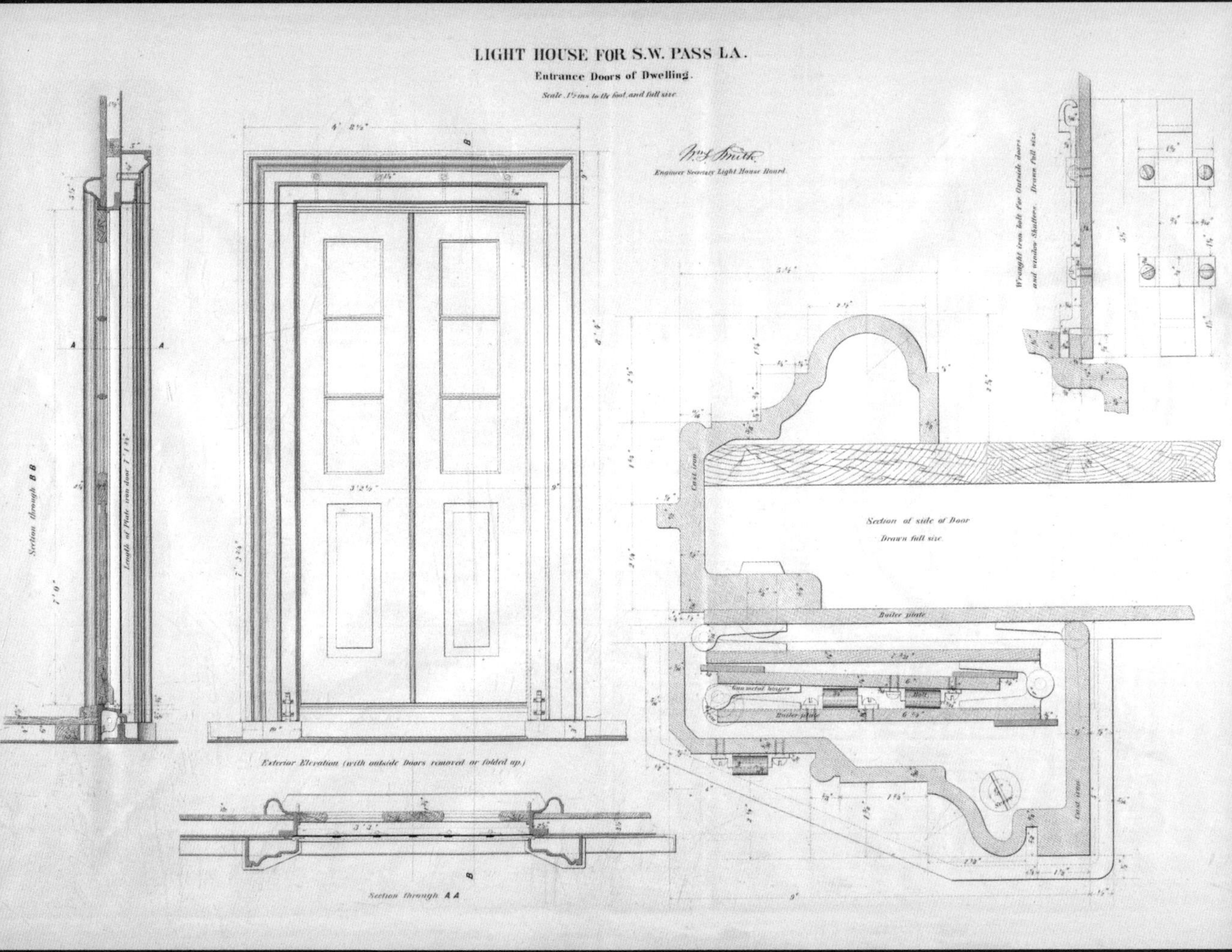

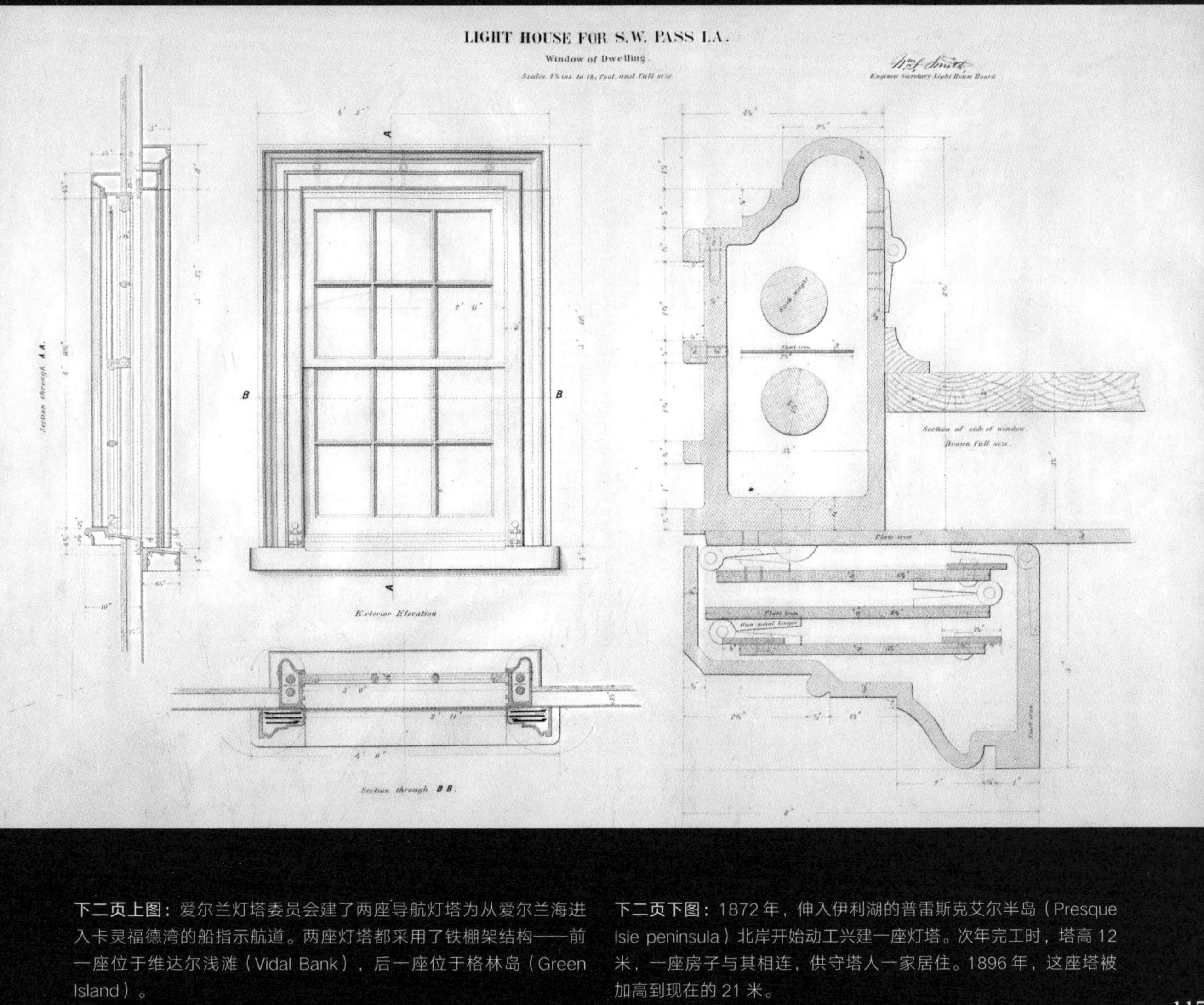

下二页上图：爱尔兰灯塔委员会建了两座导航灯塔为从爱尔兰海进入卡灵福德湾的船指示航道。两座灯塔都采用了铁棚架结构——前一座位于维达尔浅滩（Vidal Bank），后一座位于格林岛（Green Island）。

下二页下图：1872 年，伸入伊利湖的普雷斯克艾尔半岛（Presque Isle peninsula）北岸开始动工兴建一座灯塔。次年完工时，塔高 12 米，一座房子与其相连，供守塔人一家居住。1896 年，这座塔被加高到现在的 21 米。

1873 卡灵福德湾灯塔
北爱尔兰

设计者：未知 ｜ 塔型：铁骨架
高度：前灯塔 8 米，后灯塔 14 米
照明方式：油灯

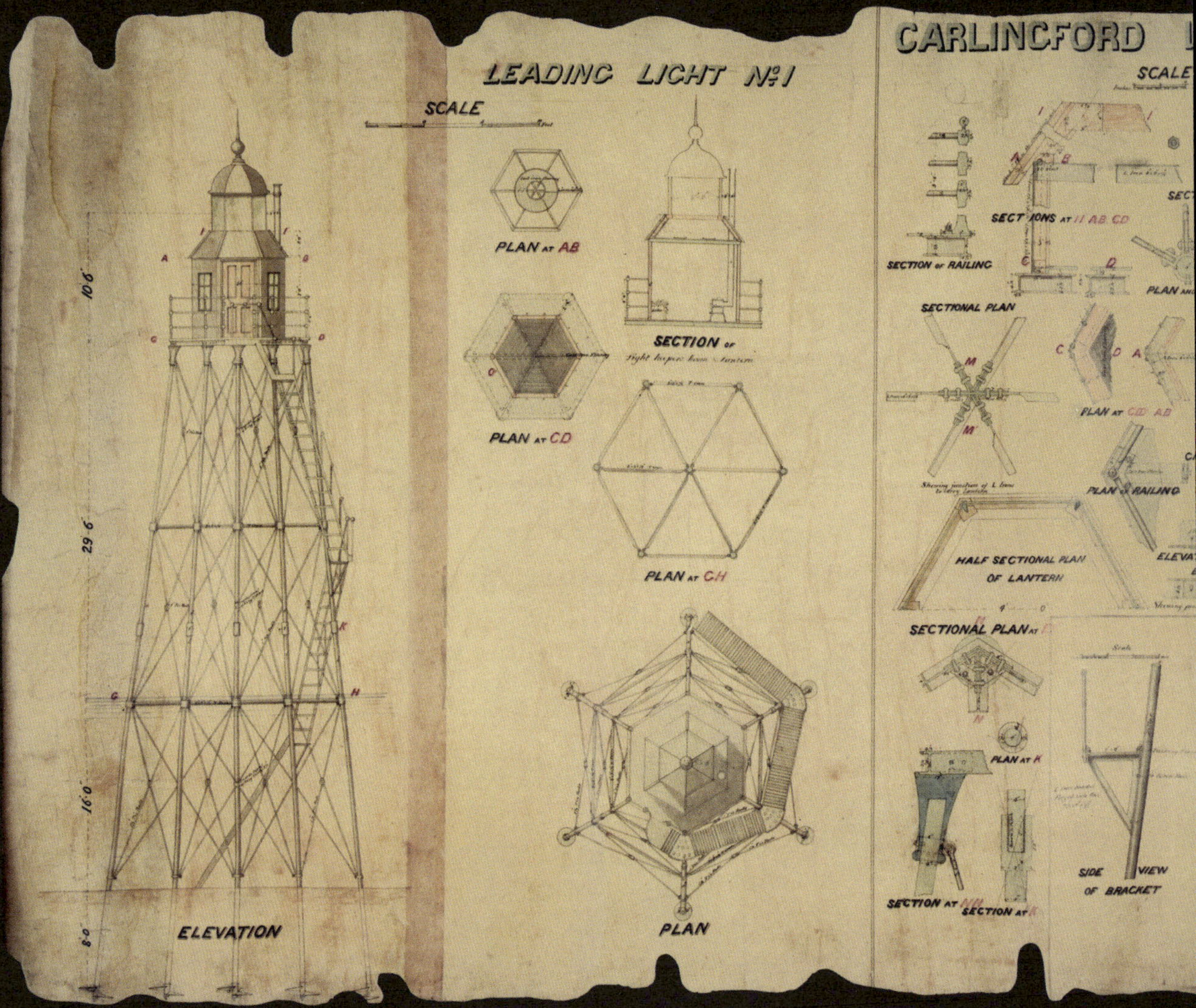

1873 普雷斯克艾尔灯塔
宾夕法尼亚州 | 美国

设计师：未知 | 塔型：方形砖塔
起始高度：12 米
照明方式：四级菲涅尔透镜

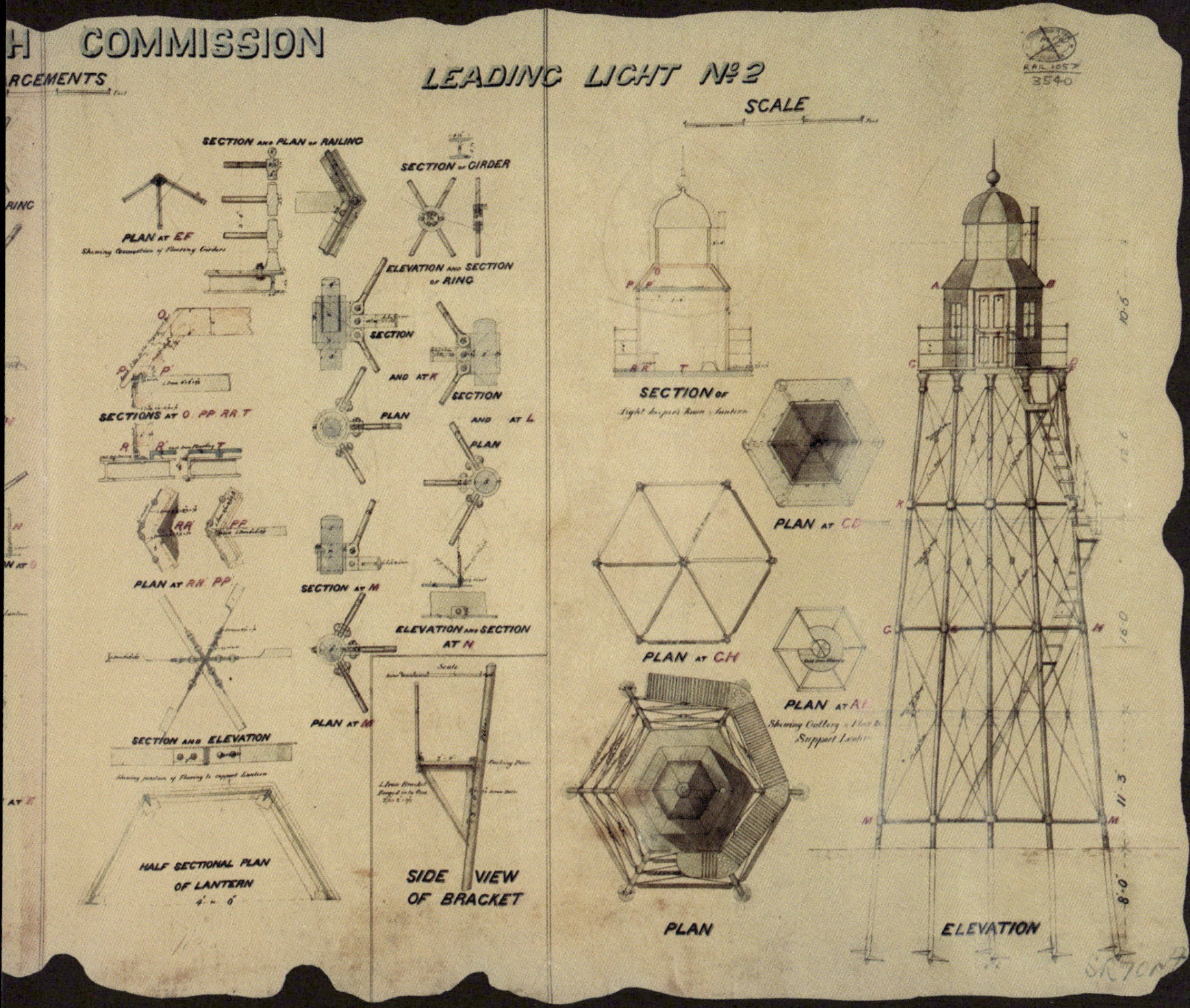

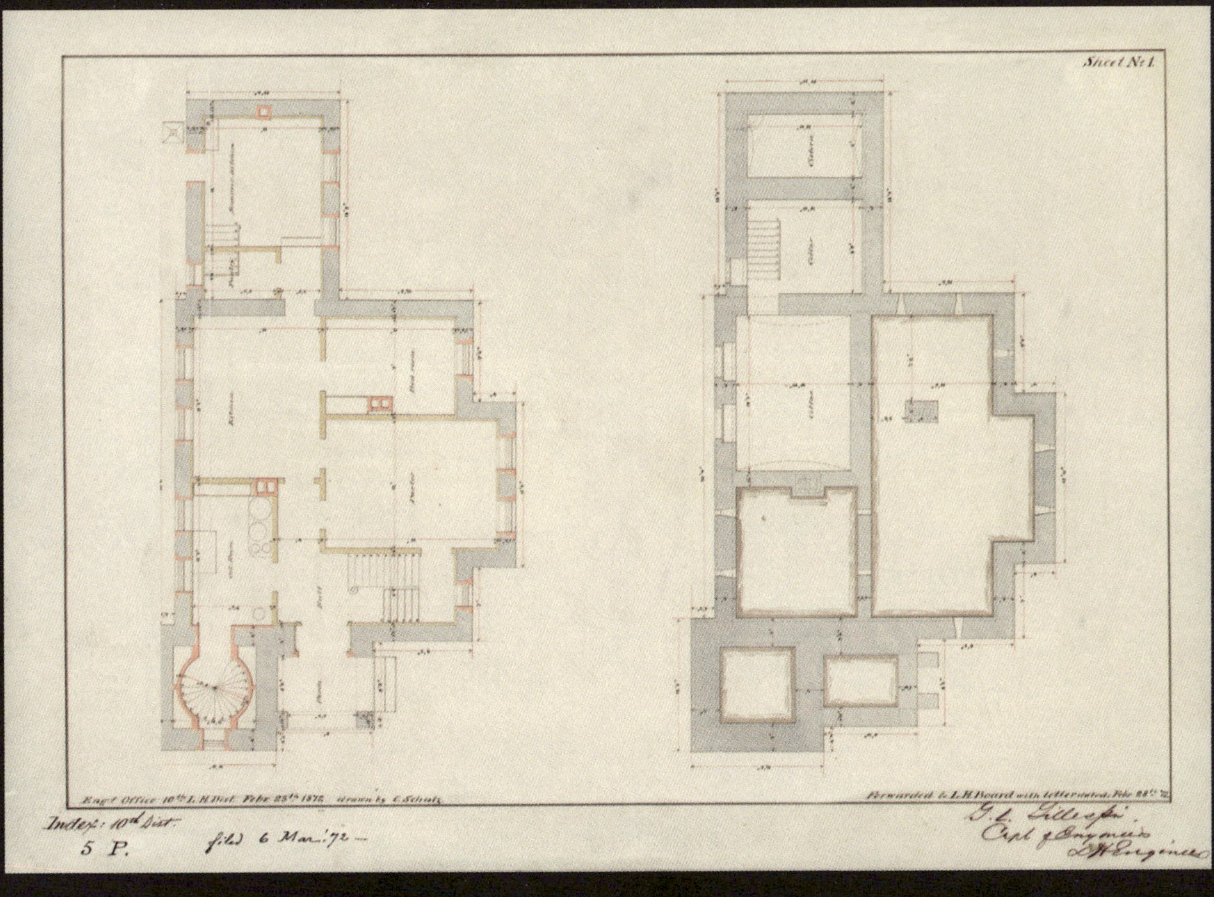

第四章

光明的守护者

守塔人的辉煌与不幸

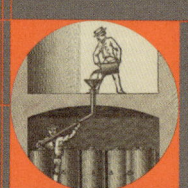

KEEPERS OF THE LIGHT

SPLENDOURS AND MISERIES OF THE LIGHTHOUSE CREWS

1.

本章首页插图说明

左上图：一个人正被卷扬机吊拉到兰兹角的沃尔夫礁灯塔塔下。当时海上风浪正大，小船上的人要登上沃尔夫礁，只能如此。
右上图：贝尔灯塔的灯室阳台上，一个人正向远处眺望。
中左图：两个守塔人正在怀特岛最南端的圣凯瑟琳灯塔上给油桶加油。
中图：一幅19世纪的插画中，一个守塔人站在灯塔的阳台上，正要抓被灯光吸引来的海鸟。
中右图：莱姆岩灯塔守护人艾达·刘易斯出现在1869年发行的一套题献给她、名为《救援》的波尔卡玛祖卡活页乐谱封面上。
左下图：一个守塔人站在斯科瑞沃尔灯塔的入口处，看着正靠近的补给船。
右下图：一个守塔人站在温斯坦利的第二座埃迪斯通灯塔顶向外延伸的平台上升旗。这旗子是用来发信号的。

图1：一个守塔人正沿着爱沙尼亚的克普灯塔内的119级台阶往上走。

　　灯塔守护人是维多利亚时代的英雄，人们歌颂他们为人道主义事业做出的谦卑、尽责的奉献，赞美他们如隐士般简单、孤独的人生。处处顾及礼节的城里人厌倦了复杂的都市生活，幻想着守塔人要在风浪中度过一个个不眠之夜，只有当海鸟撞上灯室的玻璃，或者偶尔有海难突如其来需要他们救助船员的时候，他们对自然的沉思冥想才会被打断。但是，这种动人的画面却与现实中艰苦、单调的生活方式相去甚远。身为苏格兰著名的灯塔工程师世家的"不肖子"，罗伯特·路易斯·史蒂文森比维多利亚时代的其他诗人更了解守塔人的实际生活。他拒绝那个时代带着感情美化事物的风气，在《守塔人》（The Light Keeper, 1870）这首诗中，他描述了一个男人"放弃了生活中的所有愉悦／只求有一事谋生／……就这么冷漠地枯坐／甘受这份薪水的折磨"[1]。史蒂文森对守塔人这份职业看得真切：稳定但很辛苦，世道艰难时，这就是让人紧抓不放手的可靠收入来源。

　　在灯塔的早期年代，雇用守塔人是再随意不过的事情了。1636年，苏格兰的无人岛——梅岛上建成一座永久性灯塔，一个名为乔治·安德森（George Anderson）的男人受雇维护灯塔的煤火，年薪7英镑，外加大范围的捕鱼权。安德森显然对捕鱼看得很重，结果灯塔经常不亮。这种随意对待照明的行为显然严重危害了航行安全。后来，守护灯塔的工作不可避免地成了一个有严格规定的职业。两个世纪后，史蒂文森家族编撰的《北方灯塔守塔人操作规程》（Instructions for the Lightkeepers of the Northern Lighthouses）开篇就是一道绝对指令："每个晚上，从日落到日出这段时间内，灯塔必须保持灯火长明……"[2] 守塔人的整套生活方式就围绕着这条简单的指令建立起来了。

　　自律和有条理是一名优秀守塔人必备的品质，因此，当时倾向于认为守塔工作适合有军事背景或曾在海军服役的男人。

1　埃莉诺·德·怀尔（Elinor De Wire），《灯塔卫士：美国守塔人故事集》（Guardians of the Lights: Stories of U.S. Lighthouse Keepers），佛罗里达：菠萝出版社（Florida: Pineapple Press），1995年，第32页。
2　艾伦·史蒂文森，《灯塔历史、建造过程和照明技术概论》，附录：北方灯塔守塔人操作规程。

在法国19世纪高度组织化且官僚主义盛行的灯塔管理部门中，当过水手的人或者从战场上回来的老兵占据了守塔人队伍的大部分。在美国，乔舒亚·斯特劳特（Joshua Strout）或许会被认为是"典型的"守塔人，他从1869年起负责管理缅因州的波特兰角灯塔（1791），在这之前，他刚刚因为从桅杆上摔下，受了重伤，不得不从远洋商船船长的位子上退休。但是，在美国要选拔守塔人还要看许多因素，包括政治背景。直到19世纪80年代，守塔人的工作仍然是影响广泛的美国政治互惠体系的一个组成部分。在这个体系下，主管部门发生人事变动后，有能力的雇员可能被赶走，为的是给不合适但与当权者联系更紧密的人腾出职位。在英国，选拔的重点是品格。罗伯特·史蒂文森在1810年建成贝尔灯塔时，亲自选了两个守塔人：一个是前海军水兵，"拥有最严格的职责意识和作息规律"；另一个"拥有人们所能想象到的最会知足常乐的性格"[1]。这个选拔结果可谓思路清晰，眼光敏锐：在礁石灯塔上，无组织纪律和性格悲观的人都坚持不下去。

绝大多数守塔人都是男性。对于旁边有足够空间安排住所的岸边或小岛上的灯塔，通常认为守塔人可以在妻子和孩子的帮助下履行自己的职责。在守塔人不在岗时，他的妻子可以担起守护灯塔的责任，就好比农场主不在时，他的妻子可以代为管理农场。家庭成员可以得到官方的认可，视同守塔人的助手发放薪水。虽然守塔人原则上并非可继承的职位，但是在第一任守塔人去世或退休时，经常允许他的一个家庭成员接任这个职位。1904年，斯特劳特在守护了波特兰角灯塔35年后退休，他的儿子约瑟夫——当时已经是他的助手——就接了他的班。

守护灯塔还成为一些家族代代相传的传统。因此，在美国，从19世纪60年代到20世纪30年代，一直是加里蒂家族（Garrity family）的人守护着休伦湖上的各式灯塔；在英国，南福尔兰角灯塔以及那里的其他灯塔一直由著名的诺特家族（Knott family）的子弟守护，从1730年威廉·诺特（William Knott）上任直到他的玄孙亨利·托马斯·诺特（Henry Thomas Knott）

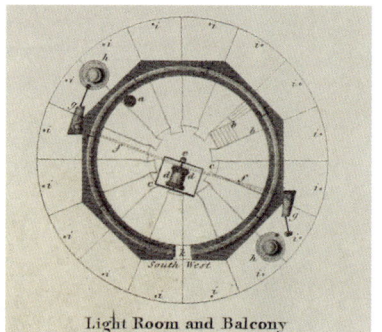

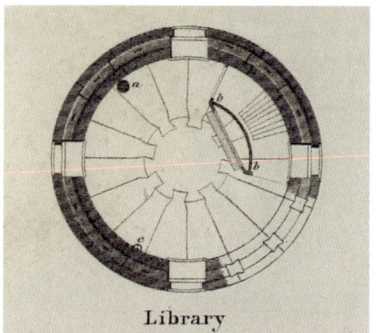

Library

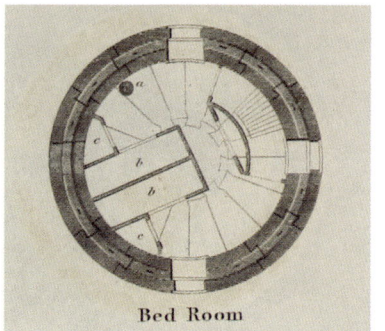

Bed Room

---

[1] 贝拉·巴瑟斯特，《灯塔世家史蒂文森》，第97页。

图2：在贝尔灯塔的灯室内，灯架连接着环绕其的走道，方便照料灯芯。

图3：贝尔灯塔的灯室及其距塔基30米高的外阳台。

图4：灯室正下方的图书馆既藏书也接待游客。

图5：守塔人的卧室中有两张并排的架子床。

图6：第三层的厨房有一个煤火炉和一个抽水的水泵。

图7：油料储存在第二层。

图8：储藏间存放水箱和其他生活物资。

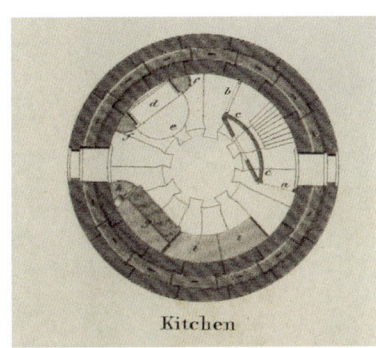
6. Kitchen

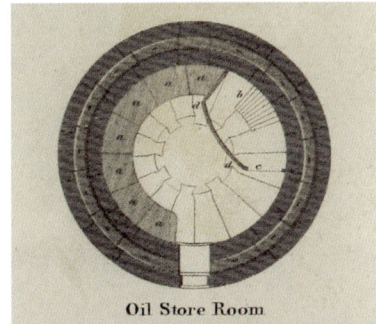
7. Oil Store Room

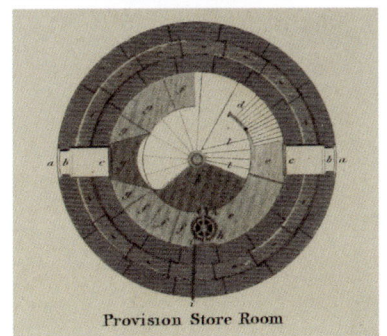
8. Provision Store Room

1908年退休。正是通过家庭成员的继承才使得美国有一部分灯塔是由妇女守护。据估计，截至1850年代，大约有30名寡妇接替死去的丈夫，成为灯塔守护人。这样的传统一直延续到20世纪。例如，玛格丽特·诺维尔（Margaret Norvell）就接替亡夫成为路易斯安那州的一位守塔人，并且直到1932年退休前一直在任。

家庭式守护模式不适用于建在荒凉的小块礁石上的灯塔，或者直接从海底建起的灯塔。这些与世隔绝的灯塔成了男人独占的领地，在美国被称为"男人塔"（Stag lights）。原则上，两人轮班就能让这样的灯塔正常运行，但它们通常自始至终都有三个人共同值守。当时流传着一个富有戏剧性的故事支持这种人员配备。显然，早些时候的英国礁石灯塔上只有两名守塔人。不论是在普利茅斯的史密顿所建的埃迪斯通灯塔，还是在威尔士的斯莫尔斯灯塔，亦或是兰兹角的朗希普斯灯塔（Longships lighthouse），都流传着大致相同的故事：持续一段时间的风暴切断了灯塔与陆地的联系，其间一名守塔人身亡，而另一名守塔人却并没有将同伴的尸体扔到海里，因为他害怕被指控谋杀。四周之后，风暴平息，救援抵达，却发现这位不幸的守塔人已经半疯，尸体腐烂散发的臭味也已将灯塔熏得无法住人。即使没有这么夸张的事件，要让灯塔在有人生病或死亡的情况下仍然得到始终如一的维护，那显然就需要第三名守塔人。既然需要有第三名守塔人常年在岗，那就意味着每座礁石灯塔都需要一个四人团队来维护，因为必须让守塔人可以轮流上岸休假。连续两个月左右幽闭在大海上的一座塔内被认为是人类心理能够承受的极限。

海上灯塔的居住条件是清苦的。一般地，塔内有三间房，厨房、起居室和卧室各一间，每间占据一个楼层，一起被夹在下层的储藏室和上层的值班室与灯室中间。所有的房间都是圆形的，直径约3.6米，承重管从中央穿过。于是，守塔人的床铺不得不做成弧形以贴合卧室墙壁的形状。整个灯塔内部都很黑，因为塔壁极厚，仅有的几面窗户也都很小。这个幽闭空间的唯一出路是向上走，直到灯室外的狭窄走廊——有恐高症的人则不适合来这里，因为它能超出海面30米多——或者在低潮和天气晴好时向下走，塔脚的礁石或者混凝土上或许能有一处立锥之地。从灯室望去，自然能看到壮美的海景，那些对海洋之美的热爱永无止境的守塔人对此是赞叹不已。与世隔绝似乎是这类灯塔最明显的特征。苏必利尔湖上的斯坦纳德礁灯塔（1883）与陆地的距离超过32千米，这就不难理解它为什么会被称作"世界上最孤独的地方"。但是，对许多值守过礁石灯塔的人来说，对他们影响最大的经历是那种迫不得已与搭档朝夕相处的生活，而共用封闭的狭小空间必然加剧了任何个人间的紧张关系。

  陆上守塔人的生活与乡间或沿海许多居民的生活并没有很大的差异，特别是当灯塔靠近村庄或港口时，更是如此。这种情况下，守塔人和他的家庭往往还能钓点鱼、种点田、养点鸡、养头牛或猪，让自己吃得好一点。但是，放假是遥遥无期的，一周七天不间断地例行照看灯塔，常年如此，小岛上的守塔人家庭还会多一项困难：他们与外界的联系只能靠暗藏危险的大海。他们依靠小船补给食物和燃料；去看医生、见牧师、上学也得靠船。天气一不好，他们与文明世界的联系就会被切断，一次可能长达数周。但是，至少不用像"男人塔"的守塔人，他们一般都可以在塔外钓鱼或者种植花木。这里还可以让小孩子去塔外玩，只要用绳子系在他们身上防止掉到海里就行。

  就许多海上灯塔而言，单单是要登上那块礁石就已经很困难了。这样看来，这些灯塔动辄长时间与外界失去联系，并且守塔人即使早就过了原定两个月的值班期也可能无从换班，就并不奇怪了。戴维·史蒂文森就有多次这样的经历。对此，他曾小心翼翼地做了如下保守的描述："在浪花四溅中登上被潮水漫过的礁石，或是被礁石包围的海岸，这个过程……不会是这份工作中最轻松的任务。"[1] 除非是完全的风平浪静，否则守塔人可能一路晕船，抵达灯塔时已经站都站不稳。但这时，他们必须站在上下颠簸的船头，并且等它颠到最高点，一跃而上，结果是手忙脚乱地落在礁石上，往往还有好一阵痛。或者，当时还可能用到一种并不牢靠的卷扬机系统，让守塔人坐在升降椅上，再用线缆把他们从船上悬空拉到灯塔的塔底。从礁石上

---

1 戴维·史蒂文森，《灯塔》（*Lighthouses*），爱丁堡：亚当与查尔斯·布莱克出版社（Edinburgh: Adam and Charles Black），1864年，第110页。

图9：贝尔灯塔的剖面图显示了物资是如何从塔外的梯子运上来的。

图10：显示守塔人宿舍的苏格兰因奇基斯灯塔（Inchkeith lighthouse，1804）的平面图。

图11：一个离开灯塔的守塔人正被卷扬机摇摇晃晃地放到海面的一艘小船上。

9.

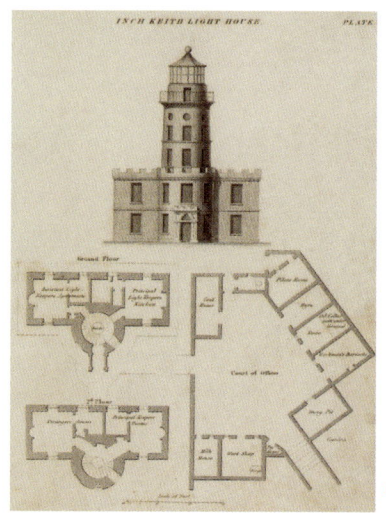

10.

11.

125

的塔基再往上，他们还要爬上由嵌入塔壁的铁脚蹬组成的差不多 9 米高的垂直铁梯，然后才到达一扇沉重的金属门把守的灯塔入口。所以，身体差或者胆子小的人都不适合从事值守海上灯塔的工作。

各国的守塔人守则普遍规定，守塔人最重要的职责就是按部就班处理好日常事务，其中对保洁的要求最高。例如，苏格兰规定守塔人每天都必须"擦拭或者清洗反射镜或折射镜，直到它们达到恰当的光亮状态……彻底清洁照明灯，仔细地给灯架除尘……清洁灯室的玻璃窗、玻璃灯罩、各种铜件和器皿、墙壁、地板、灯室的阳台，以及各种相关仪器和器械；同时清扫从灯室到油库的楼梯、通道、门窗"[1]。因此，曾有一位美国守塔人将"铜件"称为"守塔人的生活之痛"[2]，也就不足为奇了。这些规则由令人畏惧的巡视员负责强制执行。他们会搞突击检查，并遍查灯塔中的每一个角落，一点灰尘或一个指印都不会放过，甚至会以解职来威胁床铺凌乱或衣冠不整的守塔人（苏格兰的守塔人守则要求他们"个人面容衣冠整洁，家庭上下井然有序"）。巡视员还会仔细记录燃料和其他物资的库存量，确认没有发生浪费或监守自盗的情况，并核查值班日志是否按顺序记录。守塔人要坚持记录详细的值班日志，这项职责是参照海军的做法规定下来的。他必须记录气压计、温度计、雨量计的读数，风向和风力强度，任何一艘过往船只的身份信息。有时候，守塔人还会扩充日志的内容，在里面记下对大自然的观察、日常生活中的琐事或普通的哲学反思。

"照料塔灯"的常规程序会因光源和照明技术的不同而有所变化。油灯要小心照看，灯芯要修剪齐整，使之均匀燃烧，灯油也要定时添加；而让活动塔灯转动起来的齿轮发条装置必须按固定间隔上发条，通常是每隔四个小时上一次发条。能见度低的时候，守塔人的精力耗费往往也最大，这时会要求他们定时敲响雾钟，发射雾炮或拉响雾笛。原则上，当班的守塔人

12.

13.

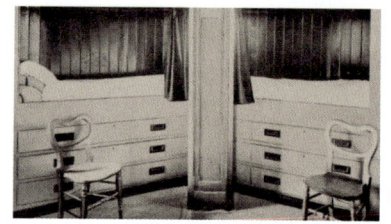

14.

图 12：20 世纪初的灯塔储油室内的一位守塔人的照片。

图 13：1900 年左右的一座灯塔内的厨房兼起居室。

图 14：1900 年左右的供两名守塔人休息的紧凑型卧室。

图 15：20 世纪 30 年代清洗一座法国灯塔的灯室窗户的情景。

图 16：1946 年，一个守塔人正给电灯装新灯泡。

图 17：20 世纪 30 年代，一个正在休息的法国守塔人。

---

1 艾伦·史蒂文森，《灯塔历史、建造过程和照明技术概论》，附录。
2 雷·琼斯（Ray Jones），《灯塔百科全书：最权威的参考书》（*The Lighthouse Encyclopedia: The Definitive Reference*），康涅狄格：格洛布皮阔特出版社（Connecticut: Globe Pequot Press），2013 年，第 41 页。

15.

16.

17.

要确保在夜间的任何时候都不会出现灯室无人的状况。正是在这些孤独的不眠之夜，他们坚守在玻璃窗环绕的塔顶灯室，任凭耳边回荡着海风的吼叫和塔下深处海浪的咆哮，才有了那个注视大海的孤独哨兵的浪漫形象。

除了坚持记日志，守塔人还被要求逐一记录从灯塔观察到的任何一起海难，还要详细记下海难是如何发生的。灯塔史上富有戏剧性的事件大多来自海难——当然，这里颇具讽刺意味，因为灯塔本来是为避免海难而建。全球海岸线上有几处恶名远扬的航行险地，而孤独地驻守在这些地方的守塔人可能最先抵达海难现场，并尝试帮助沉船上的海员和乘客死里逃生。这种人道主义行为满足了维多利亚时代对感情丰富、情节曲折的戏剧和自我牺牲的理想主义的偏好。虽然守塔人自己似乎对这种救援行为的看法是偏向于实际的——在他们看来，这些"都是平时的工作"，但是公众的热情被守塔人的英雄主义事迹点燃了，其中一些成了那个时代最常被反复诉说的故事。

格蕾丝·达林是长石灯塔守塔人的女儿。长石灯塔位于英格兰东北部诺森伯兰郡海域礁石林立的法恩群岛上，1826年建成取代相邻的布朗斯曼岛（Brownsman Island）上已老化的煤火灯塔。守护布朗斯曼灯塔的威廉·达林（William Darling）与全家人一道转而守护长石灯塔，11岁的格蕾丝也是其中一员。在人们的印象中，格蕾丝一直是个文静细心的女孩，在她哥哥离开后，她就成了父亲最得力的助手。1838年9月的一个风雨大作的夜晚，搭载60多名乘客和船员的"福弗尔郡"号（Forfarshire）桨轮蒸汽船发动机丧失动力，整艘船被海浪推着撞上距长石灯塔约1.6千米的比格哈卡礁（Big Harcar Rock）。船上的大多数人在船撞上礁石断裂后被海浪冲走，但是破晓时，还剩几个被吓坏的人死死抓着礁石和船只的残骸，等待救援。格蕾丝第一个听到了他们凄惨的呼救声，她不顾狂暴的风浪，催促父亲与她一同驾上灯塔的那艘单薄的平底船出海救人。险象环生中，父女俩吃力地向沉船点划去。经过两趟来回，共有9位幸存者被安全地带回了灯塔。维多利亚时代的民众得知小女孩在这场救援行动中的英勇表现后，都被深深感动。灯塔被争相前来为格蕾丝画像的艺术家包围，兴奋的短程游客也蜂拥而至，只求看一眼现场。维多利亚女王向以格蕾丝为受益人的基金捐了 50 英镑。诺森伯兰公爵（Duke of Northumberland）自封为她的保护人。突然间声名远扬让达林一家并不适应，他们仍然尽最大的努力做好每天的工作。格蕾丝的父亲认为成名带来的压力也是女儿健康恶化的原因之一。1842 年，格蕾丝死于结核病，年仅 26 岁。英国最著名的诗人威廉·华兹华斯（William Wordsworth）曾为纪念她写下饱含深情的诗句，赞美她是"一位生性温柔的少女，但在职责的召唤下，却又如此坚定、果敢……"[1]

18.

19.

美国也发现了自己的灯塔女英雄。她就是罗得岛纽波特港（Newport）的艾达沃利·佐拉达·刘易斯（Idawalley Zorada Lewis）。艾达是纽波特港的莱姆岩（Lime Rock light）灯塔守护人的女儿。她的父亲霍齐亚·刘易斯（Hosea Lewis）是一位退休的船长。莱姆岩灯塔（1854）是一座相对平淡无奇的港口灯塔，不曾遇到沉船事故，但是那里的冰冷海水暗藏危险，足以酝酿出英雄事迹。早在 1854 年，艾达刚满 12 岁时，就曾划着船救出 4 个在港口遇险的人。据说，她此后还在漫长的守塔生涯中救过不下 14 个人。1869 年 3 月，一场暴风雪掀翻了两名士兵的小船，救下他们的正是艾达，也正是这次救援让她真正闻名全国。在媒体的赞誉中，她不断地收到奖牌和结婚的请求；尤利塞斯·格兰特总统[2] 接见了她；妇女参政主义者苏珊·安东尼（Susan B. Anthony）引用她的事迹作为妇女能力的典范；还有成百上千好奇的游客来这儿度假，就为见识一下"美国最勇敢的女士"。艾达是个很害羞的人，并不喜欢受人关注。她就专心在灯塔工作，并于 1879 年父母双双去世后成为一名正式的守塔人。她一直坚守在这个岗位上，直到 1911 年离开人世。

20.

当然，发生大型海难时，守塔人通常也无能为力。例如，1856 年，"韦尔斯福德"号（Welsford）货轮在纽芬兰东南角新建的开普雷斯灯塔（Cape Race light）附近触礁。那里的守塔人和他的助手从一处悬崖放下绳索救起了 4 名船员，而另外 24 名则不幸遇难。1884 年，"丹尼尔·施泰因曼"号（Daniel

---

[1] 威廉·华兹华斯，《格蕾丝·达林》（*Grace Darling*），1843 年。
[2] President Ulysses Grant, 1822—1885, 美国第 18 任总统，任期从 1869 到 1877 年。——译者注

图 18：格蕾丝·达林划着船去救"福弗尔郡"号沉船的幸存者。

图 19：达林正在长石灯塔的厨房中安慰"福弗尔郡"号沉船的幸存者。

图 20：美国英雄艾达·刘易斯。

图 21：1884 年，"丹尼尔·施泰因曼"号蒸汽船在桑博罗岛灯塔附近海域失事。

图 22：1886 年，撞上了波特兰角灯塔旁边礁石的"安妮·C. 马圭尔"号帆船。

图 23："安妮·C. 马圭尔"号上获救的船员。

Steinmann）蒸汽船在桑博罗岛附近沉没。当时，北美大陆上服役最久的灯塔就在这座岛上，驻守着新斯科舍的哈利法克斯港的入口。船上共有130人，只有9人活着等到守塔人来救他们。1886年平安夜，守护缅因州波特兰角灯塔的斯特劳特一家有过一次更成功的救援记录。当时，英国的"安妮·C.马圭尔"号（Annie C. Maguire）三桅帆船在大雪中撞上了距灯塔仅30米的一块暗礁。守塔人乔舒亚·斯特劳特和儿子约瑟夫将一架梯子伸到船上，与此同时，他的妻子玛丽点燃了几块浸透煤油的毯子，为现场照明。很快，18名船员全部安全上岸，并在灯塔的一座附楼中享用了圣诞鸡肉馅饼。

斯特劳特一家对马圭尔号上的船员实施的人道主义救援，大概会遭到固执的苏格兰"史蒂文森灯塔世家"的强烈反对。戴维·史蒂文森曾在1864年写下的文字中直截了当地指出，"如果守塔人在发生沉船事件时都亲自去救人，那他们必然会在当时的天气状况下离开灯塔，而此时最重要的却是灯室必须有人在岗，而且有可能的话，守塔人应比平时更加勤勉、专注……"[1]这种观点或许极端，但在19世纪，海难救援组织——如1824年成立的英国皇家全国救生艇协会（Royal National Lifeboat Institution）和1878年成立的美国救生局（United States Life-Saving Service）——已经给出了或许更有效的沉船应对方案，却也是事实。不过，灯塔的守护者仍然有可能是最先到达现场的人。甚至到了1927年，加利福尼亚州境内以偏僻著称的雷斯角灯塔（1870）的守塔人弗雷德·克雷斯（Fred Kreth）还救起了3个渔民。当时，他们的渔船撞上了灯塔下的礁石，而克雷斯抓着绳子从悬崖上往下爬了一段，才把绳子扔到底下受困的渔民手上。海岸警卫队赶来施救时，这几个渔民已经安全到达灯塔内了。

不幸的是，守塔人自己有时也需要别人来救，而救援却并不总在近前。美国有史以来的第一位守塔人乔治·沃西莱克（George Worthylake），1716年奉命守护小布鲁斯特岛上的波士顿灯塔，1718年11月，他与妻子、女儿和另外三个人在坐船回灯塔途中遭遇船只失事，全部人员溺水身亡。当时年轻的本杰明·富兰克林发表了一首描述这场不幸的诗，其中写道："猛

21.

22.

23.

1　戴维·史蒂文森，《灯塔》，第116页。

地一下船头翘起,将乔治从安的怀中震脱,夫妇连同孩子一道,消失在冰冷的海浪中。"[1] 溺水最常发生在小船翻船后,在守塔人一生的随机职业风险排行榜中,它高居前列,同时上榜的还有高处跌落、燃料失火、操作雾炮时发生爆炸,甚至雷击。

在极少数情况下,暴风雨甚至会把灯塔从避难所变成死亡陷阱。1846 年 10 月 10 日,史上称之为"大哈瓦那飓风"(the Great Havana Hurricane)的一场无与伦比的猛烈风暴袭击了佛罗里达州的基韦斯特灯塔(Key West light,1825)。守护这座灯塔的是寡妇芭芭拉·马布里蒂(Barbara Mabrity)。随着风力逐渐加强,有人从基韦斯特镇逃到这座砖石灯塔的地下室避难,马布里蒂的几个孩子也挤在里面。她自己则在灯室照看塔灯。突然,整座塔开始摇晃,并发出不祥的嘎吱声。马布里蒂迅速尖叫着跑下螺旋楼梯,刚冲出大门,身后的砖塔就轰然倒塌。共有 14 人被埋在塔下丧生,其中就有她的几乎全部家人。相邻的沙礁灯塔(1827)则被这场风暴摧毁,6 人丧生。那个时代的人往往都对痛苦报以默默承受的态度,因此马布里蒂在基韦斯特灯塔重建后继续担任它的守护者,直到 1864 年 82 岁高龄时因同情南部邦联而被北部联邦当局解雇。

马萨诸塞州近海的迈诺特礁上的第一座灯塔在横遭厄运之前,就已经有人暗指灾难迟早来临。这座灯塔建成于 1850 年,它的试验性铁骨架结构被认为能够抵御海浪的冲击。首任守塔人仅仅十个月后就辞职了,他抱怨这座灯塔会在风暴中像醉汉般晃动。第二任守塔人是一位退役的英国水手,名叫约翰·贝内特(John Bennett)。他总是嘟囔这种结构显然不稳定,却并没有为此做点什么。1851 年 4 月,一场大风暴袭击了马萨诸塞州沿岸。贝内特当时正在岸上取货,走之前将灯塔托付给两位助手。半夜时分,人们听到狂风暴雨中传来拼命响起的雾钟声,这是两位助手在灯塔的废墟上徒劳地呼救。黎明时分,只有折断的铁桩和零落的碎片才显示出灯塔原先的位置。一个助手溺亡,另一个游到附近的一块礁石后死于低温。据说,他们的鬼魂一直骚扰着十年后在迈诺特礁上用石头重新建起的灯塔。

1　本杰明·富兰克林,《灯塔悲剧》(The Lighthouse Tragedy),见 www.newenglandlighthouses.net。

图 24:远在外赫布里底群岛的莫尔岛灯塔。

图 25:1900 年从莫尔岛灯塔神秘失踪的 3 个不幸的守塔人。

> 守塔人的生活总要与某种单调为伴；但是……这样的生活是对一项高尚、神圣事业的奉献。这样的生活有着……英雄般的质朴。
>
> ——W.H.D.亚当斯
> (W.H.D.ADAMS), 1870

灯塔史上最奇怪的灾难之一发生在莫尔岛灯塔（Eilean Mor light, 1899）。它位于苏格兰西北海域的外赫布里底群岛（Outer Hebrides）外圈角落的弗兰南群岛（Flannan Islands）内。莫尔岛非常小，住在岛上的除了成群的海鸟，就只有值守灯塔的人了。这里按常规配备了四名守塔人，任何时间都有三名人员在岗，第四名守塔人则轮流上岸休假一个月。1900年12月26日，补给船抵达这座小岛，带回了之前休假的守塔人。他发现灯塔已被遗弃。三名守塔人消失得无影无踪。灯塔日志中描述了三人在一场异常猛烈的风暴中受尽煎熬的痛苦情绪。日志最后一条的日期是12月15日，上面写着："风暴结束了，海面也平静了。上帝主宰一切。"

守塔人的心理压力也不应被夸大。有的守塔人可以从家里的楼梯往上一路走到与房子相连的灯塔的塔顶，将灯点亮后，还可以再下楼与妻子和儿女共进晚餐，显然，这样的守塔人是不会有多大压力的。礁石上的灯塔就完全是另外一种情况了，但是，许多人也在例行公事和远离尘嚣中找到一种朴实的满足。有的守塔人特别满足于在海天一片漆黑的半夜值班的经历，用戴维·史蒂文森的话说，"夜复一夜，他听着海浪的咆哮和暴风雨的怒吼，孤独地坚守在岗位上"[1]。守护礁石灯塔的人与海员有很多共同点：他们总是隔一段时间才能见到家人，长期生活在一个空间受限、不太舒服的地方，对食物和糟糕的卫生条件抱怨很多。大风暴来临时，守塔人会感受到一股几乎不可想象的暴力在猛击灯塔，这种经历会激起任何人内心深处的恐惧。当一个守塔人到了上岸休假的时间却由于持续的恶劣天气而无法离开时，他会变得越来越沮丧。在不适合这份工作的人看来，灯塔犹如监狱。一些守塔人开始酗酒；一些会擅离职守；还有一些守塔团队因内部长期不和，只好解散重组。但是，大多数守塔人在这个岗位上足够心满意足地工作了许多年。他们与同事建立了友谊，也为自己在这个重要岗位上恪尽职守而感到些许骄傲和满足。

1　戴维·史蒂文森，《灯塔》，第114页。

1873 大贝西斯灯塔(GREAT BASSES)
贝西斯礁(BASSES REEF) | 斯里兰卡

设计者：詹姆斯·道格拉斯
塔型：圆形石塔，圆柱体底座 | 高度：37米
照明方式：钱斯兄弟公司出品的一级折光系统

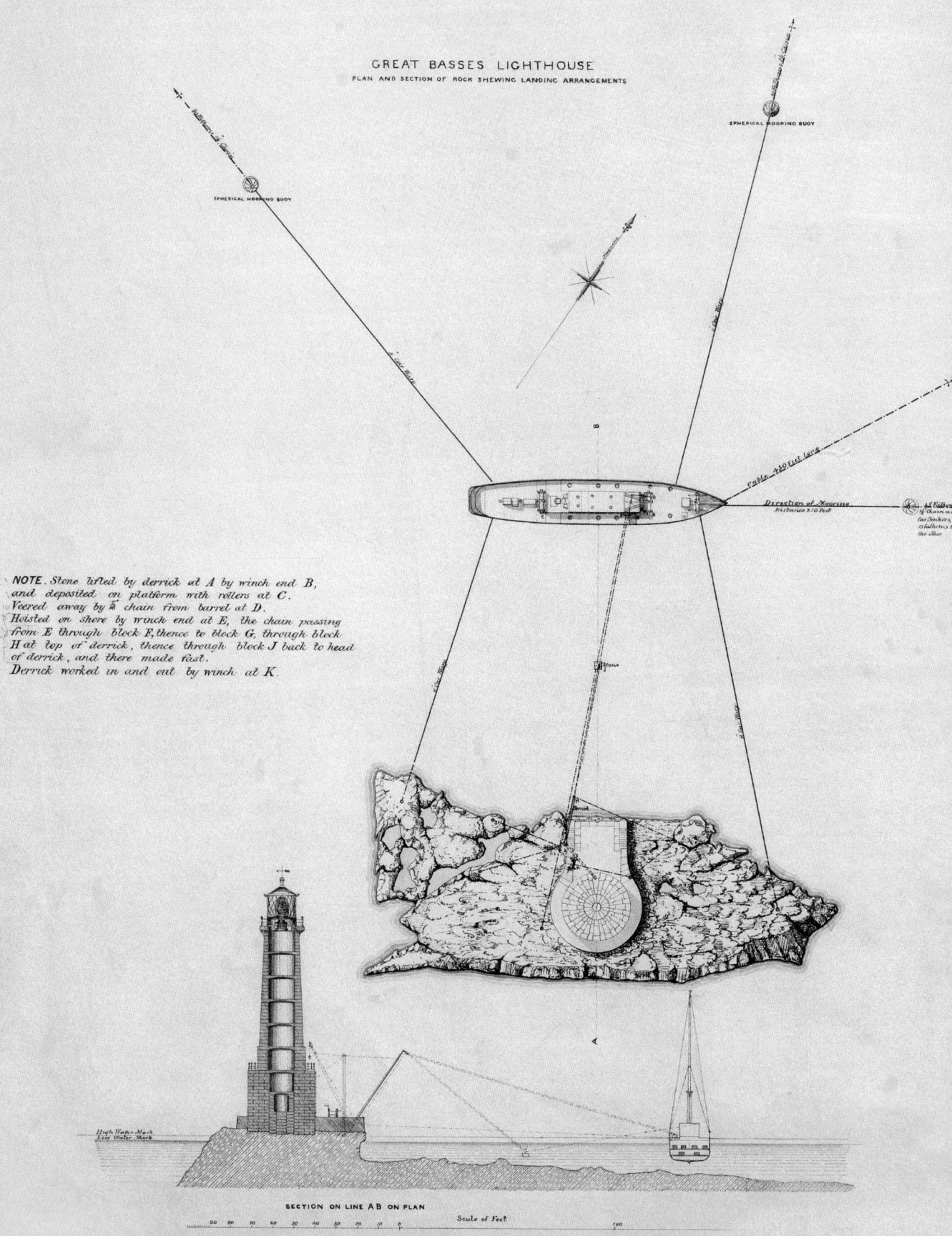

英国贸易委员会（British Board of Trade）认定距斯里兰卡128千米的贝西斯礁是危险的，需要建一座灯塔。斯里兰卡当时还被称为锡兰（Ceylon），是英属殖民地。1856年的第一次尝试是建一座铁塔，但是失败了。1869年，领港协会接下了这项工程，詹姆斯·道格拉斯为其设计了一座花岗岩石塔，并任命他的弟弟威廉为现场工程师。两艘蒸汽船将花岗岩从英国运到礁石工地，一艘灯船为工人提供住宿。当时，为了将巨大的石块从蒸汽船搬到建筑工地上，还发明了一套很巧妙的系统（见上图）。

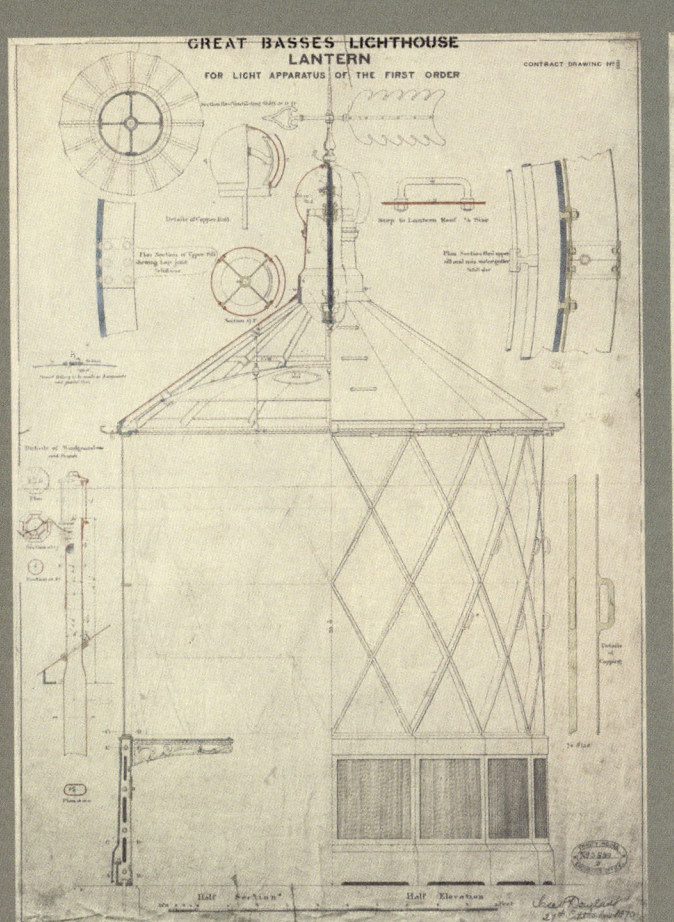
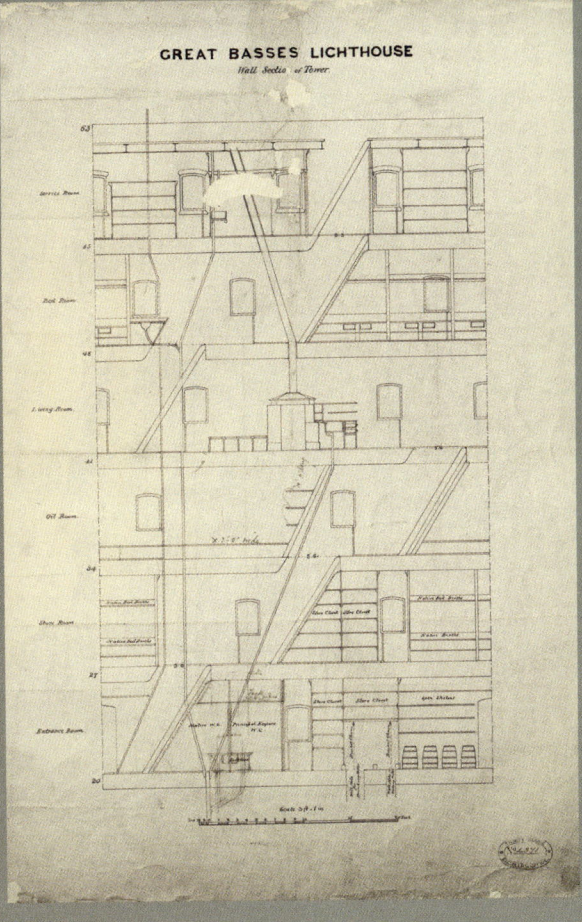

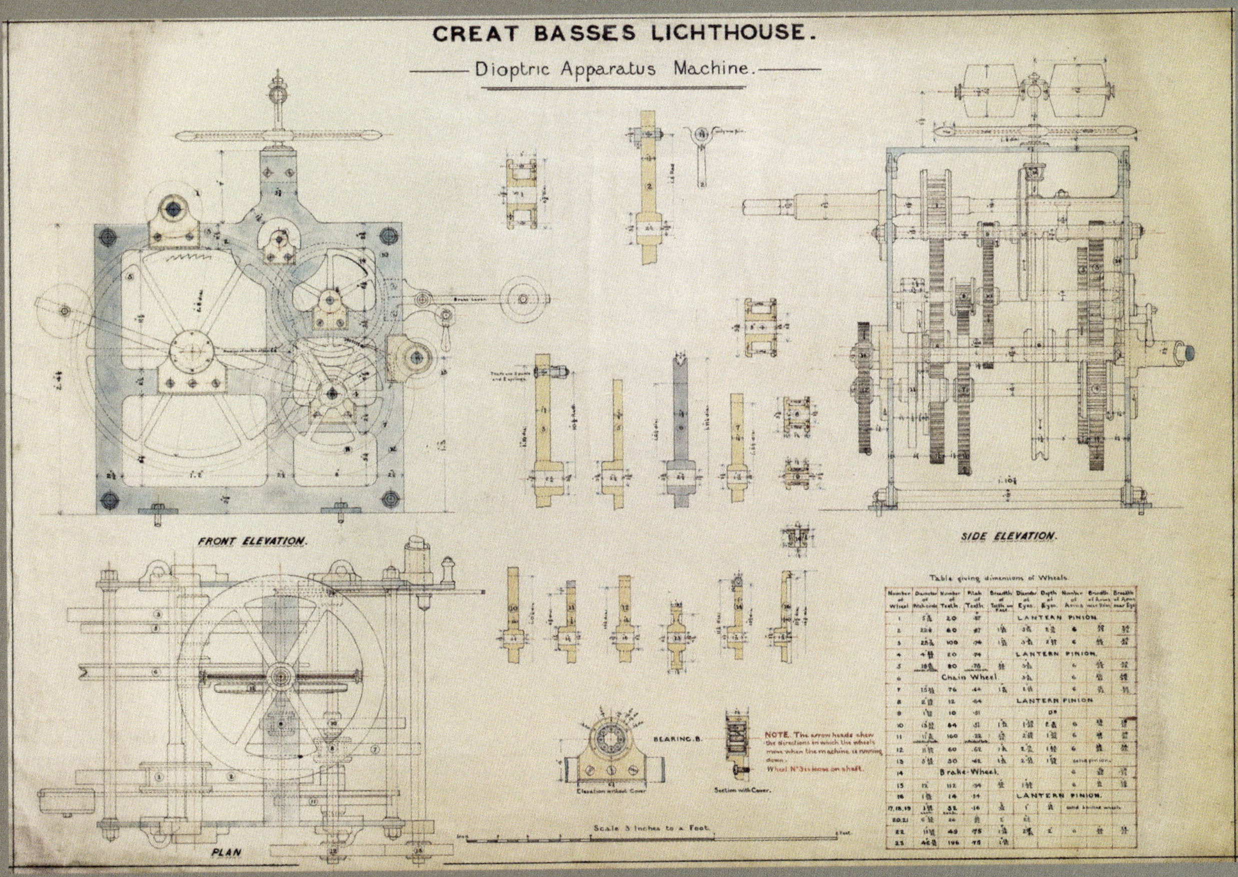

1870年12月，工地铺下了第一块石头；1873年3月，灯塔首次点亮。它的灯室（左上图）安装了伯明翰的钱斯兄弟公司当时最新出品的旋转照明系统，可以呈现有显著区别的若干组快速闪烁信号。它的旋转装置有一套复杂的机制（下图）。塔内（右上图）设有分别供"当地人"和欧洲的守塔人使用的独立卧室和卫生间。这座灯塔后来安装了钱斯兄弟公司出品的高光菲涅尔透镜，至今依然在服役。

1874 小塞布尔角灯塔（LITTLE SABLE POINT）
密歇根州 | 美国

设计者：奥兰多·M·坡上校
塔型：圆形砖塔 | 高度：33米
照明方式：三级菲涅尔透镜

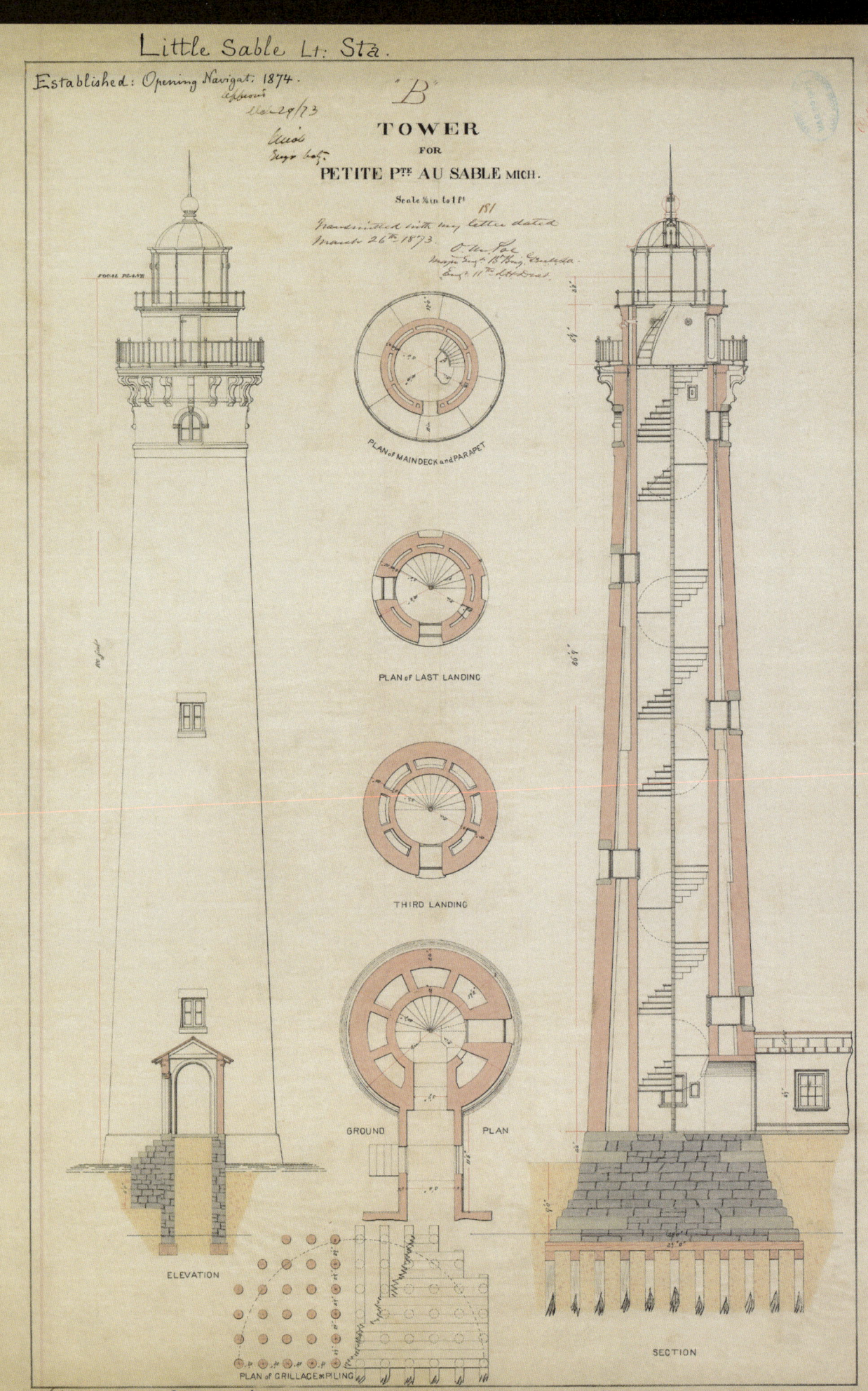

1881 阿尔芒灯塔
布列塔尼大区 | 法国

设计者：保罗·若利（Paul Joly）
塔型：圆形石塔 | 高度：32 米
照明方式：菲涅尔透镜

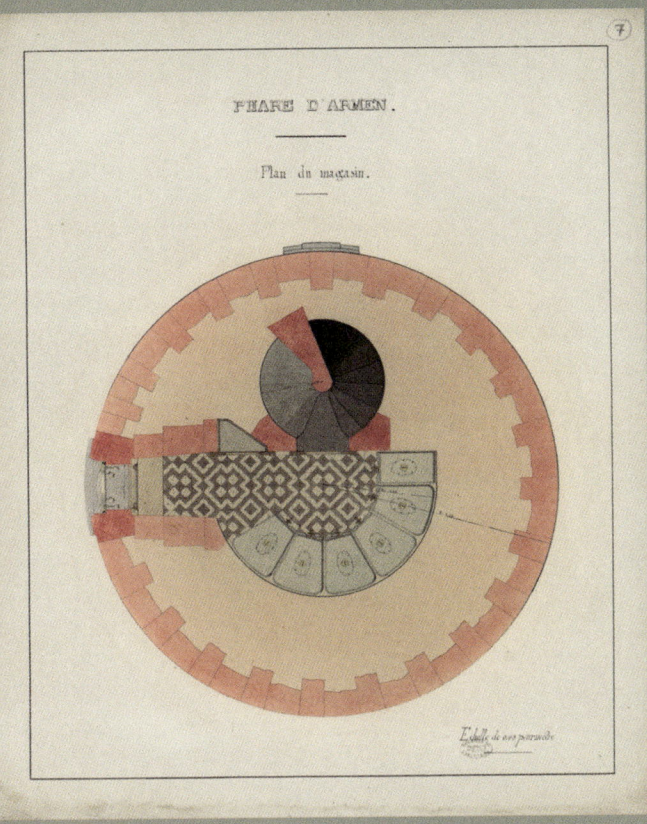
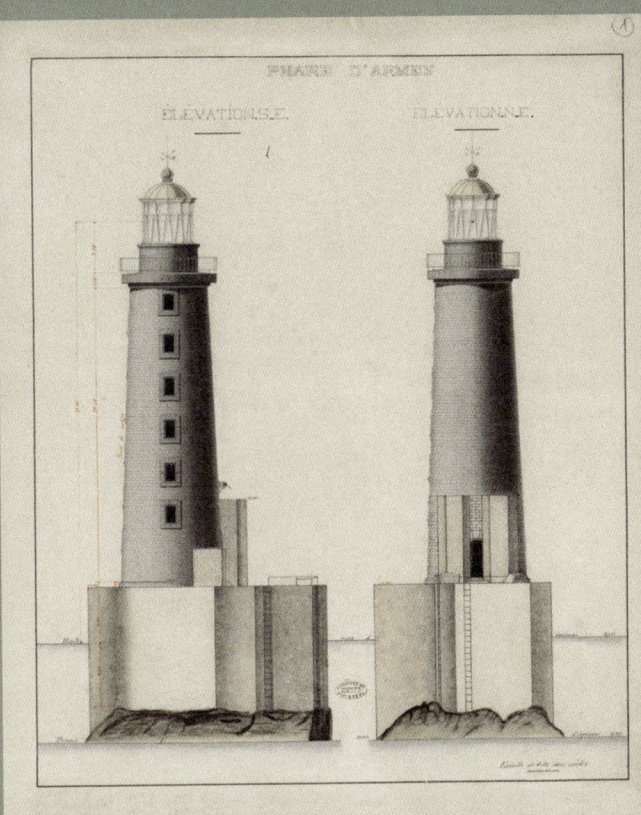
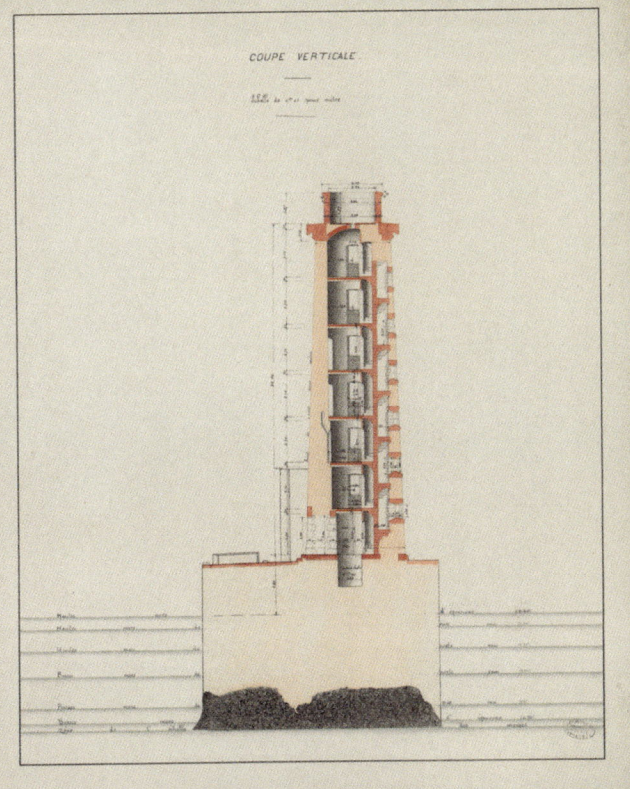
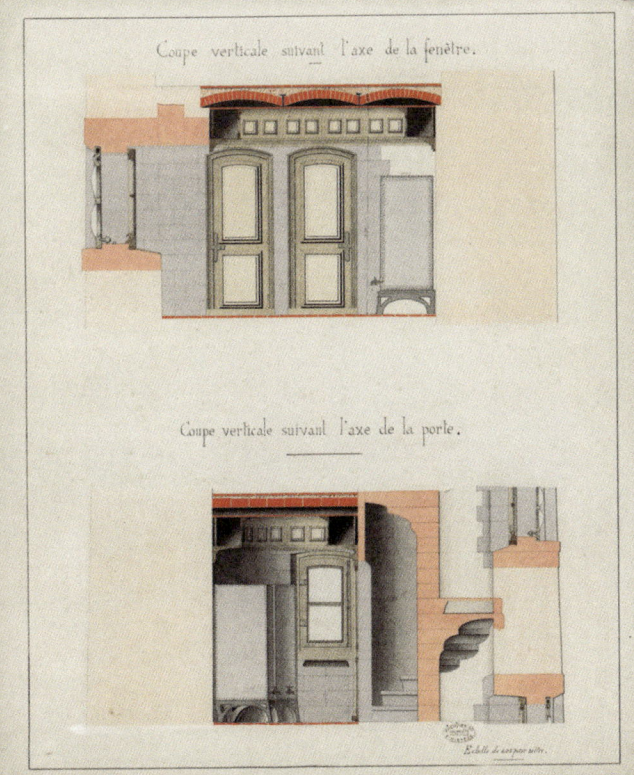

前页图：小塞布尔角灯塔建在 100 多根打入密歇根湖岸地下的木桩上。1873 年春，工程开工，次年竣工。塔内有 139 级台阶的螺旋梯通往灯室，里面的菲涅尔透镜至今依然可以正常工作。

本页图：阿尔芒灯塔建在塞恩岛西侧的大西洋礁石上。它的工期从 1867 年持续到 1881 年，是一次史诗般的工程壮举。整座花岗岩石塔拔起于一个实心底座，而底座又靠钢筋扎根于礁石中。1897 至 1902 年，这座灯塔有一次大范围的加固。

1881 蒙塔古岛灯塔 (MONTAGUE ISLAND)
新南威尔士 | 澳大利亚

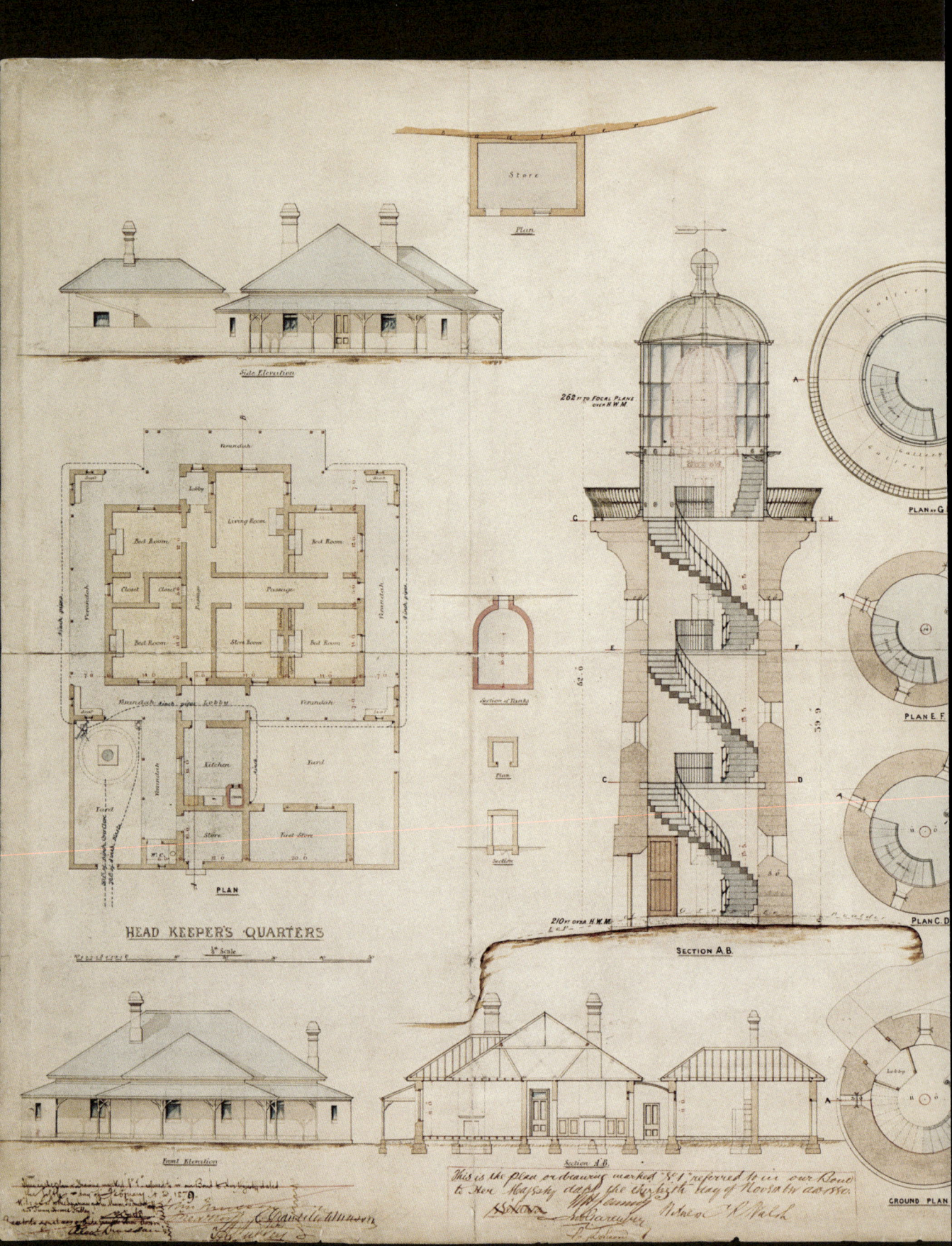

设计者：詹姆斯·巴尼特
塔型：圆形石塔 | 高度：21 米
照明方式：一级菲涅尔透镜

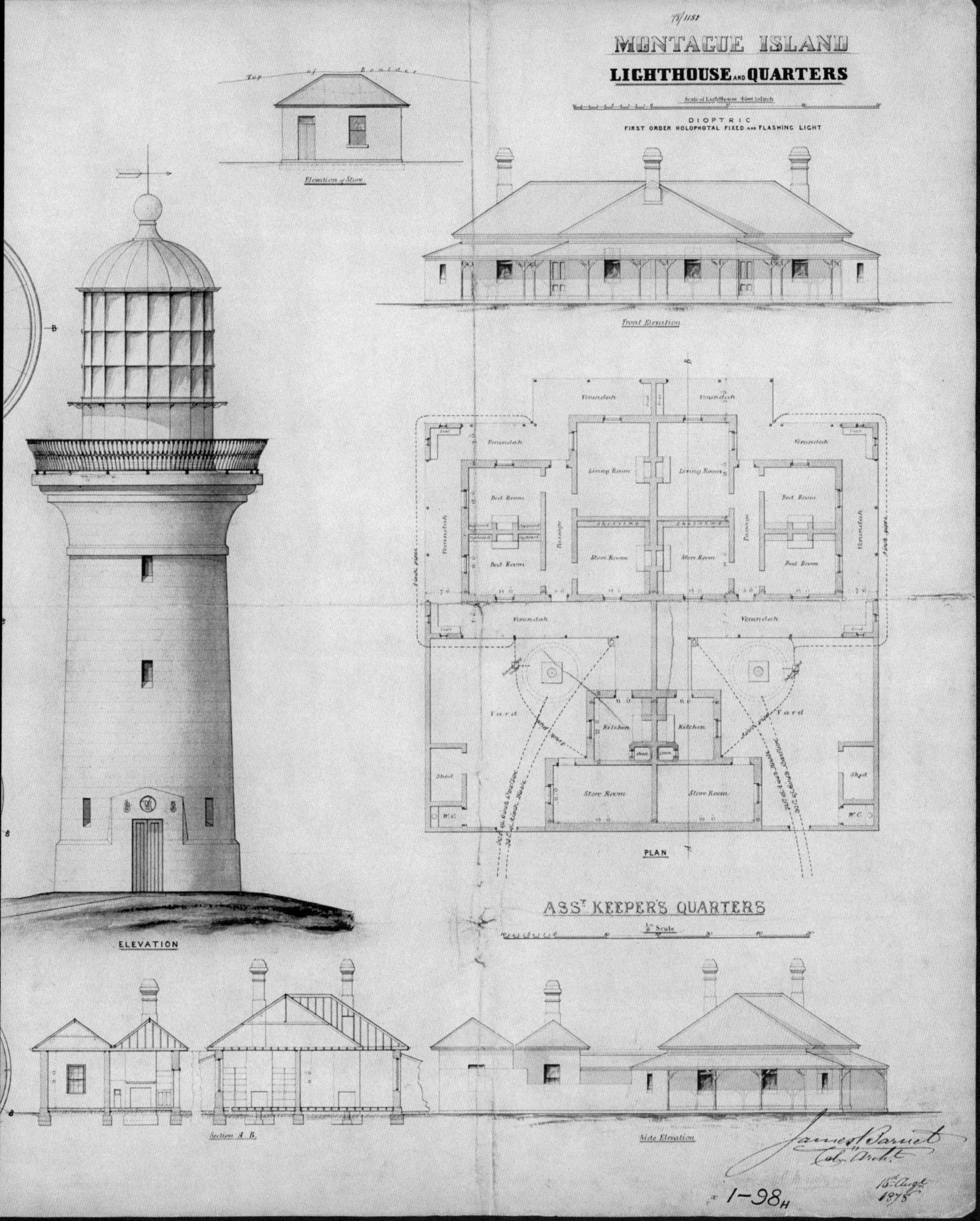

MONTAGUE ISLAND LIGHTHOUSE AND QUARTERS

DIOPTRIC
FIRST ORDER HOLOPHOTAL FIXED AND FLASHING LIGHT

Elevation of Store

Front Elevation

PLAN

ASS^t KEEPER'S QUARTERS

ELEVATION

Section A B.

Side Elevation

James Barnet
Col. Arch.t

15 Aug.t 1878

1885 红沙灯塔
威悉河河口(WESER ESTUARY)｜德国

设计者：卡尔·弗里德里希·汉克斯（Carl Friedrich Hanckes）
塔型：圆形铸铁组装 ｜ 从塔基开始算的高度：52.5 米
照明方式：菲涅尔透镜

在没有任何礁石提供支持的条件下,要在北海上建一座灯塔,这件 相固定于海底的第一次努力失败了,直到1884年,第二个沉箱才
的决定对工程技术提出了严峻的挑战。红沙灯塔的建造方案是将塔 成功嵌入海底。接着,建塔又花了一年时间。高潮时,整座塔约有
建在沉入海床并以混凝土浇筑的沉箱上。1880年,工程开工。将沉 一半都在水下。

1887 维埃耶灯塔 (LA VIEILLE)
布列塔尼大区 | 法国

设计者：维克托·芬诺（Victor Fénoux）
塔型：方形石塔 | 高度：27米
照明方式：菲涅尔透镜

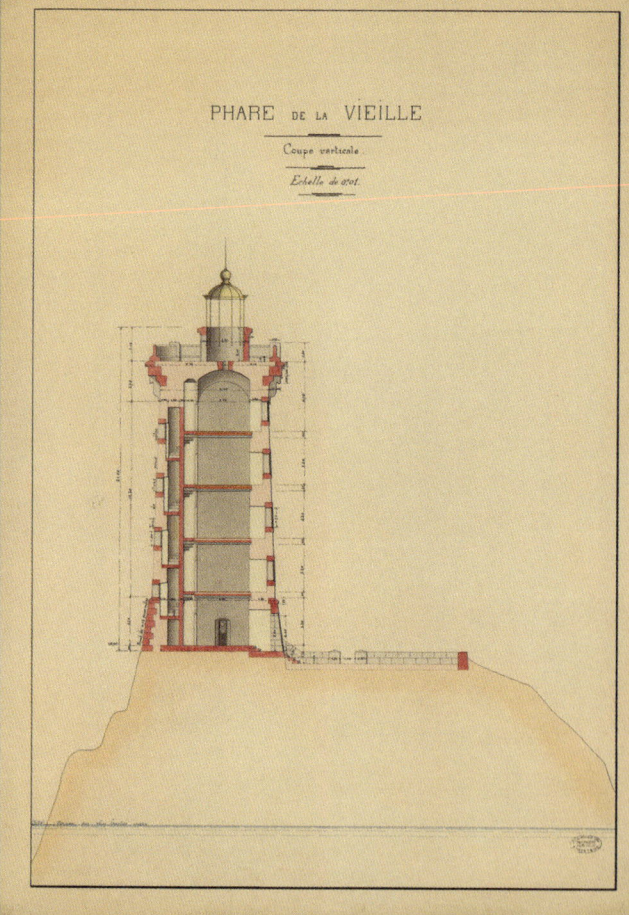

在菲尼斯泰尔省海域的戈莱贝拉（Gorlebella）小岛上建一座灯塔的想法在1816年第一次提出来讨论过，但一开始就以不可能为由被否决了。1879年，试探性的准备工作终于开始；1881年，工程正式动工。这座灯塔由花岗岩和云斜煌岩构成，部分塔身以粗糙的石块覆面，形成锯齿外观，反映了19世纪对中世纪风格的偏爱。虽然要上这座小岛颇有难度，但得益于工地高于高潮线，工程得以以合理速度推进。1887年9月，这座灯塔首次点亮。

1888 多恩布施灯塔（DORNBUSCH）
希登塞岛（HIDDENSEE）｜德国

设计者：未知 ｜ 塔型：圆形砖塔
高度：28米
照明方式：菲涅尔透镜

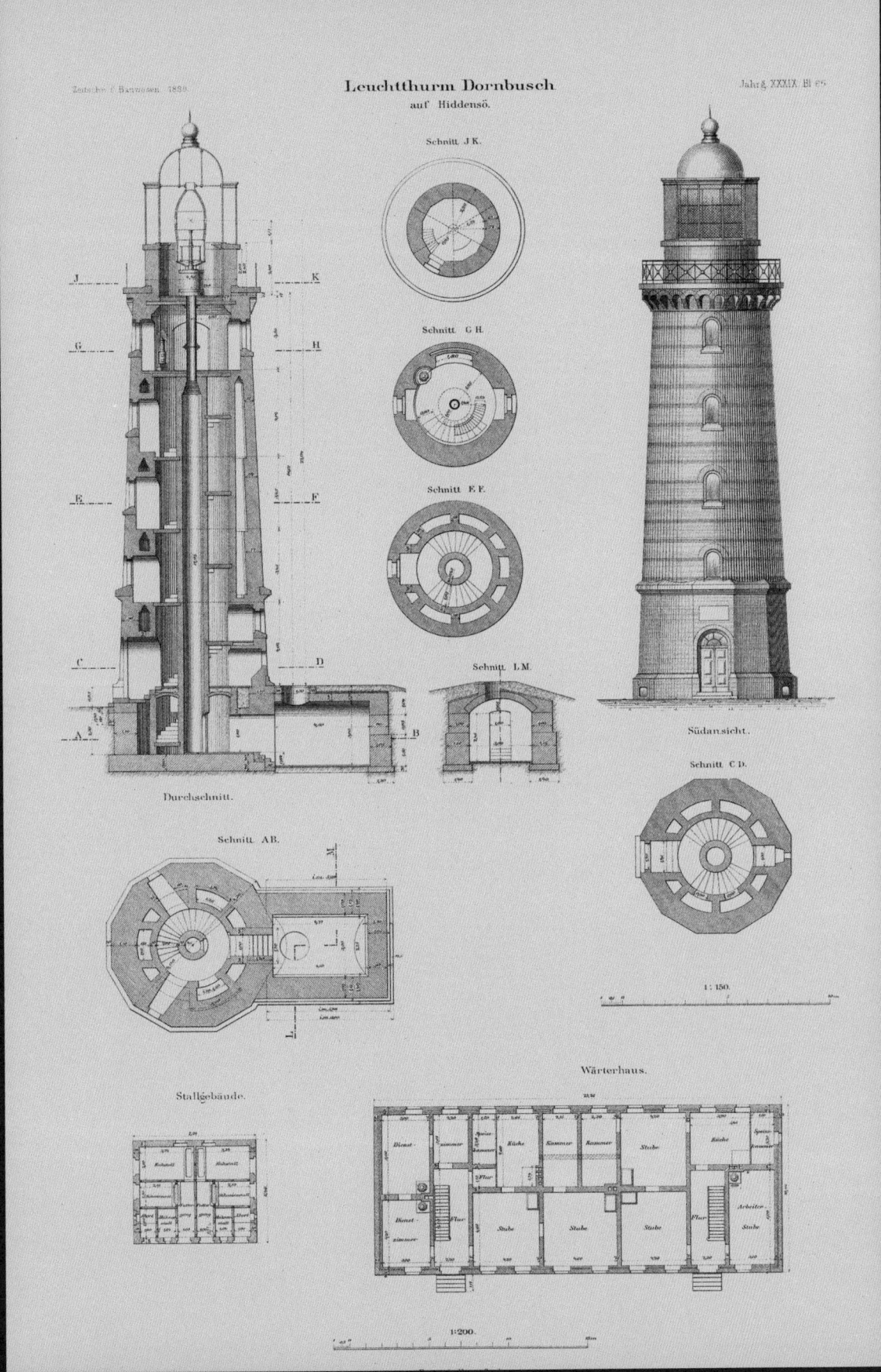

这座灯塔建于波罗的海上德国的希登塞岛陡峭的巴肯贝格山（Bakenberg）的山顶。山上遍布荆棘，灯塔也由此得名（Dornbusch德语意为"荆棘"）。这座圆形砖塔立于一个十二面的底座上。旁边另建了一座守塔人的房子。由于天气的影响，塔砖越来越老化；1929年，塔身加围一圈十二面的强化混凝土加固层。塔内有102级台阶通向塔顶，塔顶高出海平面近100米。

1897 埃克米尔灯塔（ECKMÜHL）
布列塔尼大区 | 法国

设计者：维克托·芬诺
塔型：方形石塔 | 高度：27米
照明方式：菲涅尔透镜

1900 哈尔马亚灯塔（HARMAJA）
赫尔辛基 ｜ 芬兰

设计者：未知
塔型：圆形铁塔，方形石砖混合底座
高度：15米 ｜ 照明方式：未知

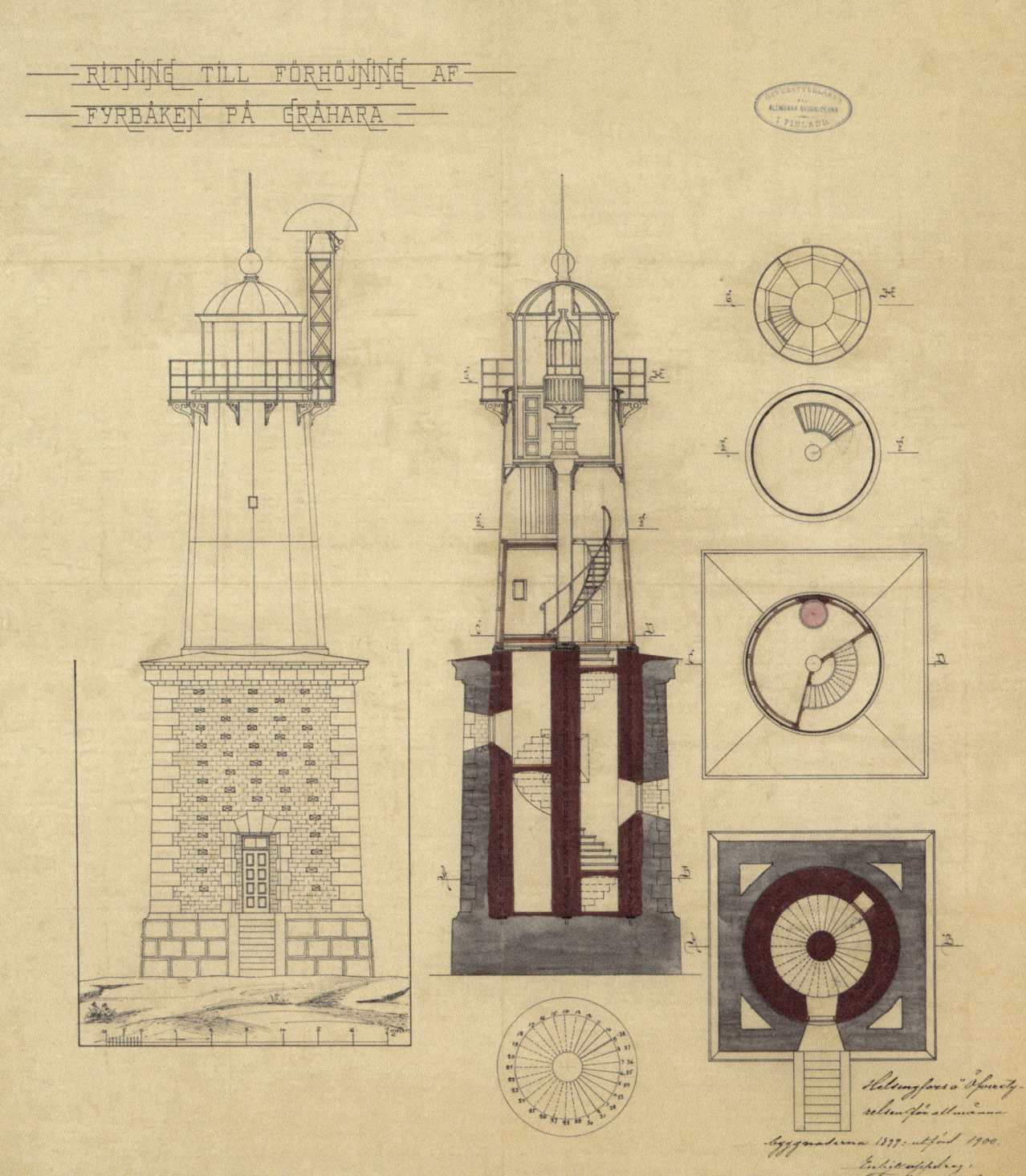

1902 黑尔戈兰岛灯塔
黑尔戈兰湾 | 德国

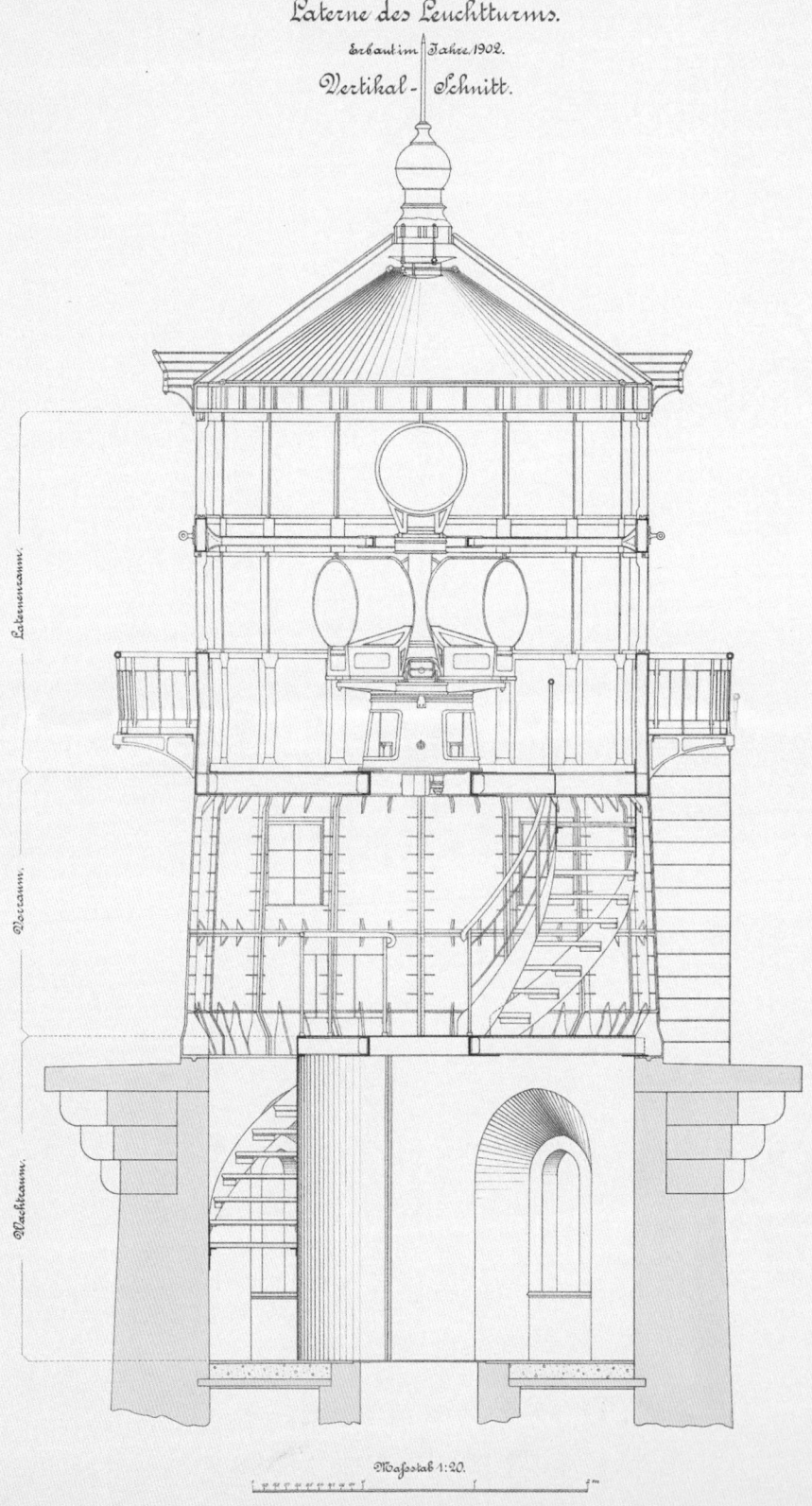

黑尔戈兰是德国在北海上的一座岛。1902年建的这座灯塔取代了先前由英国人在1811年建的一座灯塔。它最令人震惊的特征是对电灯的创新利用。灯室（上图）内安装了三盏探照灯，是由碳弧灯加抛物面反射镜构成。这些灯固定在一个电机驱动的旋转平台上（下页图）。一条电缆从发电站连到灯塔为它供电。二战期间，这座灯塔在英军的轰炸中被摧毁。

设计者：未知 ｜ 塔型：圆形砖塔
高度：36 米
照明方式：电探照灯

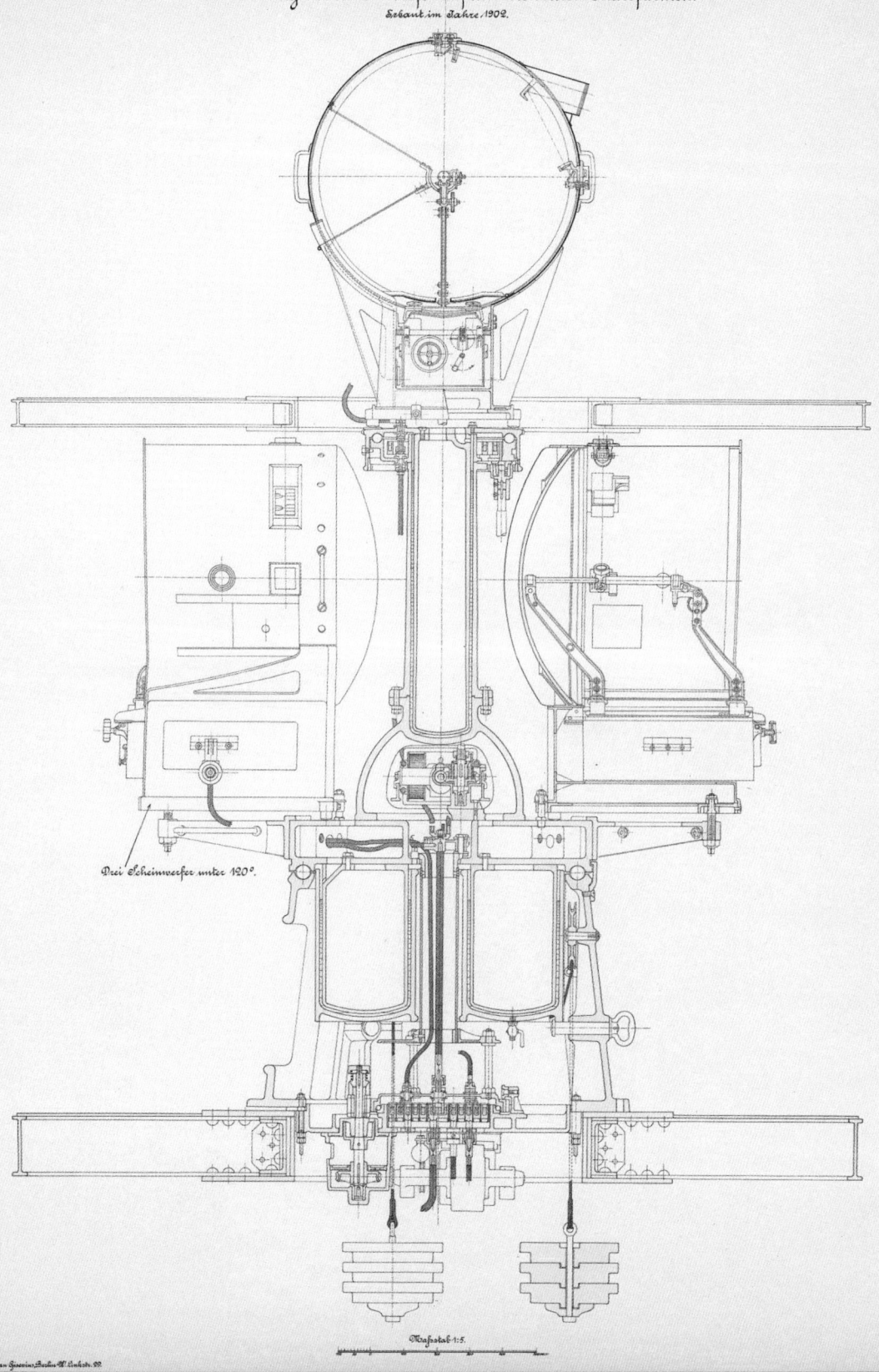

1907 彭布罗克角灯塔（CAPE PEMBROKE）
马尔维纳斯群岛（福克兰群岛，FALKLAND ISLANDS）

设计者：托马斯·马修斯（Thomas Matthews）
塔型：圆形铸铁塔 | 高度：21米
照明方式：三级屈光透镜

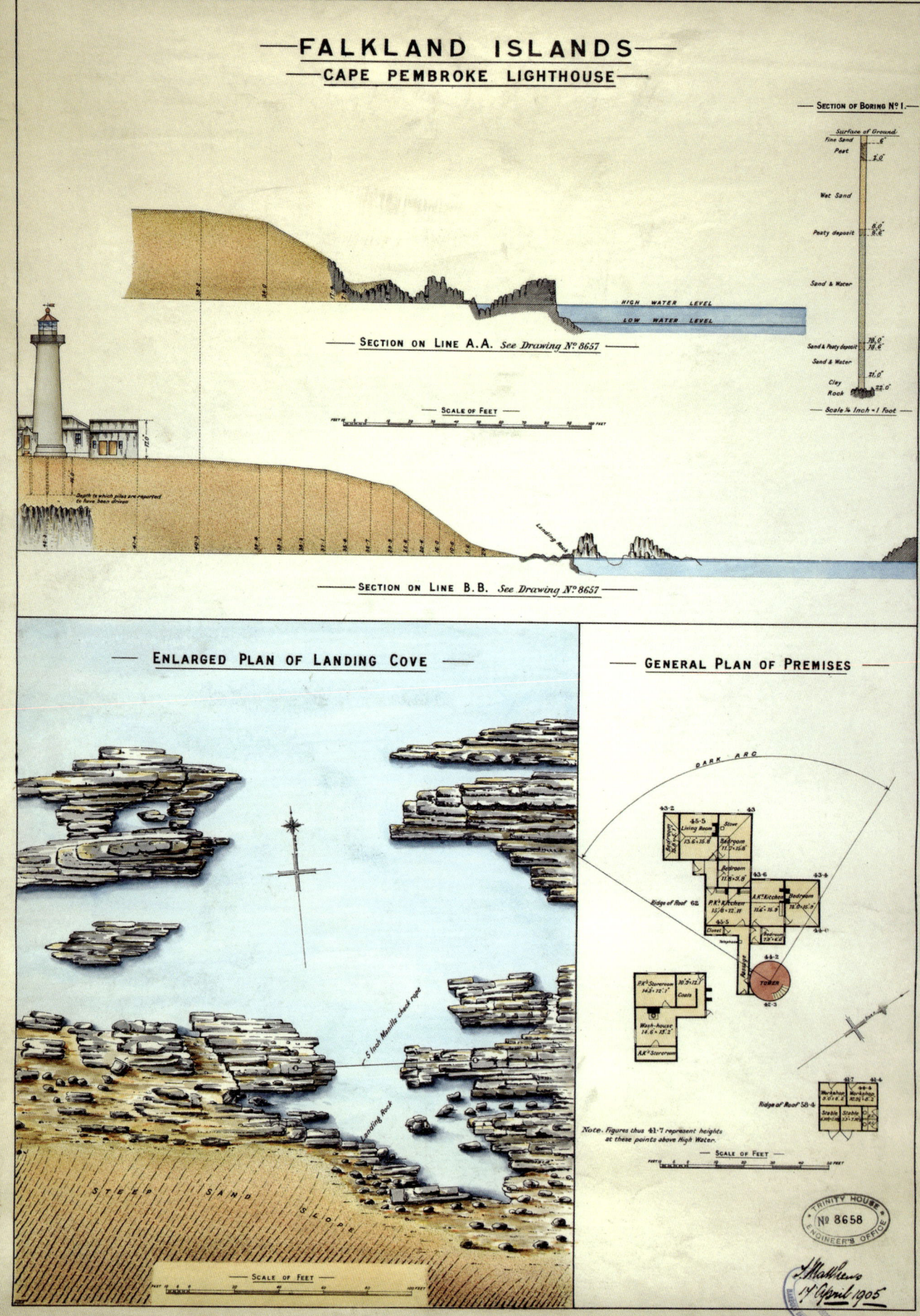

彭布罗克角在斯坦利港（Port Stanley）以东约11千米。1855年，领港协会在这里建了第一座灯塔。到20世纪初，这座铁塔的塔基开始松动。1906年，开始在新的塔基上重建这座灯塔，也配备了更加先进的灯室和灯具。这些平面图对旧塔（左）和新塔（右）都做了说明。它们还显示了物资靠岸的小湾和灯塔周围的附属建筑物。1982年，阿根廷占领该岛期间，灯塔曾停止运作，但是现在它受到了保护，成为一座博物馆。

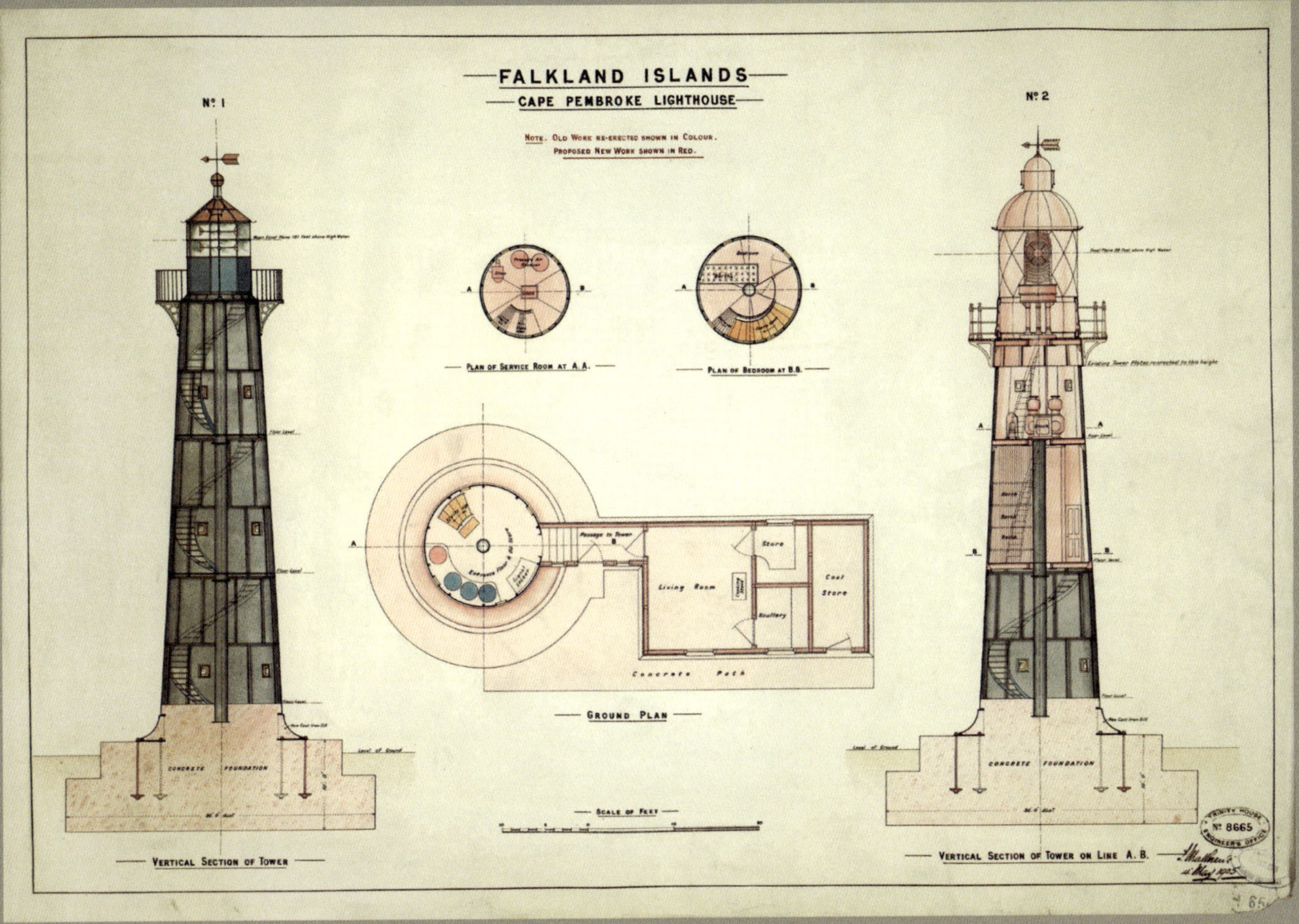

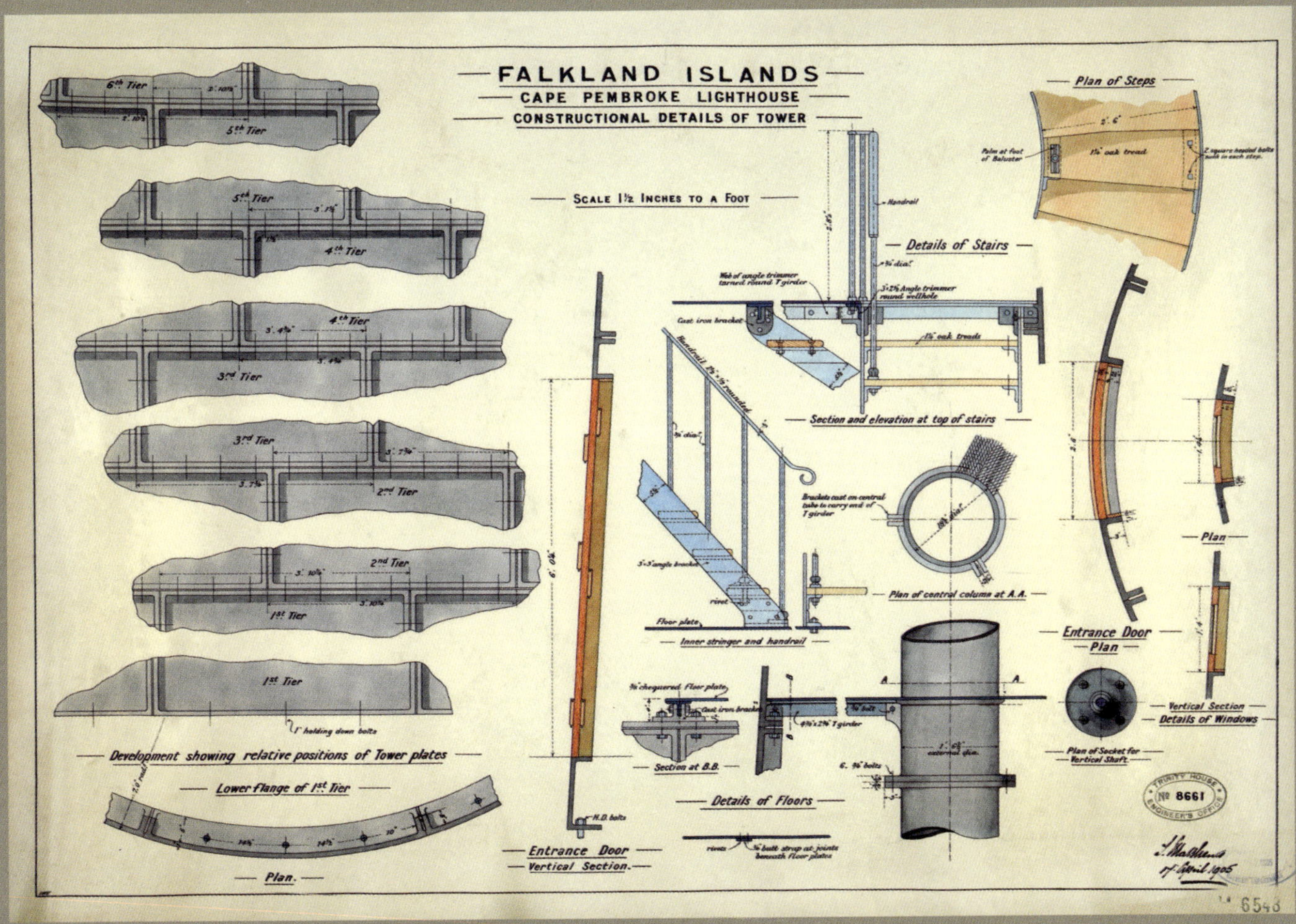

1908 韦斯特赫弗桑德灯塔
石勒苏益格-荷尔斯泰因州 ｜ 德国

设计者：未知 ｜ 塔型：圆形铸铁塔
高度：40米
照明方式：电灯加菲涅尔透镜

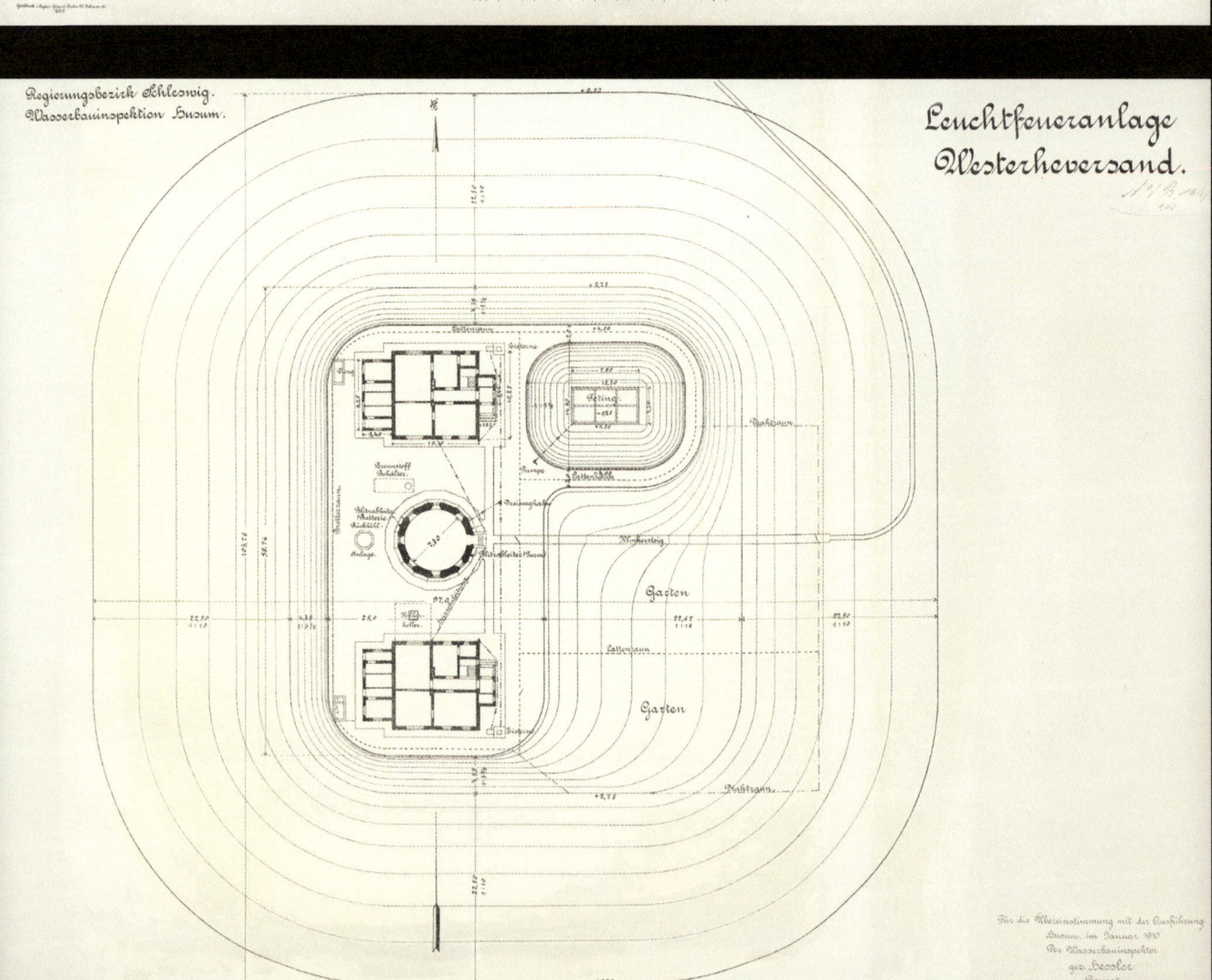

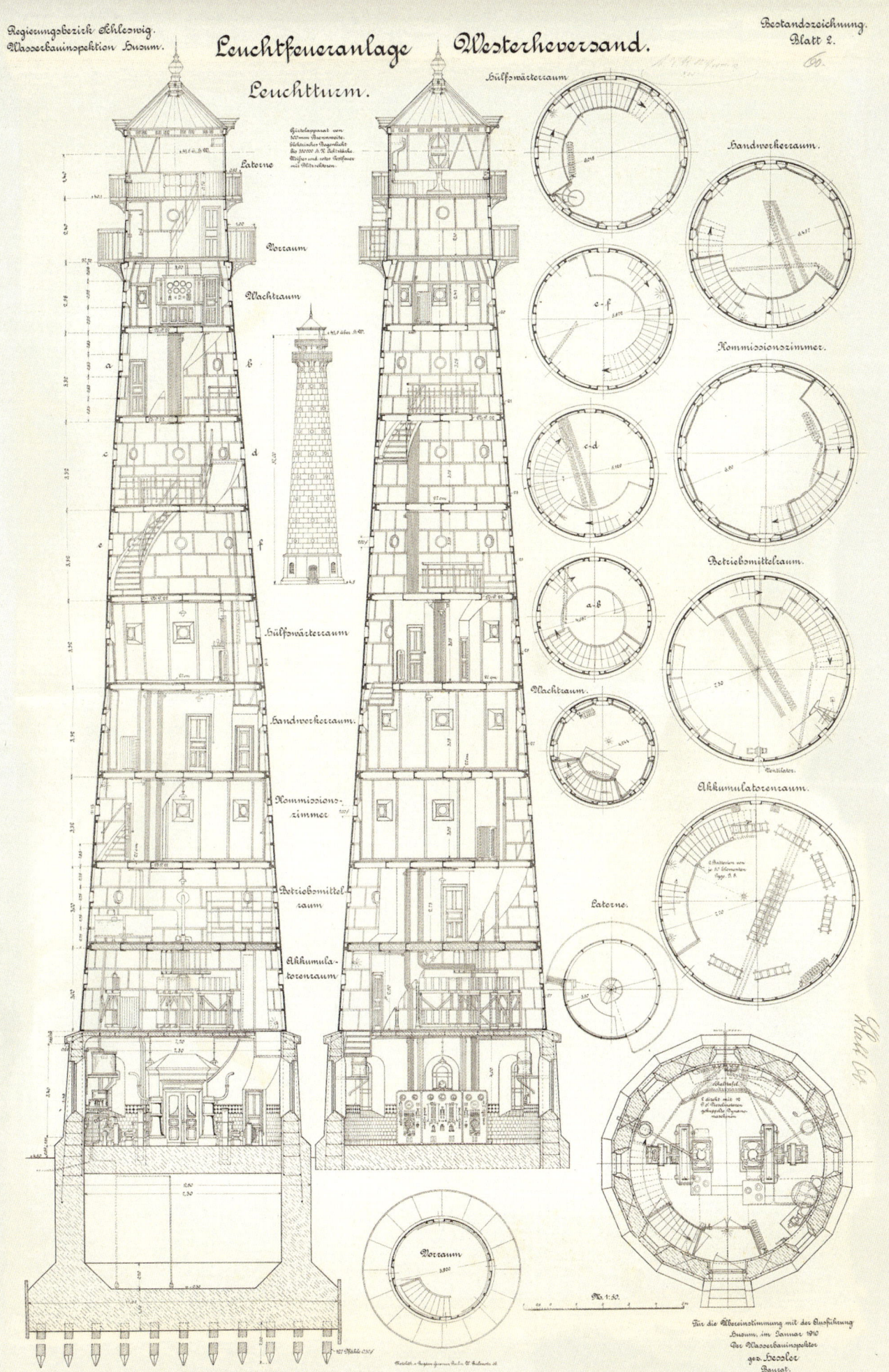

著名的韦斯特赫弗桑德灯塔矗立在德国北海沿岸的艾德斯特泰特半岛（Eiderstedt peninsula）上。建于1906至1908年的这座灯塔有着渐细的钢铁塔身和混凝土底座。塔身由608块铸铁面板用螺栓拼接而成。它的灯室带两层阳台，里面安装碳弧灯，最初由一台柴油发电机供电。灯塔两侧各建有一间整洁漂亮的守塔人小屋（左页上图）。现在，其中一间成了婚姻登记处，因为这座灯塔已经成了一处广受欢迎的婚礼举办地。

后 记

一个时代

THE END OF AN ERA

的

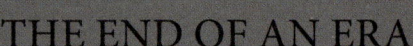

结 束

1.

19世纪中叶,美国作家亨利·沃兹沃思·朗费罗从缅因州的波特兰角灯塔(1791)获得灵感,写下了名诗《灯塔》。诗中赞美了灯塔的永恒:

坚定,安宁,不动也不变,
年复一年,长夜无言,
燃起不熄的火焰,
永远闪耀出不灭的光芒。

可惜,历史告诉我们,没有什么是"不动也不变"的,也没有什么是"永远"的。朗费罗写下这首诗之后,再过150年,世界各地成千上万的灯塔就被正式停用了,许多已经被拆除,而那些仍在服役的灯塔已经改造成了自动信标,也失去了曾经警觉地站在塔顶并赋予它们真心和灵魂的守塔人。

驱动变化的是统领所有现代化进程的客观要求:效率、效益和技术进步。灯塔是最先配备无线电的地方之一。早在1898年,古列尔莫·马可尼就在肯特郡的南福尔兰角灯塔(1840)开始了船对岸"无线"通讯试验。纽芬兰的开普雷斯灯塔(1907)曾在1912年4月与航程中在劫难逃的"泰坦尼克"号巨轮进行无线电通讯而闻名。从20世纪20年代开始,各地灯塔陆续装配无线电信标设备,这证明了在一些方面它们能够比光照本身更有效地为航行提供协助。与此同时,电气化与自动化也正齐头并进;电动定时开关和光电装置提供了古斯塔夫·达伦"日光阀"自动控制系统的替代方案。到20世纪30年代末,工程师们开始试点利用无线电远程遥控海上导航灯标。但是,对无人值守的机器的可靠性的怀疑可谓根深蒂固,迈向自动化的升级换代也因此而受到阻拦。1936年,刚从美国灯塔事务局局长位子上退休的乔治·帕特南(George Putnam)写道,对于最重要的灯塔,为确保安全,"必须保留守塔人对塔灯的照管"。因此,在美国和世界上的许多地方,大多数灯塔直到1960年代仍然配备了守塔人员。

守塔的传统也并非一成不变。随着社会发展出更多客观、合理的职业结构,认为自己"拥有"所照看的灯塔的守塔家庭正逐渐消失。战争对此也有影响。第一次世界大战后,法国通过一项法律,规定将守塔人的职位保留给战场上退下来的伤残

本章首页插图说明

右上图:布列塔尼大区的维埃耶灯塔的北面立面图。

中左图:19世纪镌刻着北方灯塔委员会会旨的印章。会旨的拉丁原文 In Salutem Omnium 意为"为了所有人的安全"(For the Safety of All)。

中右图:实验室中的古斯塔夫·达伦。他对灯塔的创新贡献包括达伦灯、阳光阀和达伦闪光灯。

下图:达伦的阳光阀。它可以一到白天就自动关闭灯塔的照明,从而节省燃料。

图1:西印度群岛的小库拉索岛(Klein Curaçao island)上被遗弃的灯塔。

老兵。这项政策很快就因一个事件而被放弃——菲尼斯泰尔省海域的维埃耶灯塔（1887）的两名伤残老兵守塔人，在这份工作的巨大压力下崩溃了，但是由于他们身体状况都很糟糕，当局不得不费了很大的力气才将他们救出。当局拖了一段时间后终于承认守塔是一份艰苦而不是安逸的工作，并废止了这项法律。第二次世界大战期间，法国不少著名的灯塔都在德国占领军的精心策划下于1944年被刻意炸毁，其中就包括莱昂斯·雷诺的杰作——埃欧·德·布雷阿灯塔（1840）。这些灯塔大多在战后被充满感情地重建复原。

2.

在美国，眼看1939年再次爆发世界大战的威胁愈演愈烈，罗斯福政府决定让海岸警卫队接管美国的灯塔。起初，大多数在职的守塔人仍然继续他们的工作，他们中的许多人都是平民，但渐渐地，他们都被年轻的军人所取代，而后者都是奉命上岗，他们可不一定喜欢守灯塔。虽然英国的灯塔仍旧归领港协会管辖，但是到20世纪中叶，平民守塔人会每隔几年在全国各地不同的灯塔间定期轮岗。不论守塔人的家人是否与他在灯塔同住，当局都会为他们提供住处，但是他们不再全家都为灯塔工作了。

3.

二战结束后不久发生在美国的最后一次重大灯塔事故，让人们再次回想起灯塔传统的危险性与英雄主义。悲剧发生前，五名年轻的美军士兵被派往阿留申群岛（Aleutian Islands）最偏远的斯科奇角灯塔（Scotch Cap lighthouse，1903）值守一年。1946年4月，这座灯塔被一场海啸摧毁，无人生还。但是，总体而言，就在他们的时代快要结束时，守塔人的安全和生活条件都有了重大改善。无线电通讯让驻守最偏远灯塔的守塔人也能与外界以及过往船只保持联络，电视在传统的书籍和其他消遣之外为他们带来新的娱乐。冰箱和冰柜解决了长期困扰他们的食物供给问题。到20世纪70年代，直升机开始用于解决一直以来往返礁石灯塔不便的问题。在常年风浪冲刷下仍保持优雅身段的维多利亚时代的灯塔最终必须头顶一块直升机起落平台，而这大大削弱了它们的艺术魅力。

4.

到了灯塔用上直升机的时代，自动化已经势不可挡。美国海岸警卫队在1968年发起的"灯塔自动化和现代化项目"（Lighthouse Automation and Modernization Project）为这一进程提

图2："泰坦尼克"号上的发报站。这艘巨轮在首航期间曾与一座灯塔的电台进行通讯。

图3：1940年时阿留申群岛的乌尼马克岛（Unimak Island）上的斯科奇角灯塔。

图4：1946年，斯科奇角灯塔被一场海啸摧毁后的现场。

图5：从20世纪70年代开始，可以用直升机将物资和守塔人直接运到礁石灯塔上。

图6：俯瞰怀特岛上的尼德尔斯灯塔（Needles lighthouse）顶的直升机起落平台。

5.

6.

供了可行的日程表，但实际上，自动化也在全球范围内逐步推进。起初，还有守塔人留下来监督和维护新的自动化设备。后来，这个岗位就完全消失了。在英国，标志着灯塔的黄金时代从1759年开启的埃迪斯通灯塔，在1981年送走了它的最后一任守塔人。一年后，法国的埃欧·德·布雷阿灯塔实现了自动化。1989年，朗费罗赞美过的缅因州的波特兰角灯塔失去了它的最后一任守塔人。到20世纪90年代，美国仍在导航的灯塔中，只有波士顿灯塔（1716）还有人值守，而它也在1998年实现了自动化。同年，北福尔兰角灯塔成为英国最后一座完成自动化的灯塔。北方灯塔委员会也在1998年完成了对苏格兰灯塔的自动化改造。在法国，克雷昂灯塔（1916）是最后一座有人值守的灯塔，它于2004年完成自动化。固执的加拿大人坚守传统，他们在太平洋沿岸的灯塔还有一些守塔人。在全球各地，仍有零星工作人员常驻一些灯塔，他们接待来参观的游客，或者作为技术人员，操作着复杂的通讯设备。

甚至到了雷达和全球卫星定位的年代，仍然有人认为让一些灯塔常亮是有好处的，不过人们几乎一致同意让雾笛归于沉寂。至于灯塔的未来，不论它是否已经自动化，人们都不再从实用角度来考虑；它们现在是保护主义者和当地爱好者的关注对象。有人提出，不论是作为遗产，还是作为历史，抑或是作为建筑，已经不再使用的灯塔都应当受到重视并得到保护。这份关切不得不面对现实中的资金问题。灯塔的维护费用过于高昂，特别是那些远在海上的灯塔，除非有办法让它们自己挣到维护的费用。于是，灯塔们纷纷找到了新的职业定位——作为吸引游客的旅游景点、博物馆、电影拍摄地、婚礼举办地，等等。守塔人原先的小屋也被改造成了度假酒店。俄勒冈州历史上著名的蒂拉穆克礁灯塔（1881）曾有一段时间成了一处骨灰安置所，人们可以付费将骨灰安放于塔内的骨灰缸中。受到移动沙丘和海岸侵蚀的致命威胁的丹麦日德兰半岛上的红宝石灯塔（Rubjerg Knude light，1900），一开始被改造成一间博物馆，接着又短暂改造成为一件装置艺术品——装在塔身上由风力驱动的三棱镜把整座塔变成了一个巨大的万花筒。直接矗立于威悉河河口的海床上的德国著名的红沙灯塔（1885）是灯塔保护的一个成功范例。1964 年，它被关闭，并被宣布不安全；1980 年，经过一场群众运动，它得以修复。自 1999 年起，它再次焕发生机，成为一处一日游景点，同时也是一家便捷酒店。但是，在此过夜的人必须接受由天气决定他们能否入住灯塔，因为如果来了一场风暴，他们可能就不得不延长参观的时间。

在英伦三岛、法国和其他许多国家，原先的灯塔主管部门继续负责灯塔的保护事宜。例如，在澳大利亚，截至 2017 年，政府名下已有 50 多座灯塔被列入遗产名录。在美国，海岸警卫队会将多余的灯塔移交致力于保全它们的地方上的和全国性的非营利组织。

一些灯塔爱好者喜欢指出，新奇怪异的当代航海方式（特别是美国控制的全球卫星定位系统）存在出错的可能。他们问，是否有一天，老式、可靠的灯塔会重新亮起。但在现实中，灯塔似乎正稳步加入城堡和修道院的行列，成为备受喜爱但不求实用的历史景观。并且，与城堡和修道院一样，很可能许多灯塔最终仅剩一堆浪漫的废墟存世。毕竟，不发光的灯塔只是一个没有功用的结构。或许，令人伤心的是后人再也看不到如朗费罗所见之景象——"暮色渐浓时，看！多么亮啊 / 穿透那深紫的暮气 / 霎时间光芒四射 / 闪耀出异于尘世的壮美！"

7.

8.

图 7：2016 年，丹麦境内被遗弃的红宝石灯塔被改造成一件装置艺术品。
图 8：游客参观北海上的红沙灯塔。
图 9：史蒂文森在达夫阿塔赫礁建的灯塔仍然屹立于这块玄武岩上。它的影子依旧与浪花为伴。

156—157 页图：威尔士南部高尔半岛（Gower Peninsula）上的怀特福德角（Whiteford Point）有一座被遗弃的铸铁灯塔。

图片来源

t=上，b=下，c=中，l=左，r=右

2 Library of Congress, Prints & Photographs Division. HABS CAL,41-PESC.V,1–17 **4–5** (both) The National Archives, London, England. © 2017 Crown Copyright. MPH 1/274 **6–7** (all) New York Public Library Digital Collectior **8–9** From *An Account of the Bell Rock Light-house*, published by Archibald Constable & Co., 1924 **10–11** (all) From *Report of the Commissioners Appointed to Inquire into the Condition and Management of Lights, Buoys, and Beacor* printed by George Edward Eyre and William Spottiswoode for Her Majesty's Stationery Office, 1861 **12–13** National Archives of the United States, Records of the US Coast Guard, Record Group 26: Standard Apparatus Plans; Vol Plate 98 **14** akg-images / Catherine Bibollet **16t, cl** From *A Narrative of the Building and a Description of the Construction of the Eddystone Lighthouse with Stone*, John Smeaton, printed by H. Hughs, 1791 **16c** Plymouth City Art Galle **16crt, crc, crb, bl** From *A Narrative of the Building and a Description of the Construction of the Eddystone Lighthouse with Stone*, John Smeaton, printed by H. Hughs, 1791 **16br** From *Lighthouses and Lightships*, W. H. Davenport Adam published by T. Nelson and Sons, 1871 **17** Courtesy Trinity House, London **18–20** (all) From *A Narrative of the Building and a Description of the Construction of the Eddystone Lighthouse with Stone*, John Smeaton, printed by H. Hugh 1794 **21t, cl, cr** From *A Narrative of the Building and a Description of the Construction of the Eddystone Lighthouse with Stone*, John Smeaton, printed by H. Hughs, 1794 **21b** Universal History Archive / UIG via Getty Images **22tl** Fro *European Light-house Systems; Being a Report of a Tour of Inspection Made in 1873*, Major George H. Elliot, published by Lockwood & Co., 1875 **22tr** From *Lighthouse Construction and Illumination*, Thomas Stevenson, published b E. & F. N. Spon, 1881 **22c, crt** From *European Light-house Systems; Being a Report of a Tour of Inspection Made in 1873*, Major George H. Elliot, published by Lockwood & Co., 1875 **22crb** From *Lighthouses and Lightships*, W. H. Da enport Adams, published by T. Nelson and Sons, 1871 **22bl** *European Light-house Systems; Being a Report of a Tour of Inspection Made in 1873*, Major George H. Elliot, published by Lockwood & Co., 1875 **22brt** From *Lighthous Construction and Illumination*, Thomas Stevenson, published by E. & F. N. Spon, 1881 **22brb** Relief representing the Roman lighthouse at Portus, Ostiense Museum, Ostia Antica **23** New York Public Library Digital Collections **2** Mosaic representing the Roman lighthouse at Portus, Piazzale delle Corporazioni, Ostia Antica **24b** akg-images / Album / Oronoz **25** (both) Private collection **26t** Representation of the Tower of the Black Prince before the constru tion of the Lighthouse of Cordouan, circa 1590, by Claude Chastillon **26b** Bibliothèque nationale de France, MS 6439, RC-B-12216 **27tl, tr** From *Lighthouse Construction and Illumination*, Thomas Stevenson, published by E. & F. N Spon, 1881 **27c** From *A Narrative of the Building and a Description of the Construction of the Eddystone Lighthouse with Stone*, John Smeaton, printed by H. Hughs, 1794 **27b** From *An Account of the Bell Rock Light-house*, published b Archibald Constable & Co., 1924 **28t** From *A Narrative of the Building and a Description of the Construction of the Eddystone Lighthouse with Stone*, John Smeaton, printed by H. Hughs, 1794 **28c** From *An Account of the Bell Roc Light-house*, published by Archibald Constable & Co., 1924 **28b** From *Lighthouse Construction and Illumination*, Thomas Stevenson, published by E. & F. N. Spon, 1881 **29** (all) Oldtime / Alamy Stock Photo **31t** © Mary Evans Pictur Library **31c** Library of Congress, Illus. in AP2.N4 [General Collections] Copy 2 **31b** AR Collection / Alamy Stock Photo **32t** Courtesy Boston Public Library **32b** Library of Congress, LC-DIG-ppmsca-09661 **33t** Library of Congres LC-DIG-ppmsca-09353 **33b** Ecole Nationale des Ponts et Chaussées, FOL.2110 **34t** PSF Collection / Alamy Stock Photo **34c** Private collection **34c, 35** (both) akg-images / arkivi **36** akg-images / Album / Oronoz **37** (all) From *Inve tigaciones sobre la fundación y fábrica de la Torre Llamada de Hércules*, Joseph Cornide, 1792 **38–39** Service Historique de la Defense **40** The National Archives, London, England. © 2017 Crown Copyright. MPI 1/455 **41** (both) Bibliothèque nationale de France **42** National Archives of Sweden, Stockholm **43** Military Archives of Sweden, Stockholm **44** Service Historique de la Defense **45** (all) From *An Account of the Bell Rock Light-house*, published by Archibal Constable & Co., 1924 **46t** The National Archives, London, England. © 2017 Crown Copyright. MPG 1/894 **46b** The National Archives, London, England. © 2017 Crown Copyright. MPG 1/558 **47** Courtesy Trinity House, Londo **48l** Architekturmuseum, Technical University Berlin; 8109,10 **48r** Architekturmuseum, Technical University Berlin; 8109,09 **49** The National Archives, London, England. © 2017 Crown Copyright. RAIL 1057/3540 **50–51** (all) Th National Archives, London, England. © 2017 Crown Copyright. MPH 1/274 **52–53** (all) From *An Account of the Bell Rock Light-house*, published by Archibald Constable & Co., 1924 **54–55** (all) From *An Account of the Bell Rock Ligh house*, published by Archibald Constable & Co., 1924 **56t, ct** From *Lightships and Lighthouses*, Fredrick A. Talbot, published by W. Heinemann, 1913 **56c** Niday Picture Library / Alamy Stock Photo **56cb, b, 57t** From *Lightships an Lighthouses*, Fredrick A. Talbot, published by W. Heinemann, 1913. By permission of the Lighthouse Literature Mission **57c** Niday Picture Library / Alamy Stock Photo **57b** From *Lightships and Lighthouses*, Fredrick A. Talbot, publishe by W. Heinemann, 1913 **58t** From *Lightships and Lighthouses*, Fredrick A. Talbot, published by W. Heinemann, 1913. By permission of the Lighthouse Literature Mission **58c** From *Lightships and Lighthouses*, Fredrick A. Talbo published by W. Heinemann, 1913. By courtesy of Lieut.-Col. W. P. Anderson **58b** From *Lightships and Lighthouses*, Fredrick A. Talbot, published by W. Heinemann, 1913 **59** (all) From *Lightships and Lighthouses*, Fredrick A. Talbo published by W. Heinemann, 1913. By courtesy of *Scientific American* **60tl, tr, cl, cr** From *Puentes de hierro económicos, muelles y faros sobre palizadas y pilotes mecánicos*, José Eugenio Ribera, published by Librería Editorial de Bai ly-Bailliere e Hijos, 1895 **60b** From *Lighthouse Construction and Illumination*, Thomas Stevenson, published by E. & F. N. Spon, 1881 **61t** From *Lightships and Lighthouses*, Fredrick A. Talbot, published by W. Heinemann, 1913 **61** National Archives of the United States, 26-LG-69-55 **61b** Niday Picture Library / Alamy Stock Photo **62** Courtesy US Coast Guard **63tl, tr** From *Lightships and Lighthouses*, Fredrick ATalbot, published by W. Heinemann, 1913. Phot by permission of Messrs. Bullivant & Co., Ltd **63b** From *The Book of Knowledge*, published by The Grolier Society, 1911 **64–65** (all) The National Archives, London, England. © 2017 Crown Copyright. MPH 1/642 **66** National Archive of Norway, Oslo **67** Bibliothèque nationale de France, V-5682 **68–69** (all) From *Account of the Skerryvore Lighthouse, with Notes on the Illumination of Lighthouses*, Alan Stevenson, published by Longman & Co., 1848 **70–71** (al Courtesy Trinity House, London **72** National Archives of the United States, Special List No 5: Lighthouse Plans In The National Archives Arts **73** National Archives of the United States, Special List No 57: Lighthouse Plans In Th National Archives Arts **74** Courtesy Trinity House, London **74–77** (all) Courtesy Trinity House, London **78–79** (all) The National Archives, London, England. FO 925/4517 **80–83** (all) The National Archives, London, England. F 925/4521 **84** (all) From *European Light-house Systems; Being a Report of a Tour of Inspection Made in 1873*, Major George H. Elliot, published by Lockwood & Co., 1875 **85** Metropolitan Museum of Art, New York. Gift of Janos Schol 1954 (54.632.2) **86tl, tr** From *Account of the Skerryvore Lighthouse, with Notes on the Illumination of Lighthouses*, Alan Stevenson, published by Longman & Co., 1848 **86c** Library of Congress, LC-DIG-ppmsca-09388 **86b** Library o Congress, LC-DIG-ppmsca-09389 **87** (all) From *Account of the Skerryvore Lighthouse, with Notes on the Illumination of Lighthouses*, Alan Stevenson, published by Longman & Co., 1848 **88t** From *European Light-house Systems; Bein a Report of a Tour of Inspection Made in 1873*, Major George H. Elliot, published by Lockwood & Co., 1875 **88c** From *Account of the Skerryvore Lighthouse, with Notes on the Illumination of Lighthouses*, Alan Stevenson, published b Longman & Co., 1848 **88b** akg-images / arkivi **89** (all) From *Lighthouse Construction and Illumination*, Thomas Stevenson, published by E. & F. N. Spon, 1881 **90** Library of Congress, HABS CAL, 21-POREY, 1–8 **91t** From *Lightship and Lighthouses*, Fredrick A. Talbot, published by W. Heinemann, 1913 **91c** National Archives of the United States, 26-LG-6-6B **91b** Courtesy US Coast Guard **92** National Archives of the United States, 6281852 **93tl, tr** The Nationa Archives, London, England. © 2017 Crown Copyright. MPG 1/936 **93b** The National Archives, London, England. © 2017 Crown Copyright. CO 48/229 **94–95** (all) The National Archives, London, England. FO 925/4519 **96–97** (al Courtesy Trinity House, London **98–99** The National Archives of Finland (Kansallisarkisto), Helsinki **100** Musée maritime de Nouvelle-Calédonie, coll. J-C Estival **101** Mackinac State Historic Parks Collection **102** National Archive of the United States, 6-2T-14 **103t** The National Archives, London, England. © 2017 Crown Copyright. BT 356/455 **103b** The National Archives, London, England. © 2017 Crown Copyright. BT 356/455 **104–107** (all) The Nationa Archives, London, England. FO 925/4518 **108** Courtesy Trinity House, London **109** (all) From *Minutes of Proceedings of the Institution of Civil Engineers, with Abstracts of the Discussions*, vol XXX, session 1869–70, Part II, publishe by the Institution of Civil Engineers, 1870 **110** National Archives of the United States, 5-4H-1-1 **111** National Archives of the United States, GA-3_2010_001 **112t** Historic Environment Scotland, SC781655 **112b** Historic Environmen Scotland, SC781665 **113** National Archives of the United States, AL-2_2010_001 **114–117** (all) The National Archives, London, England. FO 925/4516 **118–119t** The National Archives, London, England. © 2017 Crown Copyrigh RAIL 1057/3540 **118–119bl, br** National Archives of the United States, PA-2_2010_001 **120tl** From *European Light-house Systems; Being a Report of a Tour of Inspection Made in 1873*, Major George H. Elliot, published by Lockwoo & Co., 1875 **120tr** From *An Account of the Bell Rock Light-house*, published by Archibald Constable & Co., 1924 **120cl** From *European Light-house Systems; Being a Report of a Tour of Inspection Made in 1873*, Major George H. Ellio published by Lockwood & Co., 1875 **120c** Courtesy Victorian Picture Library **120cr** Granger Historical Picture Archive / Alamy Stock Photo **120bl** From *Account of the Skerryvore Lighthouse, with Notes on the Illumination of Ligh houses*, Alan Stevenson, published by Longman & Co., 1848 **120br** From *A Narrative of the Building and a Description of the Construction of the Eddystone Lighthouse with Stone*, John Smeaton, printed by H. Hughs, 1794 **121** akg-im ages / Sputnik **122–123** (all) From *An Account of the Bell Rock Light-house*, published by Archibald Constable & Co., 1924 **124** (both) From *An Account of the Bell Rock Light-house*, published by Archibald Constable & Co., 1924 **12** Heinrich Hoffmann / ullstein bild via Getty Images **126** (all) From *Lightships and Lighthouses*, Fredrick A. Talbot, published by W. Heinemann, 1913. By permission of *Syren and Shipping* **127t, b** Gaston Paris / Roger Viollet / Gett Images **127c** George Konig / Keystone Features / Getty Images **128t** Private collection **128c** *View of the Interior of Longstone Lighthouse, Fern Islands, Grace Darling and her parents administering to the unfortunate survivors Saved from the wreck of The 'Forfarshire' Steam Packet on the 7th September, 1838* by H.P. Parker **128b** Photograph of Ida Lewis, 1869. Photographer unknown **129t** The Wreck of the Daniel Steinmann, Sambro Island Light, published in *Harper Weekly*, 1884 **129c** Courtesy Maine Historical Society **129b** Courtesy Maine State Museum (82.6.63). Photographer unknown **130t** Private collection **130b** Photograph of Flannan Isle lighthouse keepers, c. 1900. Photographer unknowr **132–133** (all) Courtesy Trinity House, London **134** Mackinac State Historic Parks Collection **135tl** Finistère Departmental Archives, 25 S 655 6 **135tr** Finistère Departmental Archives, 25 S 655 2 **135bl** Finistère Departmental Archive 25 S 655 4 **135br** Finistère Departmental Archives, 25 S 655 7 **136–137** National Archives of Australia **138–139** Courtesy Förderverein Leuchtturm Roter Sand eV **140t** Finistère Departmental Archives, 25 S 768 4 **140bl** Finistèr Departmental Archives, 25 S 768 1 **140br** Finistère Departmental Archives, 25 S 768 2 **141** Architekturmuseum, Technical University Berlin; ZFB 39,065 **142** Finistère Departmental Archives, 26 S 361 1 **143** National Archives o Finland, Helsinki **144** Architekturmuseum, Technical University Berlin; BZ-1 14,065 **145** Architekturmuseum, Technical University Berlin; BZ-1 14,066 **146–147** (all) The National Archives, London, England. © 2017 Crown Copy right. BT 356/346 **148t** Architekturmuseum, Technical University Berlin; BZ-1 22,062 **148b** Architekturmuseum, Technical University Berlin; BZ-1 22,059 **149** Architekturmuseum, Technical University Berlin; BZ-1 22,060 **150** Finistère Departmental Archives, 25 s 768 3 **150cl** From *Lighthouse Construction and Illumination*, Thomas Stevenson, published by E. & F. N. Spon, 1881 **150cr** ullstein bild / ullstein bild via Getty Images **150b** Private collection **15** Frans Sellies / Getty Images **152t** Pictorial Press Ltd / Alamy Stock Photo **152c** Courtesy US Coast Guard **152b** Private collection **153t** Daniel Rowledge / Alamy Stock Photo **153b** Kos Picture Source Ltd / Alamy Stock Photo **154t** © Janjan Architects **154b** DDP / DAPD **155** Ian Cowe / Alamy Stock Photo **156–157** Rick Bowden / Loop Images / Getty Images **160** © Archives nationales, CP F/14/17515/1/6

参考文献

W. H. Davenport Adams, *Lighthouses and Lightships: Descriptive and Historical Account of their Mode of Construction and Organization*, Nelson and Sons, London, 1870

Elinor De Wire, *Guardians of the Lights: Stories of U.S. Lighthouse Keepers*, Pineapple Press, Sarasota, Florida, 1995

Frederick A. Talbot, *Lightships and Lighthouses*, William Heinemann, London, 1913

David Stevenson, *Lighthouses*, Adam and Charles Black, Edinburgh, 1864

Toby Chance and Peter Williams, *Lighthouses: The Race to Illuminate the World*, New Holland Publishers, London, 2008

Adam Hart-Davis and Emily Troscianko, *Henry Winstanley and the Eddystone Lighthouse*, Sutton Publishing, Stroud, Gloucestershire, 2002

Tony Parker, *Lighthouse*, Eland Publishing, London, 1986

Bella Bathurst, *The Lighthouse Stevensons*, HarperCollins, London, 1999

Douglas B. Hague and Rosemary Christie, *Lighthouses: Their Architecture, History and Archaeology*, Gomer Press, Wales, 1975

Alan Stevenson, *A Rudimentary Treatise on the History, Construction, and Illumination of Lighthouses*, John Weale, London, 1850

Christopher Nicholson, *Rock Lighthouses of Britain*, Whittles Publishing, Dunbeath, Caithness, 2006

Ray Jones, *The Lighthouse Encyclopedia: The Definitive Reference*, Globe Pequot Press, Guilford, Connecticut, 2013

Cheryl Shelton-Roberts and Bruce Roberts, *Lighthouse Families*, Pineapple Press, Sarasota, Florida, 2013

John Naish, *Seamarks, Their History and Development*, Stanford Maritime, London, 1985

索引

acetylene lamp 乙炔灯 89
Alcatraz Island light, San Francisco, California 阿尔卡特拉斯岛灯塔, 加利福尼亚旧金山 32
Amédée, New Caledonia 阿梅代灯塔, 新喀里多尼亚 32, 33, 100
Anderson, George 乔治·安德森 121
Anderson, William 威廉·安德森 34
Annie C. Maguire "安妮·C.马圭尔"号三桅帆船 128-129
Ar-Men, Brittany, France 阿尔芒灯塔, 法国布列塔尼大区 55, 135
Argand, Aimé 艾梅·阿尔冈 28, 85
Argand lamps 阿尔冈管状灯芯灯 29, 31, 40, 45, 70, 85, 87
Arratoon Apcar "阿拉通·阿普卡"号汽轮 61
Auer von Welsbach, Carl 卡尔·奥尔·冯·韦尔斯巴赫 89
automation 自动化 40, 151-153
Barnet, James 詹姆斯·巴尼特 136-137
Beachy Head light, southern England 比奇角灯塔, 英格兰南部 63
Bell Rock, Arbroath, Scotland 贝尔灯塔, 苏格兰阿布罗斯 6, 29, 45, 53-55, 63, 67, 121-124
Bennett, John 约翰·贝内特 130
Big Sable Point, Michigan 大塞布尔角灯塔, 密歇根 101
Bishop Rock, Isles of Scilly, England 毕晓普礁灯塔, 英格兰锡利群岛 30, 60, 74-77
Borkum Grosser light, Germany 博尔库姆大灯塔, 德国 34-35
Boston Harbor light, Little Brewster Island, Massachusetts 波士顿灯塔, 马萨诸塞州小布鲁斯特岛 31, 129-130, 153
Bremerhaven light, Germany 不来梅港灯塔, 德国 34
Brunton, Richard 理查德·布伦顿 33
Calf Rock light, Ireland 卡夫礁灯塔, 爱尔兰 60
Cape Ann, Massachusetts 安角灯塔, 马萨诸塞州 94
Cape Arkona, Rügen, Germany 阿科纳角灯塔, 德国吕根岛 48
Cape Canaveral, Florida 卡纳维拉尔角灯塔, 佛罗里达州 104, 106
Cape Hatteras, North Carolina 哈特勒斯角灯塔, 北卡罗来纳州 87, 110
Cape Pembroke, Falkland Islands 彭布罗克角灯塔, 马尔维纳斯群岛（福克兰群岛）146
Cape Race light, Newfoundland, Canada 开普雷斯灯塔, 加拿大纽芬兰 128, 132
Carlingford Lough, Northern Ireland 卡灵福德湾灯塔, 北爱尔兰 118
Carlsten, Marstrand, Sweden 卡尔斯滕灯塔, 瑞典马斯特兰德 43
Cay Sal, Bahamas 萨尔岛灯塔, 巴哈马 64-65
Chance Brothers 钱斯兄弟公司 47, 75, 87, 96, 108, 132-133
Chassiron, Île d' Oléron, France 沙西龙灯塔, 法国奥莱龙岛 38-39
Commissioners of Irish Lights 爱尔兰灯塔委员会 28, 49, 117
Constant "水恒"号雷船 17
Cordouan light, Gironde, France 科尔杜昂灯塔, 法国吉伦特河口湾 25-26, 39, 86
Daboll, Celadon Leeds 塞拉顿·利兹·达博尔 91
Dalén, Gustaf 古斯塔夫·达伦 89, 91, 151
Daniel Steinmann "丹尼尔·施泰因曼"号蒸汽船 128
Darling, Grace 格蕾丝·达林 47, 127-128
de Foix, Louis 路易·德·富瓦 26
Dornbusch, Hiddensee, Germany 多恩布施灯塔, 德国希登塞岛 141
Douglass, James 詹姆斯·道格拉斯 20-21, 23, 54, 67, 75-76, 97, 132
Douglass, William 威廉·道格拉斯 108
Drummond Castle "德拉蒙德城堡"号蒸汽船 53
Dubh Artach, Hebrides, Scotland 达夫阿塔赫礁灯塔, 苏格兰赫布里底群岛 56, 58, 112
Eckmühl, Brittany, France 埃克米尔灯塔, 法国布列塔尼大区 142
École Nationale des Ponts et Chaussées 国立路桥学院 28
Eddystone Rock light, Plymouth, England 埃迪斯通灯塔, 英格兰普利茅斯 17-21, 23, 28-29, 57, 61, 67, 85, 121, 123, 153
Ehrenfeld, Germany 埃伦费尔德灯塔, 德国 34
Eilean Mor light, Scotland 莫尔岛灯塔, 苏格兰 130-131
Fastnet light, Ireland 法斯特奈特礁灯塔, 爱尔兰 58
Fleetwood light, Lancashire, England 弗利特伍德灯塔, 英格兰开夏郡 30
foghorns 雾角 91
Forfarshire "福弗尔郡"号桨轮蒸汽船 127-128
Fort Doyle fog siren, Guernsey 多伊尔堡雾笛, 根西岛 91
Fourteen Foot Bank light, Delaware Bay 十四英尺浅滩灯塔, 美国特拉华湾 58
Fowey Rocks light, Florida 福伊礁灯塔, 佛罗里达州 61
Franklin, William B. 威廉·B.富兰克林 80-81, 83, 94
Fresnel, Augustin-Jean 奥古斯丁·一让·菲涅尔 86
Fresnel lens 菲涅尔透镜 6, 23, 29, 32, 47, 66-68, 73, 78, 80-81, 86-88, 91-95, 100-102, 104, 110-114, 119, 133-135, 137-138, 140-142, 148
Galley Head light, County Cork, Ireland 加利角灯塔, 爱尔兰科克郡 87, 89
Garrity family 加里蒂家族 122
Gibbons, Francis 弗朗西斯·吉本斯 32

Great Basses, Basses Reef, Sri Lanka 大贝西斯灯塔, 斯里兰卡贝西斯礁 132
Green Point, Cape Town, South Africa 格林角灯塔, 南非开普敦 46-47
Greenore, County Louth, Ireland 格林诺尔灯塔, 爱尔兰劳斯郡 49
Gun Cay, Bahamas 甘岛灯塔, 巴哈马 64-65
Halpin, George 乔治·哈尔平 49
Haneda light, Japan 羽田灯塔, 日本 60
Harmaja, Helsinki, Finland 哈尔马亚灯塔, 芬兰赫尔辛基 143
Héaux de Bréhat, Brittany, France 埃欧·德·布雷阿灯塔, 法国布列塔尼大区 23, 29, 56-57, 67, 152-153
Heligoland, Heligoland Bight, Germany 黑尔戈兰岛灯塔, 德国黑尔戈兰湾 35, 144
Helios electrical company 黑利奥斯电气公司 34
Highland light, Cape Cod, Massachusetts 高地灯塔, 马萨诸塞州科德角 91
Hole in the Wall, Bahamas 墙洞灯塔, 巴哈马 64-65
Hook Head light, Waterford, Ireland 胡克角灯塔, 爱尔兰沃特福德郡 27
Hope-Jones, Robert 罗伯特·霍普—琼斯 91
Howth Baily light, Ireland 霍斯贝利灯塔, 爱尔兰 23
Huddart, Joseph 约瑟夫·赫达特 88
hyperradiant lenses 高光透镜 87
Île de Batz, France 巴茨岛灯塔, 法国 44-45
Inchkeith light, Scotland 因奇基斯灯塔, 苏格兰 124
Island of Sombrero, Anguilla, West Indies 松布雷罗岛灯塔, 西印度群岛安圭拉岛 103
Isle of May light, Scotland 梅岛灯塔, 苏格兰 26, 121
Jomfruland, Telemark, Norway 约姆弗吕兰岛灯塔, 挪威泰勒马克郡 66
Jones, Seth 塞斯·琼斯 79
Kampen light, Sylt, Germany 坎彭灯塔, 德国叙尔特岛 89
keeper's equipment 守塔人的设备 12-13
Kéréon light, Brittany, France 克雷昂灯塔, 法国布列塔尼大区 59, 153
Key West light, Florida 基韦斯特灯塔, 佛罗里达州 130
Kinnaird Head light, Scotland 金奈德灯塔, 苏格兰 86
Kitson, John 约翰·基特森 64-65
Klein Curaçao light, West Indies 小库拉索岛灯塔, 西印度群岛 151
Knott family 诺特家族 122
Kõpu light, Estonia 克普灯塔, 爱沙尼亚 25, 85, 121
Korsö, Korsö island, Sweden 科尔瑟灯塔, 瑞典科尔瑟岛 28, 42-43
Kreth, Fred 弗雷德·克雷斯 129
La Jument light, France 朱芒灯塔, 法国 53, 57
La Vieille, Brittany, France 拉·维埃耶灯塔, 法国布列塔尼大区 140, 151-152
La Hève light, France 拉·埃沃角灯塔, 法国 85
Lake Saint Pierre light, Quebec, Canada 圣皮埃尔湖灯塔, 加拿大魁北克省 58
Lanterna light, Genoa, Italy 灯笼塔, 意大利热那亚 25
Lewis, Ida 艾达·刘易斯 121, 128
Lewis, Winslow 温斯洛·刘易斯 31, 87
Lighthouse Automation and Modernization Project 灯塔自动化和现代化项目 152
lighthouse keepers 守塔人 1, 6, 15, 20, 29, 32, 34-35, 51, 59, 61, 72, 76, 79, 83, 88, 99, 101, 103, 106, 111, 113, 115-117, 121-124, 126-131, 133, 134, 141, 149, 151-153
lights and lenses 灯与透镜
  acetylene lamp 乙炔灯 89
  Argand lamps 阿尔冈管状灯芯灯 29, 31, 40, 45, 70, 85, 87
  Fresnel lens 菲涅尔透镜 6, 23, 29, 32, 47, 66-68, 73, 78, 80-81, 86-88, 91-95, 100-102, 104, 110-114, 119, 133-135, 137-138, 140-142, 148
  gas lamp 煤气灯 84, 89
  hyperradiant 高光透镜 87
Lime Rock light, Newport Harbor, Rhode Island 莱姆岩灯塔, 罗得岛纽波特港 121, 128
Little Sable Point, Michigan 小塞布尔角灯塔, 密歇根 134-135
Longfellow, Henry Wadsworth 亨利·沃兹沃思·朗费罗 151, 153-154
Longships light, Land's End, England 朗希普斯灯塔, 英格兰兹角 123
Longstone, Northumberland, England 长石灯塔, 英格兰诺森伯兰郡 23, 47, 127-128
Loschen, Simon 西蒙·勒舍恩 34
Louisbourg, Nova Scotia, Canada 路易斯堡灯塔, 加拿大新斯科舍省 41
Mabrity, Barbara 芭芭拉·马布里蒂 130
Makapuu Point light, Oahu, Hawaii 马卡普乌角灯塔, 夏威夷瓦胡岛 87-88
Maplin Sands light, Thames Estuary, England 梅普林泥滩灯塔, 英格兰泰晤士河口湾 30
Marconi, Guglielmo 古列尔莫·马可尼 151
Meade, George 乔治·米德 32
Minot's Ledge, Boston, Massachusetts 迈诺特礁灯塔, 马萨诸塞州波士顿市 32, 60, 72-73, 130-131
Montague Island, New South Wales, Australia 蒙塔古岛灯塔, 澳大利亚新南威尔士州 141
Montauk Point, Long Island, New York 蒙托克角灯塔, 纽约长岛 31, 92, 93
Morant Point light, Jamaica 莫兰特角灯塔, 牙买加 33
Muckle Flugga light, Shetlands, Scotland 马克尔弗拉加岛灯塔, 苏格兰设得兰群岛 30, 56
Mull of Kintyre light, Scotland 金泰尔角灯塔, 苏格兰 30
Needles light, Isle of Wight, England 尼德尔斯灯塔, 英格兰怀特岛 153
Nieuwpoort light, Belgium 尼厄波特灯塔, 比利时 25
Norberg, Jonas 约纳斯·诺伯格 28, 42-43, 88
North Foreland, Kent, England 北福尔兰灯塔, 英格兰肯特郡 40, 153
North Ronaldsay light, Orkneys, Scotland 北罗纳德赛灯塔, 苏格兰奥克尼群岛 30
Northern Lighthouse Board 北方灯塔委员会 28, 30, 45, 86, 151, 153
Norvell, Margaret 玛格丽特·诺维尔 123
Old Head of Kinsale light, Ireland 老金塞尔头灯塔, 爱尔兰 27
One Fathom Bank light, Strait of Malacca, Malaysia 一寻浅滩灯塔, 马六甲海峡, 马来西亚 60
Pencarrow Head light, New Zealand 彭卡罗角灯塔, 新西兰 33
Phare des Baleines, Île de Ré, France 巴莱纳灯塔, 法国雷岛 6, 41
Pharos of Alexandria 亚历山大灯塔 23-25
Platte Fougère light, Guernsey 普拉特富热尔灯塔, 根西岛 57
Pleasonton, Stephen 史蒂芬·普莱曾顿 31-32
Poe, Orlando Metcalfe 奥兰多·梅特卡夫·坡 32, 101, 134
Point Reyes light, California 雷斯角灯塔, 加利福尼亚州 91, 129
Portland Head light, Maine 波特兰角灯塔, 缅因州 31, 122, 128-129, 151, 153
Portus light, Italy 波图斯港灯塔, 意大利 23

Presque Isle, Pennsylvania 普雷斯克艾尔灯塔, 宾夕法尼亚州 119
Putnam, George 乔治·帕特南 151
Reading, Sir Robert 罗伯特·雷丁爵士 27
Reynaud, Léonce 莱昂斯·雷诺 29, 56-57, 59, 67, 100, 152
Roches-Douvres light, France 罗什—杜夫尔礁灯塔, 法国 33, 35
Roman Rock, Simon's Town, South Africa 罗马岩灯塔, 南非西蒙斯敦 93
Roter Sand, Bremerhaven, Germany 红沙灯塔, 德国不来梅港 61, 138-139, 154
Royal Commissioners on Lights, Buoys and Beacons 英国皇家灯塔、浮标、信标调查专员 6
Rubjerg Knude light, Jutland, Denmark 红宝石灯塔, 丹麦日德兰半岛 153
Rudyard, John 约翰·拉迪亚德 19
Saint Simons, Georgia 圣西蒙斯灯塔, 佐治亚州 111
Sambro Island light, Nova Scotia, Canada 桑博罗岛灯塔, 加拿大新斯科舍省 31, 128
Sand Island, Alabama 桑德岛灯塔, 阿拉巴马州 113
Sand Key light, Florida 沙礁灯塔, 佛罗里达州 32, 130
Sandy Hook light, New Jersey 桑迪胡克灯塔, 新泽西州 30-31
Scotch Cap light, Aleutian Islands 斯科奇角灯塔, 阿留申群岛 152-153
Seamarks Act 航标法案 26
Service des Phares et Balises 灯塔与航标事务局 28
Shell Keys, Louisiana 谢尔基斯灯塔, 路易斯安那州 78-79
Shubrick, William 威廉·舒布里克 32
Skerries, Anglesey, Wales 斯科利瑞斯灯塔, 威尔士安格尔西岛 70
Skerryvore, Hebrides, Scotland 斯科利沃尔灯塔, 苏格兰赫布里底群岛 30, 58-59, 68, 87, 121
Slettnes light, Norway 斯莱特灯塔, 挪威 34
Slight, George 乔治·斯莱特 34
Smalls Rock, Pembrokeshire, Wales 斯莫尔斯礁灯塔, 威尔士彭布罗克郡 29-30, 56, 96-97, 123
Smeaton, John 约翰·史密顿 17, 20-21, 23, 26, 28-29, 57-59, 67, 85, 123
Smith, Thomas 托马斯·史密斯 30, 86
Society of Civil Engineers 土木工程学会 28
Söderskär, Porvoo, Finland 瑟德斯卡灯塔, 芬兰波尔沃群岛 98-99
Sombrero Key light, Florida 松布雷罗岛灯塔, 佛罗里达州 32
Sostratus of Cnidus 尼多斯的索斯特拉特斯 23
South Foreland light, Kent, England 南福尔兰灯塔, 英格兰肯特郡 40, 122, 151
South Stack light, Anglesey, Wales 南斯塔克灯塔, 威尔士安格尔西岛 23
Southwest Ledge light, New Haven, Connecticut 西南礁灯塔, 康涅狄格州纽黑文市 91
Southwest Pass, Louisiana 西南航道灯塔, 路易斯安那州 114-116
Spectacle Reef light, Lake Huron, Great Lakes 斯佩克特克尔礁灯塔, 五大湖的休伦湖 23, 33, 61
St Catherine's light, Isle of Wight, England 圣凯瑟琳灯塔, 英格兰怀特岛 25, 121
Stannard Rock light, Lake Superior, Great Lakes 斯坦纳德礁灯塔, 五大湖的苏必利尔湖 32-33, 61, 124
Start Point light, Devon, England 斯塔特角灯塔, 英格兰德文郡 30
Stevenson, Alan 艾伦·史蒂文森 54, 58, 68, 87, 89
Stevenson, David 戴维·史蒂文森 30, 112, 124, 129, 131
Stevenson, Robert 罗伯特·史蒂文森 29, 30, 45, 53, 55-58, 63, 88, 108, 122
Stevenson, Robert Louis 罗伯特·路易斯·史蒂文森 30, 58, 68, 121
Stevenson, Thomas 托马斯·史蒂文森 30, 56, 112
Strout family 斯特劳特一家 122, 129
Thimble Shoal light, Chesapeake Bay, Virginia 廷布尔浅滩灯塔, 弗吉尼亚州切萨皮克湾 61, 63
Thomas Point Shoal light, Maryland 托马斯角浅滩灯塔, 马里兰州 83
Tillamook Rock light, Oregon 蒂拉穆克礁灯塔, 俄勒冈州 54-56, 153
Titanic "泰坦尼克"号巨轮 151, 153
Tour de Constance light, Aigues-Mortes, France 康斯坦茨灯塔, 法国艾格莫尔特 25
Tour d' Ordre light, Boulogne, France 奥夫尔灯塔, 法国布洛涅 24
Tower of Hercules, Coruña, Spain 埃库莱斯塔, 西班牙拉科鲁尼亚 24-25, 36
Trewavas, John 约翰·特雷瓦斯 54
Trinity House 领港协会 26, 28-29, 51, 70, 74, 86, 88, 132, 152
Tybee, Georgia 泰比灯塔, 佐治亚州 102
US Lighthouse Board 美国灯塔委员会 32, 54, 81, 87
US Lighthouse Service 美国灯塔事务局 31, 151
Walker, James 詹姆斯·沃克 29, 50-51, 70, 74-75, 96-97, 108
Washington, George 乔治·华盛顿 31
Welsford "韦尔斯福德"号货轮 121
Westerheversand, Schleswig-Holstein, Germany 韦斯特赫弗桑德灯塔, 德国石勒苏益格—荷尔斯泰因州 34-35, 148-149
Whiteford Point light, Wales 怀特福德灯塔, 威尔士 154
Whiteside, Henry 亨利·怀特塞德 29, 97
Wigham, John 约翰·威格汉姆 23, 85
Winstanley, Henry 亨利·温斯坦利 17-19
Wolf Rock, Cornwall, England 沃尔夫礁灯塔, 英格兰康沃尔郡 56, 108, 121
Worthylake, George 乔治·沃西莱克 129-1230
York, HMS 英国皇家海军"约克"号战舰 53

图书在版编目（CIP）数据

灯塔之书 /（英）R.G.格兰特著；王枫译. -- 北京：中国画报出版社，2020.1（2022.4 重印）

书名原文：Sentinels of the Sea: A Miscellany of Lighthouses Past

ISBN 978-7-5146-1786-3

Ⅰ. ①灯… Ⅱ. ①R… ②王… Ⅲ. ①灯塔 - 历史 - 世界 Ⅳ. ① U644.42-09

中国版本图书馆 CIP 数据核字 (2019) 第 181952 号

北京市版权局著作权合同登记号：图字 01-2019-5420

Published by arrangement with Thames & Hudson Ltd, London
Sentinels of the Sea © 2018 Thames & Hudson Ltd, London
Text © 2018 R. G. Grant
For full illustration credits, see p. 158
Designed by Anil Aykan Barnbrook at Barnbrook
This edition first published in China in 2019 by China Pictorial Press Co., Ltd, Beijing
Chinese edition © 2019 China Pictorial Press Co., Ltd

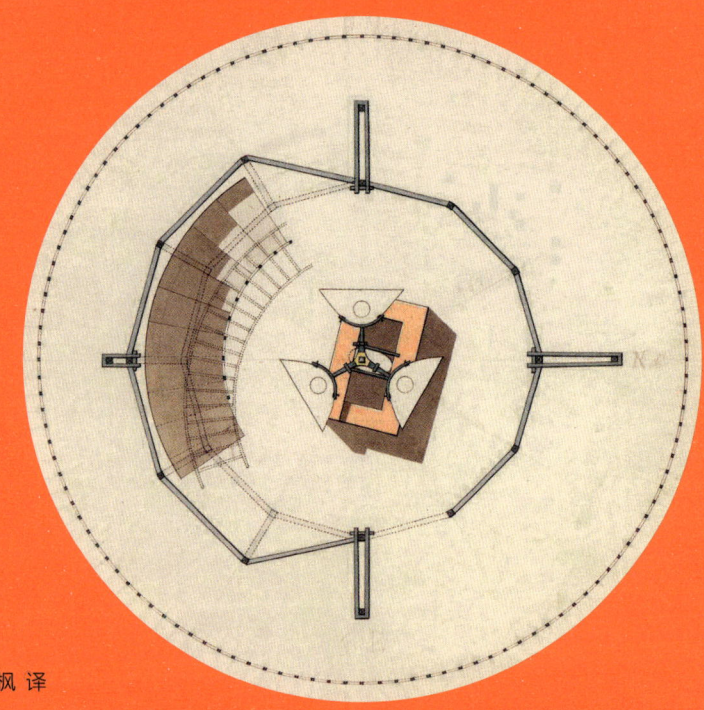

灯塔之书

[英] R.G.格兰特 著　　王枫 译

出 版 人：于九涛
策划编辑：赵清清
责任编辑：袁靖亚　曹 婷
封面设计：赵艳超
内文设计：李晓然
责任印制：焦 洋

出版发行：中国画报出版社
地　　址：中国北京市海淀区车公庄西路33号 邮编：100048
发 行 部：010-88417438　010-68414683（传真）
总编室兼传真：010-88417359　版权部：010-88417359

开　　本：16 开（889mm×635mm）
印　　张：10
字　　数：112千字
版　　次：2020年1月第1版　2022年4月第3次印刷
印　　刷：恒美印务（广州）有限公司
书　　号：ISBN 978-7-5146-1786-3
定　　价：108.00元

泰晤士与哈得孙河出版社感谢赫斯特·瓦伊泽（Hester Vaizey）、蒂莫西·克罗斯（Timothy Cross），以及位于基尤的英国国家档案馆图片库（the Image Library at the National Archives, Kew）为本书的出版所做的贡献。

封面

左上图：1906 年法国建造朱芒灯塔的情形。图片来源：阿拉米图库的第三批艺术藏品（Art Collection 3, Alamy Stock Photo）。

右上图：19 世纪时以立体摄影法拍摄的美国马萨诸塞州的迈诺特礁灯塔照片。图片来源：纽约公共图书馆数字化馆藏。

左下图：美国俄勒冈州海上的蒂拉穆克礁灯塔。图片来源：国会图书馆 LC-DIG-ppmsca-09063 号馆藏。

右下图：约 1935 年，一个法国守塔人在清洁塔灯的情景。摄影：加斯东·帕里斯 / 罗歇·维奥莱摄影工作室（Gaston Paris / Roger Viollet）；图片来源：格蒂在线图库（Getty Images）。

封底（左上角起顺时针方向）

1. 从史密顿的埃迪斯通灯塔东面看到的情景：运送石块的船停靠岸边，石块在被吊往灯塔工地上。图片来源：约翰·史密顿所著的《造塔纪事暨关于用石块建造埃迪斯通灯塔的过程描述》（A Narrative of the Building and a Description of the Construction of the Eddystone Lighthouse with Stone），1791 年由 H. 休斯出版公司（H. Hughs）印刷发行。

2. 美国特拉华湾的十四英尺浅滩灯塔。图片来源：弗雷德里克·A. 塔尔博特，《灯船与灯塔》，伦敦：威廉·海涅曼出版社，1913 年。

3. 1886 年，撞上了波特兰角灯塔旁边礁石的"安妮·C. 马圭尔"号帆船。图片由缅因州历史学会（Maine Historical Society）赠予。

4. 温斯坦利最终改造定型的埃迪斯通灯塔，毁于 1703 年的大风暴。图片来源：约翰·史密顿所著的《造塔纪事暨关于用石块建造埃迪斯通灯塔的过程描述》。

5. 一场风暴过后的清晨中的埃迪斯通灯塔。图片来源：约翰·史密顿所著的《造塔纪事暨关于用石块建造埃迪斯通灯塔的过程描述》。